# 江西通史

—— 北宋卷中冊

目錄

總序 002

前言 009

# 第一章 ｜ 江西的州縣建置與分路管轄

## 第一節・強化航運控制環境中增建的三「軍」 038

一 統一戰爭中的江西 038

二 南康軍的設置與對江湖咽喉的制約 049

三 南安軍的設置與大庾嶺路的整治 052

四 臨江軍的設置與贛中物資的轉輸 054

## 第二節・析建新縣——經濟區域的擴大 056

一 持續增置的十二縣 056

二 永豐等縣建立的社會經濟緣由 059

## 第三節・江南西路、東路的分轄 064

一 十三州軍六十五縣的領屬關係 064

二 江南西路統轄的州縣 066

三 湖東地區隸屬江南東路 068

四　江西地區發展的一致性　　070

第四節・江西地方兵的配置　　074

一　廂兵　　074

二　鄉兵　　079

三　屯駐禁兵　　081

四　器甲製造　　084


第二章 | 戶口增多與勞動人口的分布

第一節・戶口數量持續增長　　089

一　本地戶口的發展趨勢　　089

二　戶口數量的基本統計　　096

三　江西人口在北宋總人口中的比重　　098

四　十三州軍的人口分布　　105

五　戶數與口數不協調：口作丁理解　　110

第二節・戶口結構與家族　　116

一　民戶的分類　　116

二　主戶與客戶　　119

三　主戶中的大家族　　127


第三章 | 農業生產的發展

第一節・農耕工具的改進與應用　　135

一　鐵鋤與耕牛　　135

二　糧食加工工具　　　　　　　　　　　　136

三　插秧、灌漑工具　　　　　　　　　　　138

**第二節・農田水利工程的興修**　　　　　　140

一　江湖防洪堤岸的興建　　　　　　　　140

二　陂壩池塘的修築　　　　　　　　　　143

**第三節・梯田的不斷墾闢**　　　　　　　　151

一　吉州、撫州等地的梯田　　　　　　　151

二　耕地面積的擴大　　　　　　　　　　156

三　水旱災害與生態環境　　　　　　　　161

**第四節・糧食作物品種的增加**　　　　　　165

一　早稻、晚稻與小麥的栽種　　　　　　165

二　吉泰盆地栽種的水稻品種　　　　　　170

三　糧食產量與漕糧徵收　　　　　　　　174

**第五節・經濟作物的繁盛**　　　　　　　　181

一　土產與貢品　　　　　　　　　　　　181

二　桑蠶生產的勃興　　　　　　　　　　184

三　茶的種植與製作　　　　　　　　　　188

四　樹橘的廣泛種植　　　　　　　　　　199


**第四章｜手工業生產的繁榮**

**第一節・紡織業的進步**　　　　　　　　　217

一　紵布、葛布與蓮花紗　　　　　　　　217

二　絲織業與「桑蠶院」　　　　　　　　　219

第二節・陶瓷業的興盛　　　　　　　　　222

一　景德鎮瓷窯與青白瓷　　　　　　　223

二　吉州永和窯及窯爐、作坊　　　　　250

三　南豐白舍窯　　　　　　　　　　　254

四　七里鎮窯　　　　　　　　　　　　260

五　臨川白滸窯等窯址　　　　　　　　262

第三節・冶金業的繁榮　　　　　　　　　264

一　冶金業的興旺　　　　　　　　　　265

二　德興、鉛山等地的銅礦開採　　　　268

三　張潛與浸銅技術　　　　　　　　　272

四　鐵礦場與鐵產量　　　　　　　　　278

五　礦山的經營管理　　　　　　　　　281

第四節・永平等鑄錢監與錢幣鑄造　　　　288

一　鑄錢監的設置　　　　　　　　　　289

二　錢幣鑄造　　　　　　　　　　　　295

三　提舉坑冶鑄錢司　　　　　　　　　314

第五節・造紙、刻書與造船業　　　　　　316

一　造紙、刻書、刻碑　　　　　　　　316

二　造船業　　　　　　　　　　　　　318

## 第五章 | 交通商貿與食鹽運銷

### 第一節·水陸交通　　　324

一　陸路交通的拓展　　　324

二　江河水運交通網　　　328

三　贛江航道地位的提高　　　333

四　巨額的物資運輸　　　339

### 第二節·商人與商業　　　343

一　繁盛的商業　　　343

二　活躍的商人　　　344

三　增漲中的商稅　　　348

四　酒課徵收　　　356

### 第三節·食鹽運銷與走私　　　361

一　淮鹽在江西的運銷　　　361

二　江西州縣的鹽課　　　364

三　虔州的私鹽與改銷廣鹽　　　369

## 第六章 | 民眾生活與社會風氣

### 第一節·關於州縣形勢的評議　　　376

一　對州縣振興氣象的誇讚　　　376

二　對州縣實際情況的議論　　　380

### 第二節·佃客的地位及官私剝削　　　385

一　佃客的人身地位　　　385

二　豪強地主對農民的欺壓　　　390

三　官府的賦役剝削　396

**第三節・義門家族與江州陳氏**　407

一　豪強大姓　407

二　義門家族　410

三　同財共居的「義門」陳氏　415

四　「義門」陳氏《家法》　418

**第四節・民俗中的好訟與尚巫**　427

一　民知法而好訴訟　428

二　田訟是訴訟的首要內容　433

三　輿論關於「好訟」的評議　436

四　吏治與檔案建設　440

五　民信巫鬼與官吏治巫　443

**第五節・漸起的修譜之風**　447

一　蘇洵的修譜理論與實踐　448

二　歐陽脩的修譜理論與實踐　449

三　對歐蘇等家族譜牒的分析　451

**第七章｜書院與學校教育的勃興**

**第一節・家族書院的興辦**　459

一　私塾　459

二　書院　462

第二節・州縣學的興辦與推廣　　　485

一　州縣學的興辦　　　486

二　州縣學的緩慢發展　　　491

第三節・州縣學記介紹　　　496

第四節・藏書諸名家　　　504

## 第八章｜科舉人才的湧現

第一節・眾多進士的湧現　　　526

一　進士數量的評估　　　528

二　進士的地域分布　　　533

三　狀元簡介　　　538

四　《宋史》列傳中的江西人物　　　546

第二節・推動朝政的宰執大臣　　　551

一　北宋前期　　　551

二　北宋後期　　　572

第三節・實幹的中下級官僚　　　595

一　北宋前期　　　595

二　北宋後期　　　608

## 第九章｜經學、史學、文學與科技新成果

一　經學家及其著作　　　640

二　史學家及其著作　　　658

三　文學家及其著作　　　677

四　訓詁、音韻學著作　　　　　　　690

五　科技著作與水利專家　　　　　　695

六　建築技術成果　　　　　　　　　700


# 第十章｜佛道宗教的傳播

## 第一節・佛教的廣泛傳播　　　　　　723

一　朝廷對佛教的提倡與管理　　　　723

二　楊岐宗、黃龍宗的崛起　　　　　730

三　惠洪與佛印　　　　　　　　　　740

四　眾多的寺院　　　　　　　　　　746

## 第二節・道教的廣泛傳播　　　　　　756

一　朝廷對道教的提倡與利用　　　　756

二　道書的繼續編輯　　　　　　　　759

三　主要宮觀簡介　　　　　　　　　763


後記　　　　　　　　　　　　　　　775

主要參考文獻　　　　　　　　　　　777

第四章 ——
手工業生產的
繁榮

建立在農業基礎上的手工業，以紡織、陶瓷、礦冶、造船等占主要，技術進步，產量倍增，達到空前的高水準，這是因地制宜，充分利用資源優勢、地理優勢的成果，而農林產品加工，除前述的製茶業之外，其他可以稱道的很少，或不突出，這是手工製造總體上處於低水準的表現。

蓮花紗的織造，是紡織行業中的絕唱，這是崇信出家的佛教徒傑出之創作，既揭示了明清時代江西夏布業的光輝史跡，又封閉著技藝，未能廣泛傳開。江西陶瓷燒造歷史悠久，到了北宋已是眾窯爭勝，景德鎮窯以其創製的青白瓷，嶄露頭角，開始躋身於全國名窯行列。此後繼續技術創新，發揮高嶺土資源優勢，逐漸進步為中國製瓷業的大都會。

銅礦開採與鑄錢業的發達，是北宋江西經濟進步的重大表現，也是中國冶金工業達到歷史最高水準的證明。膽水浸銅生產工藝的推廣應用，將德興、鉛山銅礦開採業，與其他生產行業緊密連在一起，相互促進；永平監鑄錢的中心地位，使它與國家財政不能分開，成了朝廷關注的焦點。銅礦採冶與銅錢鑄造在性質上是軍工企業，又與民生息息相關，江西社會經濟因此而增添了活力。

造船業的興旺，建基於糧食農業的發達，源於數額巨大的漕糧運輸需要。同時，茂密的森林與優質的造船木材，便捷的贛江——鄱陽湖航道，使漕船製造獲得大發展的必備物質條件。漕船製造也是控制在官府手中，也有軍事工業性質，但眾多的河流航道與舟船打造，使這個手工行業必然是民眾性的。然而歷史資料局限在官府一邊，只能記述製造漕船的事蹟。

## 第一節 ▶ 紡織業的進步

　　北宋江西的紡織業獲得新的進步，苧麻布中的「蓮花紗」在汴京有很高的聲望；絹帛的產量大增，成為民眾繳納夏稅的重要物品。

## 一　紵布、葛布與蓮花紗

　　生產麻葛布品的州縣很多，《太平寰宇記》「土產」中列出的有：洪州絲布、葛布，袁州葛布、白紵布，吉州絲布、白紵布，建昌軍金絲布，江州葛布，虔州葛布，撫州苧布，南康軍葛布。這裡的「絲」、「綿」，應是表示其細軟如絲綿，非指以蠶絲為原料織成的。北宋初期的這些麻葛產品，發展至約百年後的神宗元豐年間，不少成了進貢朝廷名品。《元豐九域志》「土貢」中列出的品名、數額如下：

　　洪州葛三十匹。虔州白紵二十匹。撫州葛三十匹。吉州葛十匹，紵布十匹。袁州白紵十匹。筠州紵十匹。南安軍紵十匹[1]。

　　八個州軍的貢額數，葛布七十匹，紵布六十匹，表示著農民利用植物纖維紡織以葛、苧兩種最著，成品品質不相上下。白紵布是潔白度高的苧麻織品，至近現代還有。在北宋各路州軍中，進貢白紵布、葛布的共計五十五個州軍，其中葛布達三十匹的，只有洪州、撫州、潭州三地，故江西占三分之二；白紵達二十匹

---

1　葛，藤本，莖皮纖維可織葛布；苧麻，也是用其莖皮纖維織布，「紵」即苧麻纖維織成的布。

的，只有揚州、舒州、湖州、虔州四地，江西占四分之一。以貢葛布、紵布的總數衡量，江西與湖南並列諸路之首。

醒骨紗、蓮花紗，是苧麻紡織的精品，官貴富人喜好的上等衣料。宋人陶穀認為：「臨川、上饒之民，以新智創醒骨紗，純絲蕉骨相兼撚織，夏月衣之，輕涼適體，號太清氅」。[2]依此說法，這種醒骨紗是絲與蕉兩種纖維的交織產品，其紡織技術水準則非常高了。現代的絲麻混紡衣料，市場效益很好，受到消費者歡迎。我們雖不能說醒骨紗與現代的混紡織品有什麼聯繫，但由此可以想像到古人創新成果的精妙。

蓮花紗，是臨川出產的又一種名貴麻紗，夏天的上等衣料。朱彧記載說：

撫州蓮花紗，都人以為暑衣，甚珍重。蓮花寺尼凡四院造此紗，撚織之妙，外人不可得。一歲每院才織近百端，市供尚局，並數當路計之，已不足用。寺外人家織者甚多，往往取以充數。都人買者，亦自能別。寺外紗，其價減寺內紗什二三。[3]

蓮花寺尼姑精於紡織，並有很高的市場聲譽和社會效益，她們的宅院實際上是麻紗作坊。端，二丈為一端，二端為一匹[4]。

---

2　陶穀：《清異錄》，卷三。四庫全書本。
3　朱彧：《萍洲可談》，卷二。四庫全書本。
4　《左傳・昭公二十六年》「幣錦二兩」杜預注「二丈為一端，二端為一兩，所謂匹也」。《集韻・二十六桓》則曰：「布帛六丈曰端」。此

每院一年織得約五十匹，四院共兩百匹，確屬量少。佛寺靜謐而保密，尼姑們在企求解脫的情緒中，以世俗農婦的女紅消遣時光。她們專精緻一的努力，獲得了超常技藝。由蓮花寺發展到臨川的農家，都在織造蓮花紗，形成撫州紡織品生產優勢。出家人的勞作產品衝破院牆，與熱鬧的塵世建立起緊密的聯繫。

撫州臨川人的製帽業也很出色，將生意做到了汴京。「嘉祐中（1056-1063 年），臨川人伍十八者，以善裁紗帽入汴京，止於鄉相晏元獻（即晏殊）宅前，為肆以待售。」[5]伍十八是裁縫匠師，也是精明的商家，他把店鋪開進京城，設在宰相府前面，以便利用同鄉關係，藉晏殊的名望做大自己的紗帽生意。

## 二　絲織業與「桑蠶院」

栽桑養蠶的興旺，促進了絲織業，二者互為因果，彼此推動。北宋初期，只有袁州的土綾被樂史寫進《太平寰宇記》的「土產」，到了元豐年間，已有臨江軍、建昌軍生產的絹選為貢品，各貢十匹。作為稅賦徵收的絲絹遠遠多於貢品。據《宋史‧食貨志》記載，北宋官府在「江西和買綢絹歲五十萬匹」，平攤在江西約八十餘萬主戶名下，每戶約〇點六二五匹。這種「和買」，原本付給三成現錢，七成食鹽；徽宗以後鹽不給了，「其

取《左傳》杜預說。

5　吳曾：《能改齋漫錄》，卷十八《伍生遇五通》。上海古籍出版社 1960 年版，第 526 頁。

終也，官不給直」，變為強制性的無償徵收，「和買」成了特殊
的稅目。正規的賦稅是「稅租」、「上供」，數額巨大，詳如下
表：

表 4.1 江西交納的絹綢絲綿數量

| 稅目 | | 江南西路 | 江南東路 | 資料來源 |
|---|---|---|---|---|
| 夏秋稅 | 絹（匹） | 105,538 | 383,659 | 《宋會要輯稿》食貨 64 之 1 至 66 |
| | 綢（匹） | 25 | 62,288 | |
| | 絲綿（兩） | 344,784 | 1,198,244 | |
| 上供 | 絹（匹） | 320,787 | 405,834 | |
| | 綢（匹） | 64,387 | 90,330 | |
| | 絲綿（兩） | 91,000 | 408,934 | |
| | 羅（匹） | — | 10,114 | |

　　江南東路的各項數額，均大於江南西路。江南東路共轄十州
四十八縣，其中四州軍二十一縣為江西地，故江西十三州軍的合
計數，要大大超過「江南西路」的負擔。就江南西路的數額分
析，每年夏秋稅、上供兩次的絹綢合計四九○七三七匹，看來這
就是官府定「和買」五十萬匹的依據。二者共需一百萬匹，按主
戶數約八十萬平均,每戶約負擔一點二五匹。在江南東路，夏秋
稅、上供兩次的絹綢羅合計九五二二二五匹，饒、信、江、南康
四州軍共攤平均數三八○八九○匹。四州軍主戶共計三九四四三
○戶，平均每戶約負擔零點九七匹。此外，東西兩路的絲綿數額
也很大。沉重的稅負，與旺盛的生產在一般情況下是相適應的，

由此可知當時絲織業普遍發展著。

下面我們來看絲綢生產的一些事例。吉州永新縣絹帛生產，從賦稅中折射出發展的盛況。開寶年間，南唐後主命李元清為永新制置使，他奏請永新以絹頂稅：「先是，夏秋准貢現繒，民苦之。元清奏請納帛，一匹折錢一千，以為定制。」[6]從此一直執行下來。

虔州的絲織業也很可觀。北宋中期，朝廷下令在虔州徵購綢絹，一次即「市綢絹十餘萬（匹）」。知州張式以數額過大，「非經數」，即不是常額，拒絕照辦[7]。這次派下的徵購數，按元豐三年虔州主戶數八點一萬餘分攤，平均每戶一點二三匹。依據張式的意見，十萬超過了常額，則常額低於十萬，但卻是經常要交納的，透視出虔州的綢絹生產與吉州、洪州等地一樣，也是重要的手工業部門。

江州德安縣，是值得注意的綢絹產地。「義門」陳氏家族的桑蠶院，組織婦女育蠶織絹，該是當地普遍生產習俗的集中反映。都蠶院婦女織絹的原材料由「庫司」調撥，產品由庫司掌管。除滿足本家族成員衣著需要外，還包括交給政府的夏稅絲綢絹，男女青年婚嫁的彩禮娟。其總產量雖不可知，但《家法》中透露的零星數字有：婚嫁彩禮每份中有「絹五匹，采絹一束」。每年夏稅絲綢絹，「仰庫司紐配諸莊絲綿，歸與蠶婦女織造者，

---

6    同治《吉安府志》卷十四《秩官》。
7    王安石：《王文公文集》，卷九一《司封郎中張君墓誌銘》。

自年四十八以下各給絹二匹，綢一匹，女孩各給絹一匹」。這裡的「給」字作「分配」解，意為分配她們織造的數量。衣裝：春衣，丈夫每人絲十兩；寒衣，「四十以上至尊長各給絹一匹，綿五兩；四十以下各給絲一十兩，綿五兩」；「婦女染皂，每年各與染一段」[8]。將這三類很不完全的配給定量，倍以二千多人，陳氏家族所能生產的絲絹，就可能是成千上萬匹了。

## 第二節 ▶ 陶瓷業的興盛

宋代陶瓷業進入繁榮階段，各地名窯產品爭奇鬥豔。江西是其中的重要產區，瓷窯多，產品好，呈現興旺景象。浮梁縣景德鎮瓷窯已經名聲振起，並以青白瓷的最新成就，開始進入中國制瓷業中心的光輝歷程。景德鎮瓷器名聞遐邇，走向了世界。在英語中，中國和瓷器兩個詞的拼寫和讀音（China）是一樣的，在他們心目中，瓷器代表中國。而景德鎮瓷是其中姣姣者，故有人說「China」是景德鎮原名「昌南」的音譯。青白瓷器皿已經普遍出現在民眾生活中，這不僅是景德鎮窯產品暢銷，還因永和窯、南豐窯、七里鎮窯等眾多瓷窯也是窯火旺盛的結果。諸窯並盛，全面開花，是北宋江西陶瓷業的基本態勢。

8　道光二十七年德星堂《義門陳氏大成宗譜》卷首《家法》。

## 一 景德鎮瓷窯與青白瓷

### 1. 景德鎮的設置

　　饒州浮梁縣的昌南地區製瓷業，經五代進入北宋，技藝日益精進，產品更加精美，在社會上的影響逐步擴大，引起朝廷對它的重視。真宗景德元年（1004年）正式建鎮，定名景德。史稱：「江南東路饒州浮梁縣景德鎮，景德元年置。」[9]北宋在開寶八年（西元975年）滅南唐，三十年之後，即將浮梁的燒瓷鄉村提升為鎮，設專官治理，充分說明當地製瓷業自五代以來持續穩定發展，地域經濟上升，故而進入行政區劃之中，開啟了它製瓷事業發展的新紀元。

　　景德鎮設監鎮官，對瓷器銷售實行徵稅，朝廷需用瓷器，則「遣官製瓷」，坐鎮督促燒製。蘇軾《東坡志林》記載說：「近者余安道（之）孫獻策榷饒州陶器，自監榷得提舉。」[10]景德鎮市《嵩峽齊氏宗譜》有記載曰：「護公，字咸英，生宋真宗咸平元年戊戌（西元998年）八月朔旦辰時，世居德興體泉。仁宗景祐三年丙子（1036年），以《春秋》明經請浙江舉入仕。初任景德鎮窯丞，九載無失。慶曆五年乙酉（1045年）八月十五，因部御器，經婺源下槎土名金村段，行從誤毀御器。護歎曰：余奉

---

9　《宋會要輯稿・方域》十二之十七。景德鎮位於昌江之南，所以後來當地人稱它為昌南鎮。「昌南」是其地名，非設景德鎮之前已有昌南鎮的行政區。詳見江西省輕工業廳景德鎮陶瓷研究所《中國的瓷器》第四章第一節。

10　《三蘇全書・東坡先生志林》卷之五《以樂害民》。

命，願死，從者何辜。即吞器死。」[11]余獻策為景德鎮監榷、提舉，齊咸英為景德鎮窯丞，皆因該鎮瓷業旺盛而設，既征榷其稅利，又督造朝廷所需之瓷器，並承擔運輸入京之責。這些鎮的監榷官之職責，據《文獻通考》稱：「諸鎮監官，掌巡邏盜竊及火禁之事，兼徵稅、榷酤，則掌其出納會計；鎮寨凡杖罪以上，並解本縣，餘聽決遣。」[12]由此可以推知，景德鎮的監榷、提舉，該是掌管全鎮事務的官，而「窯丞」，可能僅限瓷器採辦輸送一項。

　　元豐五年（1082 年）八月甲寅，「饒州景德鎮置瓷窯博易務，從宣義郎、都提舉市易司勾當公事餘堯臣請也。」根據市易司官員余堯臣的奏請，在景德鎮新設瓷窯博易務，首任官員是誰？該務職掌如何？《長編》在元豐六年十月甲戌記事稱：「承事郎監饒州商稅、茶務餘舜臣言：臣兄堯臣獻（策置）饒州景德鎮瓷窯博易務，蒙朝廷付以使事，推行其法，方且就緒，以勤官而死。乞委臣勾當。詔令赴闕，中書審其人材可否以聞。已而，舜臣至，乞上殿。乃複詔令歸本任。」[13]據此可知，建議者餘堯臣即是第一任瓷窯博易務長官，設計了瓷窯博易務的職責規章。可惜，「其法方且就緒，以勤官而死」。其弟舜臣請求繼任，未得批准。這個瓷窯博易務的內容仍然是不明確。參照當時在京

---

11　轉引《景德鎮市志略》第 16 篇第 244 頁，漢語大辭典出版社 1989 年版。
12　《文獻通考》卷六三《職官十七》。
13　《續資治通鑒長編》卷三二九，三四〇。

師、秦鳳路設置的市易務、成都府的博買都茶場的職掌，它可能也是以官錢為本，採辦官府所需的瓷器等貨物，藉以打破商人對瓷器市場的壟斷行為。

一個縣以下的瓷窯地，因瓷而盛，以瓷器著稱而設鎮，一躍成為工商經濟都會，景德鎮是一個典型。建鎮之後，國家行政管理加強，文化影響跟上，瓷器生產進一步繁榮發達，於是，景德鎮的名望雀起，「景德鎮瓷」的稱呼逐漸代替了「饒州瓷」、「浮梁瓷」的稱謂，該鎮在經濟文化上的地位逐日提高，超過了浮梁縣、饒州。景德鎮從此興旺繁榮，光致茂美的瓷器迅速進入千家萬戶，並流向海外，成了各國人民藉以認識中華文明的一個標誌，影響極為深遠，成為中國歷史上少有的特例。

**2. 豐厚的資源與優越的條件**

景德鎮瓷業生產歷史悠久，窯火久盛不衰，根源於得天獨厚的瓷土資源，優越的地理條件。製瓷原料大致分為高嶺土類、瓷石類、瓷釉類、耐火原料類。景德鎮附近的地質構造分為：上層葉岩，其中陶土礦厚一點五公尺；紅綠色砂岩，陶土礦厚三公尺；下層葉岩，蘊藏的陶土中最佳者，質堅，斷口似燧石，邊緣透明，條痕呈淡綠色，與玉石相似；其次者為綠色顆粒，斷口不平；最次者數量少，白色，質軟。產地除本鎮之外，大都環繞在四周的丘陵山區，近的在數十里之外，遠的數百里。其中絕大多數為相鄰的江西州縣，少數屬外省，如安徽祁門，但距離並不遠，仍是周圍之區。具體分布狀況是：

高嶺土類：

（1）明砂高嶺（又名東港高嶺），產於今市區東北四十五公

里的高嶺村（今浮梁縣鵝湖鎮管轄），由白雲母花崗岩伴晶岩風化而成的純淨瓷土，白中帶淡灰色，與玉石相似，質地優良，可塑性弱，耐火度高達攝氏一七一〇度。主要分布在高嶺村至鵝湖一帶、大洲一帶，已開採千餘年之後，現今探明的工業儲量五十萬噸，遠景儲量兩百萬噸。國際上即因高嶺村這種優質瓷土的獨特價值，將陶瓷原料的通用名稱定為「高嶺」（Kaolin）。高嶺土開採出來之後，加工成塊，船運至鎮。高嶺的開發利用，直接促進了景德鎮製瓷業的發展。（圖版4）

（2）星子高嶺，產於星子縣海會鎮的餘家斜、板橋山、五虎港、長排嶺等處，土質為淡褐色，可塑性弱，耐火度高達攝氏一七九〇度。

圖版4　高嶺土瓷土礦坑

（3）楓源高嶺，產於樂平縣白塔鄉楓源村，內含石英顆粒，可塑性弱，品質較星子高嶺純，可用以配上等瓷坯。

（4）貴溪高嶺，產於貴溪龍虎山，呈淡黃色，含有石英、雲母等，可塑性差，燒成之後色極白，屬高嶺瓷土中品質最佳者。

（5）石頭口高嶺，產於餘干縣石頭口，耐火度為攝氏一四〇〇度。

瓷石類：

（1）祁門瓷石，產於安徽祁門縣橫路頭，色白略帶褐色，混合有微細的白雲片，可塑性很強，耐火度為攝氏一四七〇度。今景德鎮北距祁門縣城約一百二十九公里。

（2）餘干瓷石，產於餘干縣黃金埠一帶，原礦略帶淡褐色，可塑性很強，經高溫焙燒，成凝固狀態，無吸水性，耐火度攝氏一五一〇度。

（3）樂平瓷石，產於樂平縣禮林鄉煙包山，礦石分硬、軟質兩種，質硬者為白色石塊，質軟者為淡黃色軟塊或粉末，以質硬者為純。

（4）安仁（今余江）瓷石，產於餘江縣流源村一帶，性能、耐火度等，均與餘干瓷石相同。

（5）三寶蓬瓷石、南港瓷石、壽溪瓷石、石嶺瓷石，均在市區附近地區，三寶蓬瓷石含有黑雲母斑點及白雲母，可塑性較祁門弱，耐火度約攝氏一四一〇度。南港瓷石的可塑性強，高溫焙燒後融固，無吸水性。壽溪瓷石耐火度達攝氏一五七〇度。石嶺瓷石原礦灰色，燒成後帶暗白色，耐火度攝氏一五六〇度。

此外，尚有貴溪瓷石、臨川瓷石、銀坑塢瓷石等。

瓷釉類：

（1）產於市區的有瑤里釉果、牛角嶺釉灰、八卦山灰釉石、三寶蓬石英等。灰釉石即石灰石，係白釉、青釉之溶劑，效果很好。三寶蓬石英品質純，是配白釉的好材料。

（2）陳灣釉果，產於鄱陽縣陳灣村，耐火度為攝氏一三一〇度。

（3）貴溪長石，產於貴溪龍虎山，礦石呈白色，有白雲母、黑雲母、石英等雜物，黑雲母對成品瓷的釉色影響很大，必須除去。

（4）滑石子，產於樂平縣，配製瓷坯，起溶劑作用。

（5）花乳石，產於河南省，帶灰白色，配白釉作溶解用，特點是溶解的時間較長。

景德鎮市（包括浮梁縣）瓷石礦已探明工業儲量五二〇萬噸，遠景儲量五五〇萬噸。

耐火原料類：

（1）樂平白土，產於樂平縣西鄉小陂附近，為灰白色土塊，有滑膩感，可塑性強，耐火度約攝氏一五八〇度，為製匣缽的主要原料。

（2）柳家灣白土，產於市區柳家灣，性質與樂平白土相似。

（3）老土，產於市區馬鞍山，土質赤褐色，為鐵質粘土，可塑性良好，配製匣缽，可使匣缽耐久不裂。

（4）子土，產於市區馬鞍山，是製匣缽原料之一，能減少泥的可塑性，防止收縮。

景德鎮市耐火粘土（包括浮梁縣）已探明遠景儲量五百萬噸。

　　以上各種陶瓷礦物的開採，都用手工打鑽，爆破，井下人力運輸，木架支撐巷道，自然通風，礦燭照明。粉碎加工用水碓，水碓充分利用了河港水流動力，推轉筒車，帶動水碓，往返勻速持續地舂打瓷石，既節約能源，又使粉碎品質穩定，獲得可塑性好的效果。

　　景德鎮的自然地理條件，有利於瓷業生產，除有上述充足的原料外，還在於地處丘陵山區，河港眾多，林木茂密。東與婺源縣交界處群山聳立，峰巒起伏，海拔一千米以上高峰有十餘座，北部、西部也是多山地區，不過山峰多在千米以下。全區大大小小山峰共約一二七座，現今的山地面積占總面積的百分之四十一點八四，丘陵面積占總面積的百分之二十八點九，由此帶來了豐足的水利資源和森林資源。境內主河是昌江，發源於祁門縣流入境內以後稱昌江，由北而南縱貫全境之後，往西流進鄱陽縣，稱鄱江，與樂安省匯合後稱饒河，注入鄱陽湖。昌江在市區境內主幹流長一一九點九公里，大小支流五十多條，其中以東河（番源水）、南河（曆降水）、西河（大演水）、北河（小北港水）為大。眾多的河流，給製瓷業帶來多種好處，第一，由山澗匯流而來的清澈河水，確保了瓷業用水。「造瓷首需泥土掏煉，尤在精純」。宋代鎮人造瓷，用澄清過的瓷土做胎，淘洗極精。第二，湍急的水流，最適宜於安裝水碓、水輪車，使製瓷礦石舂碎加工能長年作業，有省人、省事、省錢之效。第三，便捷的河道航線，為瓷器運輸提供了安全保障。鎮瓷裝船由昌江至鄱陽入湖，

一路往北經湖口進長江,運向中原各地;一路往南順贛江運向廣州。陸路運瓷,容易破損。木船裝載量大,毀壞少,節省運費。城區附近的昌江中渡口運輸繁忙,瓷器裝船,胚土上岸,劈柴運來,槎船開去,熱鬧非常。由於常年瓷器裝船外運,以及沿河瓷窯眾多,因而河床多被拋棄的瓷片覆蓋,平水時清晰可見,獨成一色。

廣袤的山林,現今仍占總面積的百分之七十八點六七[14],既有稠密的森林,還滋生出充足的松樹、雜樹、灌木,保證了燒窯所需的松柴、槎柴供應。特別是松木,油脂多,火焰長,耐久燃。燒瓷的窯柴,就是將松樹鋸成八、九寸長的木段,然後劈開成塊,稱劈柴,用劈柴燒瓷的窯稱柴窯。還有燒松樹枝、雜樹灌木的窯,叫槎窯。長年不斷的窯火,燒化了無數的木柴。源源不盡的燃料供應,才使景德鎮燒瓷得以延續至今。浮梁「水土宜陶」,至今依然。北宋時期,正是它蒸蒸日上的階段。

### 3. 青白瓷的創燒

景德鎮瓷業生產空前發達,規模擴大,產品創新,暢銷四方。蔣祈《陶記》載,「景德陶,昔三百餘座,」這個「昔」字,可以理解是北宋中後期的景況。三百餘座的瓷窯,擺在約千年前的景德鎮,必然是「村村陶埏,處處窯火」的場面。而燒成的瓷器,「潔白不疵,鬻於他所,皆有饒玉之稱」[15]。「饒玉」的稱

---

14 本節資料資料,主要參考《景德鎮市志略》(漢語大詞典出版社 1989年版)、《景德鎮市志》(第一卷。中國文史出版社 1991 年版)。

15 乾隆《浮梁縣誌》附蔣祈《陶記略》。關於蔣祈《陶記》的時代,據

譽，從唐朝初期就有，持續至於北宋、南宋，這應該是瓷器質高而穩定的最好證明。光緒《江西通志》寫道：真宗景德年間燒瓷入貢，器底均書「建年景德」（但是至今沒有發現這種書款的實物），器身胎質潔白細膩，釉面光亮，「色白花青，光致茂美。天下咸稱景德鎮瓷器」。於是各地瓷窯仿造，「當時則效，著行於海內」[16]。貢品而受到皇帝賞識，為統治階級所愛好，如風之靡草，自然流行於各地。那時，對瓷器看重色釉，不曾有彩繪。柴世宗御批造瓷款式，對釉色的要求是「雨過天青雲破處，這般顏色作將來」。景德鎮窯仿效青白玉的色調和溫潤的質感，創燒出「土白壤而埴，質薄膩，色滋潤」的青白瓷，使青瓷藝術達到了新的高峰。「色白花青」，指白釉色中顯出青色，是青白瓷，不是純白色，也不是後來的青花瓷。青白瓷又稱影青瓷。存世的影青瓷器，釉面光亮，基本色是白的，故稱其「色白」；絕大部分刻有暗花，薄剔而成，透明而略顯浮起，內外均可映見，花紋本身四周略現淺淡的青綠色，所以說是「花青」。景德鎮的影青瓷釉色類似玉的顏色，故而景德鎮瓷有「饒玉」的譽稱。北宋中期，彭汝勵在給浮梁知縣許某的詩《送許屯田》寫道：「浮梁巧燒瓷，顏色比瓊玖。」[17] 瓊玖，即青白色的美玉。《江西通志》的這段描述，雖然是清朝人的見解，但是能在傳世的實物中得到

　　劉新園《蔣祈〈陶記〉著作時代考辨》，見 1981 年《景德鎮陶瓷》，又中華書局《文史》第 18、19 輯。

16　光緒《江西通志》卷八六《經政略》。

17　洪邁：《容齋隨筆》，卷四《浮梁陶器》。

印證，因而是可信的。

　　景德鎮燒製出青白瓷，在南北各大名窯之間，嶄露頭角，爭得一席之地。宋代是中國瓷業蓬勃發展時期，有河北定州的定窯、河南汝州的汝窯、禹州的鈞窯、京師的官窯、浙江龍泉的哥窯，並稱五大名窯。它們各有特色，有的以釉色見長，有的以文飾取勝，有的胎薄如紙，有的釉開紋片，相競發展，享譽千秋。景德鎮窯與這些名窯相比，原是比較遜色的。現在創燒出青白瓷器，即可與各名窯所燒青瓷爭一日之長。青白瓷器已是社會公認的名品，需求量大，故燒製青白瓷的窯址眾多。在景德鎮市區周邊鄉村之內，現已考察認定的北宋窯址有湖田、楊梅亭、銀坑塢、外小裡、黃泥頭、塘下、南市街、白虎灣、盈田、湘湖、月山下、涼傘樹下、富坑、大屋下、靈珠、靈安、柳家灣、朱溪、西溪、豐旺、寧村等二十餘處。其中湖田窯址最大，位於市東南約四公里的竟成鄉湖田村，僅遺存下來的已有約四十萬平方米。柳家灣窯址在市東南約二十公里處，有十一萬平方米。在這些古窯遺址中，發現了許多潔白細膩、體薄透光的影青瓷，以盈田窯址堆積的青白瓷最豐富。這大量青白瓷的共同特點是：北宋早期的產品多為生活日用品，即碗、盤之類，白胎，青白釉，釉色多帶微黃，釉薄處泛白，呈純正青白色的不多。器底一般比五代的增厚，圈足較高，多數無文飾。到了北宋中後期，產品盡為青白瓷，品種空前增多，碗以斜壁式碗（即「斗笠碗」）為代表，其它的品種如瓶、爐、罐、注壺、注碗、茶託、油盒，以及枕、棋、瓷雕等，也都多了起來。器胎比前期薄，釉色更晶瑩碧透，有色質如玉的效果。裝飾紋飾圖案有牡丹、龍鳳、水波、飛禽、

蟲魚、蓮荷、紋菊等紋樣。「無論從產品的數量和品質,還是從產品的種類來看,這一時期是有宋一代最輝煌的時期。根據考察,其產品以塘下、湖田、南市街最優。」[18]

北宋後期,景德鎮窯曾燒出紅釉瓷,光亮鮮明,比定窯紅釉瓷毫不遜色。宋朝在遼使臣見燕地所用為定窯瓷器,而饒州景德鎮「於大觀間窯變,色紅如朱砂,謂熒惑躔度,臨照而然。物反常為妖,窯戶亟碎之。時有玉牒防禦使仲楫,年八十餘,居於饒,得數種,出以相示雲,比之定州紅瓷器,色尤鮮明」[19]。技術發明,常常是在偶然之中受到啟發,轉而有意識的製作。窯戶初見紅色釉,不免驚奇,事經反覆,遂在探索之後而製作,居住饒州鄱陽的仲楫老人,也能收藏數種,可見紅釉瓷在景德鎮已闖過了「妖而碎之」階段,進入主動燒製時期。

景德鎮製瓷工匠創燒的「饒玉」——青白瓷是對製瓷業的重大貢獻。與其他瓷窯燒製的同類產品比較,景德鎮窯的青白瓷釉色好,「胎中氧化鋁含量低,宋代僅為百分之十八點六五,釉料在焙燒熔融過程中黏度小,易於流動,釉面燒結後,釉薄處青中泛白,積釉處白裡顯青,呈色理想,受到用戶的讚賞」[20]。當時的繁昌窯(在今安徽省)燒製青白瓷始於五代,而名氣不顯,其

18 江建新:《景德鎮窯業遺存考察述要》,《江西文物》1991 年第 3 期。
19 周輝:《清波雜誌》,卷五《景德鎮、黃浦鎮等瓷器茶具》。四庫全書本。
20 楊厚禮、范鳳妹:《宋元紀年青白瓷》。莊萬里文化基金會 1998 版,第 19 頁。

瓷胎所含氧化鋁高達百分之二十一點五二[21]，釉料在焙燒過程中黏度大，不易流動，氧化還原不佳，大部分呈色不夠理想，市場效益低於景德鎮瓷。

北宋景德鎮窯場分佈範圍廣，規模大，多數座落在農村，是小作坊式的獨立燒造與經營。與宋朝以後比較，製瓷工藝較為簡單。從產業關係方面看，製瓷業和農業未完全分離，工匠們仍是農忙務農，農閒則製瓷，是「陶氓食工不受藝傭」，鄉村呈現「村村窯火，戶戶陶埏」火熱景象。

### 4. 不斷進步的裝燒工藝

瓷器裝燒是在製成半成品之後，使用不同的輔助工具（窯具）裝進窯中，焙燒而為成品的必經工藝過程，既是獲得瓷器之果的一個關鍵工藝，也從一個側面反映出燒瓷技藝逐步發展的歷程。景德鎮地區最有代表性的古窯址是湖田窯，瓷品中數量最大的品種是碗。研究專家對湖田窯址遺物精心考察，發現碗類裝燒工藝是：由五代的「支釘疊燒」，發展為北宋前期的匣缽「仰燒」，而北宋後期至南宋早期為多級墊缽覆燒。

「支釘疊燒」是以粘土做成的墊柱為底座，用高嶺土搓成小條，再斷捏成小顆粒（支釘），將這些支釘黏在碗盤圈足底下，每個碗盤約九至十二粒。然後把碗坯放置在墊柱上面，並將黏有同樣支釘的碗坯一個一個地重疊起來，組成一柱後，送入窯中焙燒。這種裝燒技法，墊柱把製品從窯的基面上升高，能利用到較

---

21 《景德鎮與繁昌出土影青瓷胎化學成份對比表》，載《文物研究》1995年第10期。

高空間的較高溫度焙燒。使用支釘，可使製品焙燒時不相互黏釉，成瓷以後又可以摘取。這種工藝的缺陷是：不能將火焰中的灰塵與製品隔離開來，致使釉面受污染；支釘痕跡破壞了碗盤底心的釉面（最上的一個除外），降低了成品外觀品質；手搓的支釘大小有差異，在高溫中軟化成瓷時，極易傾斜而使製品相互黏釉；由於瓷坯在高溫下軟化，如果堆疊多了，最底下的碗盤足壁將會下陷而形成缺口。

到了北宋早中期，瓷工們改用「仰燒」法。即是先用耐火泥燒成漏斗狀的匣缽，和比碗圈足小而高的墊缽，再把墊缽放在匣缽內，將碗坯放入，圈足套在墊缽上。裝有碗坯的匣缽一個一個推疊起來，送進窯室焙燒。匣缽的採用，使焙燒的製品避免煙塵污染釉面，且可能受熱均勻，充分利用窯室空間，豎向可以多裝，刺激了窯室擴大升高。可見，匣缽是重要的輔助工具，它的採用，對提高燒瓷品質，降低焙燒費用，擴大瓷器產量有重大意義。匣缽在北宋初年，已為南北著名瓷窯廣泛採用，後來傳向海外，在世界各地產生了很大的影響。

北宋後期，湖田窯的碗類多數仍沿用仰燒法裝燒，同時出現多級墊缽覆燒。在窯址遺物中出現一些新的碗盞，它們裡外滿釉，只在口沿露出一線瓷胎，由於露出的骨胎比釉面粗糙，人們稱這種碗盞為芒口，毛邊或澀口瓷器。與這種瓷器推積在一起的窯具有兩種，一種是內壁分數級、上大下小的缽或盤狀物，一種是桶式的平底匣缽。遺址上因倒窯而拋棄芒口碗盤，是由大到小、相互黏結在一起的，這表明當年裝坯的情況是：

用瓷土燒製好內壁分作數級的缽或盤狀物，先把一件口徑較

小的碟扣置在它的最下一級上，再依次扣置直徑由小而大的碗坯；然後把扣置好了碗坯的鉢狀物，放進桶式匣中，再把桶式匣重疊起來，裝入窯中焙燒。據此，可以把內壁分作數級的鉢狀物或盤狀物，稱作多級墊鉢或墊盤，把使用這種墊鉢（盤）裝燒瓷器的方法，稱作「墊鉢覆燒法」。這種裝燒工藝與前期的仰燒工藝比較，在減少碗盤變形、增加裝燒密度等方面都更好。但最大的缺點是，給碗盤造成芒口，不利於餐飲使用。其次，墊鉢只能覆燒大小遞進的產品，而社會需求不是這些產品平均消費的。所以，在南宋中後期被更先進的覆燒窯具所取代。[22]

一九八八年，在湖田窯址出土一件有「政和」名款的支燒墊柱，是認識「支釘疊燒」法的實物資料。這件支燒墊柱為瓷質，澀胎，喇叭狀，外部旋削刀痕明顯，並刻有「政和七年二月初五日□惠□計□」、「吳六郎」名款。這是湖田窯址發現的唯一一件完整的、在同一件器物上有確切紀年款、人名款的裝燒工具。政和七年（1117年）是北宋終結的前十年，這就表明，支釘疊燒與匣鉢仰燒這兩種裝燒工藝，雖是先後遞進的關係，卻不是決然取代，有一個較長時間的並存過程。

### 5. 景德鎮青白瓷器選介

景德鎮窯青白瓷器品類繁多，可分為生活用具、陳設藝術品、宗教冥器三大類。日常生活用瓷有飲食器、茶酒器、粉盒、瓷枕等其他用器。飲食器主要造型為碗、盤、碟、鉢、渣斗、

---

22　劉新園、白焜：《景德鎮湖田古瓷窯各期碗類裝燒工藝考》，見《景德鎮陶瓷》1976年第1期。

罐、缸、盂等，其中以碗、盤、碟為大宗。茶酒器中，茶具主要
是小壺、小罐、托盞。酒具主要是注碗、梅瓶、碗盞、盤盞、台
盞、高足杯等。執壺、帶把杯、小盞等器可以茶酒兼用。其他日
用瓷器主要有熏爐、香爐、粉盒、蓋罐、燈、枕、硯臺、水盂、
象棋、圍棋等。陳設藝術品主要有人物俑、戲劇俑，馬、牛、
羊、鹿、狗、雞、鴨、鵝等動物瓷塑。宗教冥器一類的瓷器，屬
佛教的有佛、觀音菩薩、羅漢、坐禪僧等；道教的有神仙人俑、
四靈（青龍、白虎、朱雀、玄武）俑、十二生肖俑、東王公、西
王母、金雞、玉犬和龍虎瓶等[23]。

　　裝飾工藝有刻劃、印花、剔花、鏤空、貼塑、褐彩等。圖案
紋樣題材豐富，有蓮花、牡丹花、菊花、櫻桃等植物類，龍、
鳳、魚、水禽等動物類，以及嬰戲人物山水類。刻劃花紋技藝，
提煉出「半刀泥法」，是製瓷工藝上的進步。刻與劃，是兩種工
藝手法，現在藝人們將刻與劃結合並用，故通稱「刻劃花」[24]。
操作時用刀具（竹或鐵質）在半乾半濕的坯體上刻削，以斜刀進
入，形成線條內深外淺的斜坡狀，瓷工們稱此手法為「半刀泥
法」。由於線條半深半淺，釉料填充厚薄不同，燒成之後釉色有
濃淡差異，釉厚處呈青綠色，淺薄處呈青白色，渾然一體，使花

---

23　唐昌朴、梁德光：《遂川發現北宋郭知章墓》報導説，此墓出土了「老
　　人俑」、「青龍、白虎、朱雀、玄武俑」、「十二生肖俑」，老人俑「可
　　能是《大漢原陵秘藏經》所説的唐宋時葬儀習俗中的『篙裡老人』」。
　　見《江西歷史文物》1980 年第 1 期。
24　張學文：《宋代刻劃花藝術》，載《景德鎮陶瓷》1987 年第 2 期。

紋與釉色相互烘托，更加生動，形成特有的淺浮雕藝術效果[25]。

青白瓷碗在北宋中晚期大量出現，盛行的是一種碗足很高、腹深、足底很厚、足內底有醬褐色墊燒痕的高足碗。從十一世紀後期開始出現足小、壁斜的「斗笠碗」。一九八二年九江縣出土青白釉葵口盞，花口，弧腹壁，圈足，整器宛如一朵盛開的葵花，出土於雍熙三年（西元 986年）墓中，是迄今問世最早的有絕對紀年的青白釉瓷器。德興縣元祐七年（1092 年）墓出土一件荷紋碗，敞口，斜腹壁，圈足，足內有墊鉢燒痕。內腹壁刻飾盛開荷花五朵，花瓣上有纖細的梳齒紋。胎薄潔白，青釉透光，是一件青白瓷佳作。（圖版 5）

盒，亦稱盒子，主要為扁圓

圖版 5　元祐七年荷花紋碗

圖版 6　元政和元年粉盒

圖版 7　元景佑五年堆塑人物盒

---

25　參見彭濤、石凡：《青白瓷鑒定與鑒賞》，江西美術出版社 2004 年版，100-101 頁。

形，還有瓜形、石榴形、花瓣形、方形、六方形、八方形等。按用途可分香盒（盛香料）、粉盒（盛化妝粉）、油盒、藥盒、妝奩盒等。一九七二年鄱陽縣熊本妻施氏政和元年（1111 年）墓出土青白釉印花盒，花瓣形，子母口，平底，胎質潔白細膩，蓋面印珍珠地花卉紋，盒底印有「汪家記正」楷書款識，是製盒作坊的名號[26]。（上頁圖版 6）宋代盛裝化妝品的青白瓷粉盒，多在盒底印出姓氏名款作為商標，這個印花盒正是一個代表性器物。據現有出土青白瓷盒的銘記，還見有「許家盒子記」、「段家盒子記」、「蔡家盒子記」、「吳家盒子記」、「陳家盒子記」、「張家盒子記」等十餘家，有的僅戳印姓氏，有蔡、陳、許、潘、余、蘭、朱、程、徐、張等字型大小。大量的姓氏標示出來，作為產品的標記，無疑是社會需求旺盛，而市場競爭激烈的生動反映；同時，由此看出燒製瓷盒的工匠與瓷窯已專業化了，形成為家族性的專業作坊。

　　為求產品銷售旺盛，藝人們別出心裁，將粉盒製作得更具藝術性。一九七八年德安縣劉氏景

圖版 8　政和八年花口碟、盞托

26　余家棟：《江西鄱陽宋墓》，載《考古》1977 年第 4 期。

祐五年（1038 年）墓出土一件青白釉堆塑人物盒，是婦女裝化妝品用的粉盒。盒呈扁圓形，子母口，矮圈足。蓋面有弦紋兩道，滿飾卷草紋。盒內堆塑以荷花蕾為中心，向三個不同方向伸藤，將盒內分隔為三部分。其中兩處各為荷葉形小碗，一處為小罐。罐的對面塑一梳髮髻的女傭。盒口徑十八、底徑十、高六點五釐米。胎質潔白細膩，釉色明亮，白中閃青。此盒設計獨特，構思巧妙，以荷蕾、荷葉、水罐、藕藤和女傭構成一組場景，繁而不亂，賞心悅目，既有實用價值，又有觀賞價值，是極為罕見的青白瓷中上乘之作，難得的藝術珍品。（上二頁圖版 7）

德安劉氏景祐五年墓還出土一件的青白釉折肩缽，侈口，折肩，斜弧腹壁，底平，施釉不及底。口徑二十一、底徑八、高十釐米[27]。釉面呈龜裂線條。底邊隱約可見八個支釘痕跡，證明五

---

27 德安縣文藝站《德安縣北宋墓又發現精瓷》（執筆：周迪仁），見《江西歷史文物》1979 年第 1 期。該文稱：1978 年 11 月發現此墓，據墓誌得知墓主為女性，景祐四年沒，次年下葬，故該墓應為景祐五年（1038）墓。所附影青瓷盒、影青瓷缽照片得知，《宋元紀年青白瓷》一書的圖版「6、青白釉折肩缽」、「7、青白釉堆塑人物盒」即此墓出土的。但後者的文字說明卻又不同，缽作景祐四年，德安縣 1966 年出土；盒作景祐五年，1983 年德安縣劉氏墓出土。實測資料也有一些差異，缽作高 9.9、口徑 21、底徑 8.4 釐米；盒作通高 8、口徑 17、底徑 10 釐米。關於劉氏墓問題，德安文藝站在報導文中僅說「有長 80、寬 70 釐米的墓誌一方」，沒有涉及墓誌內容。陳柏泉《江西出土墓誌選編》有《9、劉氏墓誌銘（景祐五年十月）》，按語說「1983 年出土于德安縣，志高 77、寬 69 釐米。志石藏德安縣博物館」，「墓主劉氏，為石府君之妻」。二者可能即是一回事，但出土年份不同。《宋元紀年青白瓷》書中關於瓷盒的出土時間（見第 89 頁），可能因《江西出土墓誌選編》而來。這些差異，特舉出，待考。

代流行的支釘裝燒工藝延續到了
北宋，只是後來支釘形狀變圓、
變大或更小。其折肩形制是宋代
的典型品種，可作斷代依據。一
九七六年南豐縣出二件青白釉花
口碟，紀年為政和八年（1118
年），形狀為花口外敞，淺腹，
弧壁，平底微凹，胎薄細膩，施
釉瑩潤，此碟仿銀器，為北宋斷
代的標準器。（上二頁圖版8）

圖版9　元佑元年獅紐注碗

　　適應米酒消費的旺盛需求，
在飲酒器皿中有一件青白釉獅紐
注碗，特別引人矚目。該注碗通高二十八釐米。分溫碗、注子兩
部分。溫碗為八瓣花形，呈初放荷花狀，敞口，深腹，圈足。外
壁沿邊劃複線，瓣間刻劃垂頭花蕊紋，足壁貼飾重瓣覆蓮紋，與
注蓋邊飾一致。內置注子──酒壺，注子塑有扁平把柄和彎曲
流，腹部作六瓣瓜棱形，圈足稍作外撇。管狀口，配一筒形蓋，
上坐一隻獅子，昂首蹲立，挺胸翹尾，神氣活現，為蓋紐。獅座
呈覆盆式，蓋邊後部切一缺口，可緊扣把柄，起定向作用。整套
注碗釉面呈粉青色，釉厚處顯湖青色，光澤滋潤。全器開片，紋
絲淺褐色，俗稱「金錢」縫。注子與溫碗均飾有玲瓏剔透的暗花，
渾然一體，是一套製作精湛、設計考究、高雅美觀的實用溫酒
具，也是精緻的藝術品。在製作工藝上集圓雕、刻花、貼塑等技
法於一器，又留傳仿金銀、玉器之遺風，充分展示了景德鎮北宋

瓷器質優工巧、光致茂美的特色。此注碗於一九八五年五月在鉛山縣新灘鄉蓮花大隊王家阪村吳氏墓中出土，該墓紀年為元祐元年（1086 年），這就為此注碗提供了絕對年代，因而為研究古代陶瓷工藝和宋瓷的鑒定提供了彌足珍貴的標準器[28]。（上頁圖版 9）

藝術瓷品中的胡人牽馬俑，殊為珍貴。一九七○年景德鎮市郊新平鄉洋湖毛蓬店北宋墓中出土此俑。青白瓷質，釉色瑩潤，光潔透亮。馬膘肥健壯，昂首，作嘶鳴狀。馬首有轡頭，背負坐鞍，尾卷結上翹。兩側各立一人俑。人面深目高鼻，粗眉捲曲，髭鬚斜翹，頭紮結巾斜裹髮髻，額首碼有額花。上著窄袖對襟小衫，下穿小腿馬褲，腰束圍兜，足蹬皮靴。左側之人作執韁牽馬狀，右側之人作執鞭趕馬狀。從人俑外貌到裝束打扮來看，顯然是阿拉伯商人的形象。在景德鎮西邊的樂平縣宋墓中，也出土過一件素胎胡人牽馬俑。一九八七年在撫州市宋墓中發現一件雙人牽馬俑，人像為漢族，但也是短衣窄褲裝束，作牽馬待發狀。這些考古資料證實，西域各族商人到江西來轉輸販易日益增多，景德鎮製瓷藝人已經熟悉他們的形象，故能將其納入瓷藝作品。（下頁圖版 10）

十二生肖俑，又稱十二時神或十二元辰俑。生肖俑盛行于隋至元朝，宋代的生肖俑分兩類，一類是人身獸首，身首分開燒

---

28　王立斌、陳定榮：《鉛山縣蓮花山宋墓》，《江西歷史文物》1984 年第 1 期。同類的瓷質注碗，還出土于南城宋墓（《考古》1965 年 11 期《江西南城、清江和永修的宋墓》）、婺源宋墓（《文物》1982 年 12 期《江西婺源縣出土的幾件北宋瓷器》）。

圖版 10　胡人牽馬俑

造，獸頭插入人俑身上，可以活動[29]。另一類是文侍俑，手捧獸
頭於胸前。前述景德鎮新平鄉洋湖毛蓬店宋代夫婦雙室合葬墓
中，各出土十二生肖俑一套十二件，它們頭戴平頂帽，帽沿正中
飾一「王」字，各自手捧一種生肖動物的頭於胸前，男墓的有鬍
鬚不施褐彩，女墓的無須有褐彩。

　　景鎮窯青白瓷器具有瓷質精，造型美，品種豐富，釉色瑩
潤，青白雅致諸優點，既為宮廷和官貴所選用，也受到社會民眾

---

29　1962 年彭澤縣慶曆七年（1047 年）墓中出土的生肖俑，即頭體分制
　　的。詳見江西省文物管理委員會《江西彭澤宋墓》，見《考古》1962
　　年第 10 期。

喜愛，故而需求量大，刺激生產旺盛，別的瓷窯也紛紛仿造，於是發展成青白瓷體系。在江西有南豐縣白舍窯，吉安縣永和窯，贛縣七裡鎮窯，萍鄉縣南坑窯，寧都縣固厚窯，靖安縣鴉髻山窯，奉新縣窯場裡窯等。綜計目前考古資料，江西有十七個市縣的紀年北宋墓出土青白瓷（詳如下一頁表 4.2 所示）。外省瓷窯中屬青白瓷系的有安徽繁昌縣柯家沖窯，湖北武昌金口窯，湖南耒陽窯，福建閩清窯、德北窯、泉州碗窯鄉窯、同安窯、南安窯，廣西藤縣中和窯，廣東潮州窯、西村窯、惠州窯、陽江石灣窯，浙江江山窯，河南禹縣鈞台窯等。根據各窯產品工藝、釉色、造型與裝飾的同異，宋代瓷業生產形成六大瓷窯體系，即定窯系、耀州窯系、鈞窯系、磁州窯系、龍泉青瓷系、景德鎮青白瓷系，就影響面之大而論，景德鎮青白瓷系居六大瓷系的首位[30]。

景德鎮青白瓷胎質細膩，釉色滋潤，形制精美，如玉般珍貴，為社會各色人等所喜愛，誘發地方官競相攫取，能清廉者極少，鄉親父老深感歎息。洪邁曾記述道：

彭器資尚書文集有《送許屯田》詩曰：「浮梁巧燒瓷，顏色比瓊玖。因官射利疾，眾喜君獨不。父老爭歎息，此事古未有」。注雲：「浮梁父老言，自來作知縣不買瓷器者一人，君是

---

30　詳見中國矽酸鹽學會編《中國陶瓷史》，文物出版社 1982 年版，以及馮先銘主編《中國陶瓷》，上海古籍出版社 1995 年版。

也。作饒州不買者一人，今程少卿嗣宗是也」。惜乎不載許君之名。[31]

　　彭器資讚賞的這位浮梁知縣許某，獨不「因官射利」，即沒有以權謀私。浮梁父老銘記清廉的州縣官，彭器資記載這件事，讓後人有所啟迪。彭器資，名汝勵，器資是其字，鄱陽人，治平二年（1065 年）進士第一。仕神宗、哲宗兩朝，官至吏部尚書，立朝剛正，不阿權貴，指陳利害，多人所難言者。《宋史》評議他「言動取捨，必合於義；與人交，必盡誠敬」[32]。他所看重的人，故而是品行高尚者。

表 4.2 江西紀年北宋墓出土青白瓷一覽[33]

| 市縣名 | 紀年 | 出土青白瓷器物 | 資料來源 |
|---|---|---|---|
| 九江 | 雍熙三年（西元 986 年）咸平五年（1002 年） | 碟 1 缽 1 | 《文物》1990 年 5 期《江西歷史文物》1983 年 1 期 |

31　洪邁：《容齋隨筆》，卷四《浮梁陶器》。
32　《宋史》卷三四六彭汝勵傳。
33　據楊厚禮、范鳳妹《宋元紀年青白瓷》的「宋元紀年墓出土青瓷簡表」編製。該簡表所列北宋紀年墓共計 67 項，包括江西、遼寧、江蘇、北京、河南、廣東、內蒙古、浙江、安徽、湖北、河北等 11 省市自治區，其中江西占 33 項。

| 市縣名 | 紀年 | 出土青白瓷器物 | 資料來源 |
|---|---|---|---|
| 彭澤 | 景德四年（1007 年） | 澆 1 | 江西省博物館藏品 |
| 德安 | 乾興元年（1022 年） | 盒 2 | 德安縣博物館藏品 |
| 瑞昌 | 天聖三年（1025 年）<br>景祐二年（1035 年） | 碗 2，盒 1<br>碟 1 | 《文物》1986 年 1 期<br>《文物》1986 年 1 期 |
| 德安 | 景祐四年（1037 年）<br>景祐五年（1038 年）<br>寶元二年（1039 年）<br>寶元三年（1040 年）<br>皇祐五年（1053 年） | 壺 2、盒 2、缽 1、碗 1、盞 1<br>盒 2、盞 2、碗 2、缽 1、罐 1<br>盞 2、缽 1<br>盒 2、缽 1、盞 1、執壺 1<br>盒 2、碗 2、缽 1 | 《文物》1980 年 3 期<br>《江西歷史文物》1983 年 1 期<br>《江西歷史文物》1983 年 1 期<br>《文物》1980 年 5 期<br>《文物》1990 年 9 期 |
| 南城 | 嘉祐二年（1057 年） | 杯 2、瓶 2、盞托 2、碗 1、注碗 1 | 《考古》1965 年 11 期 |

| 市縣名 | 紀年 | 出土青白瓷器物 | 資料來源 |
|--------|------|----------------|----------|
| 德安 | 嘉祐四年（1059 年） | 壺 1、盒 1 | 德安縣博物館藏品 |
| 永新 | 嘉祐五年（1060 年） | 碗 2 | 《考古》1964 年 11 期 |
| 都昌 | 嘉祐七年（1062 年） | 執壺 1、爐 1、碟 1 | 《江西歷史文物 1980 年 2 期 |
| 德興 | 嘉祐八年（1063） | 壺 1、碗 1 | 德興市博物館藏品 |
| 景德鎮 | 治平二年（1065） | 朱雀 1、壺 1 | 景德鎮陶瓷館藏品 |
| 德安 | 熙寧三年（1076） | 壺 2、碗 1、盞托 1 | 《江西歷史文物》1983 年 1 期 |
| 吉安 | 熙寧六年（1073） | 鉢 1 | 《文物》1980 年 5 期 |
| 德安 | 熙寧九年（1076） | 爐 1 | 德安縣博物館藏品 |
| 鉛山 | 元祐元年（1086） | 碟 6、杯 2、注碗 1 | 《考古》1984 年 11 期 |
| 彭澤 | 元祐五年（1090） | 碟 1 | 《考古》1980 年 5 期 |
| 星子 | 元祐七年（1092） | 碗 2、鉢 2、盞 2、壺 1 | 《考古》1980 年 5 期 |

| 市縣名 | 紀年 | 出土青白瓷器物 | 資料來源 |
|---|---|---|---|
| 德興 | 元祐七年（1092） | 碗 1、爐 1 | 《南方文物》1994 年 3 期 |
| 彭澤 | 元符二年（1099） | 碗 1 | 《江西歷史文物>1983、1 |
| 星子 | 建中靖國元年（1101） | 碗 2、缽 2、盞托 2、壺 1 | 《文物》1980 年 5 期 |
| 金溪 | 大觀三年（1109） | 碗 5、堆塑瓶 4、盤 2、盞 2、罐 2 | 《文物》1990 年 9 期 |
| 鄱陽 | 政和元年（1111） | 盒 1 | 《考古》1977 年 4 期 |
| 南豐 | 政和八年（1118） | 堆塑瓶 4、碗 2、罐 2、碟 1、盞 1、缽 1 | 《江西歷史文物 1983 年 1 期 |
| 婺源 | 宣和二年（1120） | 碗 1、倉 1 | 《中國陶瓷》1982、總 66 |
| 景德鎮 | 宣和二年（1120） | 渣斗 1，盒 1。 | 景德鎮陶瓷考古所藏品 |
| 宜豐 | 宣和七年（1125） | 碗 4。 | 《江西歷史文物》1983、1 |
| 婺源 | 靖康二年（1127） | 碗 6、碟 4、盒 1、甌 1、罐 1。 | 《中國陶瓷》1982、總 66 |

又，據江西省博物館一九八二年《江西古代陶瓷陳列計畫》的「紀年墓出土青白瓷綜表」，及余家棟《江西陶瓷史》「北宋紀年墓瓷器一覽表」，還有以下 9 項：

續表 4.2

| 九江市 | 太平興國八年（933） | 白瓷碟、青瓷執壺、缽 | 紀年資料：墓誌 |
|---|---|---|---|
| 余江 | 大中祥符四年（1011） | 青瓷皈依瓶 | 紀年資料：地券 |
| 德安 | 康定元年（1040） | 青白瓷缽、瓷盒、瓷壺 | 紀年資料：墓誌 |
| 彭澤 | 慶曆七年（1047） | 青白瓷罐、瓷碗、瓷俑 | 紀年資料：墓誌 |
| 永豐 | 皇祐？ | 陶俑 | 紀年資料：墓誌 |
| 橫峰 | 嘉祐三年（1058） | 青白瓷皈依瓶、雙系罐 | 紀年資料：地券 |
| 吉水 | 熙寧八年（1075） | 青白瓷缽 | 紀年資料：墓誌 |
| 廣昌 | 大觀二年（1108） | 瓷文武官俑、仙翁俑 | 紀年資料：墓誌地券 |
| 銅鼓 | 政和八年（1118） | 白瓷碗、高足杯、盞、託盤 | 紀年資料：墓誌 |

## 二 吉州永和窯及窯爐、作坊

### 1. 永和窯瓷器

永和窯又名吉州窯，位於吉州廬陵縣（今吉安縣）永和鎮，在寬一點五公里，長二點三公里內，有古窯堆二十四處。創燒於五代，發展於北宋，鼎盛於南宋。南宋末衰退，持續燒造至明朝後期。關於永和鎮製瓷業的興起，明朝永樂年間鎮人鍾彥彰說：「永和名東昌，地舊屬泰和。宋元豐間割屬廬陵，遂以泰和為西昌，永和為東昌，東昌之名，肇於此。上自漢唐，事蹟無傳。至五代時，民聚其地，耕且陶焉。由是井落墟市，祠廟寺觀始創。周顯德初，謂之高唐鄉臨江里磁窯團，有團軍將主之。及宋寢盛，景德中為鎮市，置監鎮司掌磁窯煙火公事。闢坊巷六街三市。時海宇清寧，附而居者至數千家，民物繁庶，舟車輻輳。……曆元改監鎮司為都稅司……余家從東固徙此，十有二世。」[34]永和起於五代，後周末製瓷業已有所發展，以瓷窯團的名義派軍人主持。延續到北宋中期，達到「寢盛」階段，數千家居民從事於燒瓷生產勞動。這裡與浮梁縣景德鎮情況相同，也是因燒瓷而旺盛，在宋真宗景德中（1004-1007 年）設鎮，置有監鎮司管理當地。鍾彥彰說的這些情況，與考古發掘研究的結論是一致的。

江西省文管會一九七四年對永和窯遺址進行了小面積試掘，

---

34　明《東昌志》（抄本）卷一《東昌圖境記》序。《東昌志》，一稱《東昌古跡志》，有的宋史研究者轉引此資料說明景德鎮的發展史，是誤用。

最下層出土的是青白瓷，有與景德鎮湖田窯相似的產品，證明它在北宋時期是青白瓷的一個生產地。上層出土的是黑釉器、白地釉下黑彩器。這表明永和窯至南宋以後在釉色上起了變化。出土的標本器物系北宋時期的青白瓷，有圓球形注子，坦口深腹形和瓜棱形的注碗。在大量覆燒器物中，以盤、碗為主，底部印「吉」、「記」等字樣；不少匣缽上刻有「曾」、「朱」、「尹」字樣，顯然是工匠的姓氏。永和窯所在村莊有曾、朱、尹等姓居民的後代，說明他們的祖先曾經在這裡燒製瓷器。

出土器物有碗、缽、碟、高足杯和器蓋等，其中蓮瓣紋高足杯為北宋時期常見器物。碗、缽、碟等的釉水均不及底，底部的切削比較粗糙。在乳白瓷之外，還有黑釉瓷產品，如碗、罐、壺、盆、杯等。碗多為唇口、花口，瓜棱腹，高圈足。罐、壺多瓜棱腹，底足粗澀。施釉均不完全，底部露胎。（圖版11）

圖版 11　永和窯木葉紋盞

據清代藍浦《景德鎮陶錄》，吉州窯諸窯匠中出名的有五家，「五窯中惟舒姓燒者頗佳。舒翁工為玩具，翁之女名舒嬌，尤善陶，其罏甕諸色，幾與哥窯等價，花瓶大者值數金。」一九八〇年在吉州窯遺址中發現綠釉瓷枕殘片，上面有「舒家記」的銘款，為研究舒窯提供了極珍貴的實物，證明了舒窯確實是當時的名窯。（下頁圖版 12）哥窯，指浙江龍泉窯的代表者章生一。章氏兄弟二人，兄名生一，弟名生二，都善燒瓷，但各有特色。

章生一的窯稱哥窯，章生二的窯叫弟窯。《處州府志》記：「凡器之出於生二窯者，極青瑩，純粹無瑕，如美玉然，一瓶一缽，動輒十數金。其兄名章生一，所主之窯，皆淺白，斷紋，號百圾碎，亦冠絕當時，今人家藏者，尤為難得。」哥窯與弟窯，都是宋代著名全國的瓷窯，永和舒姓父女的產品「幾與哥窯等價」，可見舒窯也是名窯。

### 2. 窯爐與作坊

　　永和窯燒製瓷器的窯爐與作坊遺址，有較好的遺存，對瞭解瓷器生產實情有重要價值。一九八〇年十月至一九八一年十二月，在永和鎮窯區發掘了本覺寺嶺窯爐和桐木橋瓷窯作坊[35]。窯爐不是建在山坡，

圖版 12　永和窯「舒家記」瓷片

而是建在廢瓷片堆積層上，為斜坡式「龍窯」。窯身長大，長三十六點八米，寬〇點四二至三點九五米，平面呈船形。窯壁用紅磚鋪砌，頂部紅磚卷拱，呈船棚形。內壁面布滿灰綠色燒結釉面。窯底為土質，經釉汁滲透與高溫燒焙，形成厚約五釐米的燒結層，十分堅實。窯頭火膛狹小，保存完好。窯身坡度斜陡，窯門雙開，裝燒量大。窯爐內出土的窯具有匣缽、墊圈、墊塊、支

---

35　詳見江西省文物工作隊、吉安縣文物管理辦公室《吉州窯遺址發掘報告》，《江西歷史文物》1982 年第 3 期。

座、輾槽以及網墜、瓷土、柴灰屑等。出土的瓷器有醬褐釉青瓷碗、雙系罐、帶把短流注壺、器壺、燈盞、乳白釉唇口碗、折唇碗、直唇碗、盞碟等。

永和窯爐的形制結構，窯爐兩側門通道與臺階等遺址表明，它與文獻記載的裝燒程式、粗細瓷的安放與爐內不同部位火候的利用等，都可以相互印證，「這種長形龍窯與圓形饅頭窯、馬蹄窯不同，它利用自然坡度，起煙囪的抽氣作用，吸入空氣，排出廢氣，使氣溫保持均勻通暢。」[36]

桐木橋瓷窯作坊遺址，揭露面積長十八點五米，寬十一點五米，地面鋪紅磚，磚的下面墊壓著大小匣缽（內多盛裝廢棄之乳白釉碗），故整個地面堅實。

作坊中間有兩條散水溝槽，自北向西南挖砌。散水槽東面有淘洗池、練泥池、拉坯旋削操作區；西面有兩組淘洗池、製坯操作區，以及一個大操作房，房內還有小套間。作坊西南角有長方形蓄泥池。按殘牆遺址分析，作坊的建築年代時間長，大約從晚唐五代延續至元代，中間經過多次維修或改建。

作坊遺址中出土遺物有匣缽、擂缽棒、輪軸帽、坩堝、石拍子、陶壇、陶罐、網墜、瓷塑、乳白釉碗、盞、芒口印花碗、高足杯、黃褐釉青瓷碗以及「聖宋元寶」、「元豐通寶」、「建炎通寶」銅錢等。

---

36　余家棟：《江西陶瓷史》，第六章第一節，第 239 頁，河南大學出版社 1997 年版。

永和窯的這個作坊遺址結構，與河南鶴壁集窯、河北曲陽定窯北宋層作坊遺址多有相似之處，「但其構築嚴謹，砌疊規整精細，是一處目前少見的作坊遺址。它清晰地展現了宋元時期製瓷生產的各項程式」[37]。

吉州永和窯是宋代南方的重要瓷窯，其窯爐與作坊遺址的發掘，為中國古陶瓷史的研究增添了新的資料。從永和窯遺址、遺物看出，它集南北各名窯之大成，兼具景德鎮窯、磁州窯、耀州窯、建窯、定窯的特點，在中國陶瓷史上是獨樹一幟的。永和窯的龍窯窯身長大，前中後三區火候不同，能同時燒造粗細、高溫與低溫釉瓷。在尹家山窯區出土的玩具和印有「舒家記」款識的瓷枕底，證明文獻的「舒翁窯」就在今尹家山一帶。永和窯始燒於晚唐，五代，以醬褐青灰釉瓷和乳白釉瓷為主。北宋時期停燒醬褐釉青瓷，而乳白釉瓷有新的提高。新出現的黑釉瓷，開始成為它的代表性品種。這兩類瓷器的燒造在南宋得到很大發展，直至元代末期終燒。北宋時期的吉州窯產品計有白釉、黑釉、綠釉、影青釉等瓷種，正處於瓷業生產的發展期[38]。

## 三　南豐白舍窯

### 1. 白舍窯的興盛

白舍窯在建昌軍南豐縣境，又稱南豐窯。古窯遺址在南豐縣

---

37　余家棟：《江西陶瓷史》，第 241 頁。

38　參見陳柏泉：《吉州窯燒瓷歷史初探》，載《江西歷史文物》1982 年 3 期。

南二十七公里的白舍鎮，窯址範圍東西寬約兩公里，南北長約一公里。一九五九至一九八四年間考古研究人員對窯址進行過多次考察，[39]發現窯這堆積三十四處，保存比較完好的二十處。窯包瓷片堆積厚約三至六米，滿地的瓷片，是當年窯火旺盛的見證。

　　白舍位旰江岸邊，自古是通粵必經之地，商旅眾多，客店比鄰，又盛產瓷土，故而得名白舍。窯場靠近古埠頭，燒好的瓷器方便裝船外運。附近丘陵低山有茂密的柴草資源，崗阜水田盛產稻穀。堅實的農業基礎促進了瓷業的發展。同治《南豐縣誌》卷十五《古跡志》寫道：「白舍，宋時置官監造瓷器，窯數十處，望之如山。久廢。」卷九《物產志》云：「若夫元《（南豐）州志》所載，白舍之白瓷器，瑤田壚之苧布，瞿村之白簡紙，當時已稱其苦竄稀薄，不足應四方之求。」由此可見，白舍窯確實是在南豐縣白舍，燒瓷興盛時期該是宋代，下延至元代。窯場遺物說明，白舍也是宋代重要的瓷器產地。出土的燒瓷工具有匣缽、墊餅。器皿有白瓷、青白瓷器兩大類。其胎質潔白細膩，釉汁晶瑩潤澤，品質優於永和窯、七裡鎮窯的產品。青白窯的白度偏大，與景德鎮產品偏青不同。白瓷中一部分胎壁粗厚，釉色白中泛黃。器形主要有碗、壺、瓶、杯、盤、碟、盞、燈檯、水注、罐、爐、盒、皈依瓶、俑、佛像和動物等。按形制特點，大致上可分為早中晚三期：

---

39　詳見江西省文物工作隊等《江西南豐白舍窯調查紀實》，載《考古》
　　1985 年第 3 期。

早期；約當北宋前期。產品流行葵瓣、瓜棱、厚唇器，圈足低矮，釉色多艾青、米青一類不甚透亮的淡青色。器表裝飾簡略，器壁還留有旋削痕跡，圈足切削一刀而就。入窯燒焙多數採用單件仰燒法，裝在漏斗型匣缽內， 以泥圈作支墊。一九八八年白舍窯址出土一件青白釉葵口高足杯，為六出葵口，沿外卷，深弧腹至底漸內收，高圈足，內底平坦，內外腹壁與葵口相連處分別呈凹、凸狀筋。通體施青白色釉，而青白中泛黃，底足露白胎。此器胎薄體輕，造型優美，如一朵綻開的出水芙蓉。葵口出筋是汲取了金銀器裝飾技法，獲得移花接木的特殊工效，體現了高超的製瓷技法與獨到的美學素養。

中期：約當北宋中後期，是大發展的階段。器物唇沿變薄，器口外侈，圈足增高，形制拉長。器口由葵瓣變成葵口，多瓜棱腹狀。外觀裝飾運用堆塑、貼塑、刻劃等技法，並有仿造金銀器的裝飾，使一件瓷器兼具金銀器和玉器的藝術效果。這個時期的瓷器胎土純淨細膩，釉色的白度提高，多呈月白、卵白色調。由於產品品質大為提高，市場效益好，有與景德鎮瓷器爭奪市場的能力。由於產量增多，窯場範圍擴大，故此在白舍鎮的官山以西，牛欄坑兩側，賴坑周圍的遺址地面，到處遍佈著廢棄的卵白色瓷片，所以有「白舍白瓷器」之稱。

中期的燒製方法，仍然是以單件仰燒法為主，以漏斗狀、桶狀匣缽裝燒，以泥圈或泥餅為墊。除底部外，基本滿釉。瓷盞的燒法，一般是三幢盞套裝在一個匣缽裡燒。笠山窯區的小厚唇碗內底有無釉澀圈，並用細沙作隔離劑，具有明顯的北宋特點。一九八八年出土一件「崇寧」銘款支燒具殘片，瓷質，素胎，胎白

堅膩，呈喇叭狀，外壁鐫刻「崇寧元年五月十日」八字。該燒具是白舍窯址唯一發掘到的有確切紀年的實物。

晚期：約當南宋中後期。

在紀年墓中出土的白舍窯瓷器，有南城嘉祐二年（1057）墓的注壺、杯盞、皈依瓶等；廣昌縣大觀二年（1108）出土的一批瓷俑。白舍窯區的百花莊遺址瓷片堆中，出土一件軸頂碗殘片，上有「……號元祐戊口」銘文，這是瞭解白舍窯製瓷年代的確鑿證據。元祐，為哲宗第一個年號，共九年，干支中含「戊」字的是第三年「戊辰」（1088）。該軸頂碗殘片的胎釉潔白細膩，燒結堅實，是瓷業技藝成熟的證明。軸頂碗是「陶車」的部件，記年在這個製坯工具上面，可見該窯工匠對此年的重視，也許是該窯開燒的標記。

## 2. 大批瓷俑的出土

瓷俑，是冥器，可歸入藝術類瓷，各地古墓中都可能有少量的，而南豐出土瓷俑特多，足可映現白舍窯燒瓷的特色。

一九八二年十二月，廣昌縣城郊鄉白田大隊一古墓中，出土瓷俑兩百多件。同時出土大觀二年（1108 年）地券一塊，知該墓為「建昌軍南豐縣天授鄉麟角耆故假承務郎楊敏修」之墓。廣昌縣原為南豐縣轄地，紹興八年（1138 年）始析分南豐縣之南半部三個鄉建縣，天授鄉即其一，故此墓主是南豐縣人，而瓷俑是白舍窯的產品。據發掘當事人稱：瓷俑為素胎，有官吏、武士、仙翁、菩薩以及魚、馬等。人俑分段製作，先捏軀幹，再植以頭與手足，貼上衣冠服飾，再劃顏面五官及衣紋走向。 各俑均佇立端正，文臣著袍戴冠，雙手執笏，武將披甲仗劍，剛毅莊

重，性格刻劃得形神畢肖，栩栩如生。製瓷藝人高超的雕塑技藝，寫實的創作風格，在這批瓷俑上得到真實呈現[40]。

一九八四年十月，南豐縣桑田鄉一石室古墓出土瓷俑九十餘件，其中經修復完整的八十四件。該墓為夫婦合葬。據出土銅錢的錢文判斷，時間下限為北宋崇寧二年（1103 年）。依據瓷俑排列位置及其形象，可分為墓主人二，侍從俑五十六（內武士 2，僧侶 2）、壓勝神煞二十六。壓勝神煞中有四方神俑四件，即龍、虎、雀、龜四物之首配人身；十二時神俑，均為文臣形象塑上生肖屬相的動物頭象。還有鼠、鹿、鱉、獸頭、雞、狗六種動物頭人身俑，金雞、玉犬俑。這許多神俑的配置，也是為保護墓主人而定，反映了人們對現世人間與陰曹地府關係的聯想，也是社會地位與神靈觀念的體現。

墓主俑為坐式，男高二十三點三釐米，女二十二點五釐米；侍俑端立，身高二十三點一至三十點五釐米。侍俑形象與服飾與上述楊敏修墓的文吏俑非常接近。墓主俑為實心胎燒成，其他俑均為空心。形體寫實，比例適度，採用模印、捏塑、堆貼、刻劃、加彩等技法製作，冠帽、服飾豐富多彩，精巧生動。瓷胎細膩潔白，全部素燒而成。有的燒結堅實，瓷化良好。有的則火候不夠，比較鬆脆。可能因為是冥器，窯家把它放在低窯位附帶燒造的結果。（下頁圖版 13）

---

40　姚澄清、張天嶽：《廣昌縣出土北宋瓷俑》，載《江西歷史文物》1984年第 1 期

圖版 13　景德鎮青瓷生肖俑群

　　同時出土的影青瓷有盞兩件，水盂一件，燈盞一件。它們的
胎土堅緻，釉色清白光潔，與白舍窯器物極相類似。此墓距離白
舍窯約一、二十公里，這些瓷器、瓷俑「很可能就是白舍窯的產
品」[41]。

　　這兩大批成套瓷俑的出土，尤其是桑田墓瓷俑有規律的成套
置放，不僅是瞭解南豐白舍窯瓷業的寶貴實物資料，而且對研究
宋代喪葬制度、服飾制度、雕塑藝術及南豐地區的社會民情風
俗，都有重要研究價值。南豐白舍窯，以它大量精美的產品，證
明了它是宋代江西著名的瓷窯之一。

41　江西省文物工作隊，南豐縣博物館《南豐縣桑田宋墓》，載《江西歷
　　史文物》1986 年第一期。

## 四 七里鎮窯

### 1. 七里鎮窯的興盛

七里鎮，在北宋當時稱虔州七鯉鎮，現代稱贛州七里鎮。同治《贛縣誌》稱：「郡東南七鯉鎮，七山排列狀如魚，故名。鎮舊為東關務，又為窯場。……附近皆瓦礫層累，蓋先朝之瓷窯舊鎮也。」古窯址在今贛州市水東鎮七里村，距市區三公里，沿貢江右岸分布，長約兩公里，今存有砂子嶺、羅屋嶺、張屋嶺等十六處大型瓷片堆積。七里村有上窯、中窯、下窯之稱。瓷片堆積厚度不等，高的達二、三十米。村民利用瓷片和窯具鋪路砌牆，隨處可見。一九八五至一九八七年，省文物考古所會同贛州地、市博物館對砂子嶺，周屋嶺，張屋嶺堆積進行發掘，在張屋嶺發現兩條三十多米的「龍窯」，進一步加深了對七里鎮窯的認識[42]。

七里鎮窯始燒於晚唐，經五代至北宋，日益興盛，南宋盛極一時，元朝末年終燒。唐末五代時期燒造青釉瓷，乳白釉瓷。北宋時期停燒青釉瓷，主要燒製乳白釉瓷，同時開始燒製青白釉瓷和黑釉瓷。

出土的窯具有匣缽、匣缽範、墊餅、擂缽、輪軸帽、蕩箍、滾珠、火照等。匣缽有直筒形、漏斗形兩種。輪軸帽為瓷質，八棱柱形，下底有圓錐狀凹窩，窩面施白釉。蕩箍為圓圈狀，圈內壁施釉。火照由碗坯挖孔而成。

---

42 江西省文物考古研究所、贛州地區博物館、贛州市博物館《江西贛州七里鎮窯址發掘簡報》，《江西省文物》1990 年第四期。

七里鎮窯以生產日常瓷器為主，其中白釉及部分乳白釉瓷器，有碗、盞、杯、燈盞、碟、盤、枕、水盂、注壺、注碗、罐、缽、瓶、粉盒、鳥食罐等。具有明顯北宋風格的乳白釉瓷是葵口高圈足碗、盞等。砂子嶺出土的獅紐蓋溫酒注壺，在南豐縣嘉祐二年（1057 年）墓中也有出土。該壺製作規整，腹部呈瓜棱形，流嘴曲而細長，蓋上的獅子栩栩如生，是極少見的精品。青白瓷燈盞為敞口，另一類為直口。瓷杯一類為直口，一類為六瓣葵花口。盞托多為花口。一九八六年七里鎮窯址出土一件褐黑色釉碗、一件褐黑色乳釘罐。碗為侈口，尖圓唇，腹鼓微斜，圈足。內底壓印凸弦紋一道。通體施褐黑色釉，釉汁瑩潤，光潔照人，酷似漆器，是北宋七裡鎮窯仿漆器之上品。罐為敞口，束頸，溜肩，鼓腹修長，平底。腹部壓印同心圓紋，頸部飾白乳釘一圈。施漿褐釉，不及底。造型奇特，文飾精美，是宋代七里鎮窯典型產品。

　　一九九一年九月至十月，對七里鎮窯區西北端的木子嶺窯址進行發掘[43]，出土了大量乳白釉瓷器，其胎質細白，質色如玉，釉層濃厚，釉汁瑩潤光潔，造型規整，顯系專門燒造乳白釉的窯場。從圈足內黏結的墊餅和大量漏斗形匣缽迭燒時黏結的碗、盞、碟等分析，明顯為北宋盛行的燒造技法。出土的長流壺、葵口高足碗、盞等，造型多現北宋風格，在江西的北宋墓中也經常

43　江西省文物考古研究所，贛州市博物館《江西贛州七里鎮木子嶺窯址發掘簡報》，《南方文物》1992 年第 1 期。

發現。七里鎮窯所出遺物表明，它與豐城洪州窯、景德鎮窯、吉州永和窯和南豐白舍窯的製瓷水準一致，不愧為江西五大名窯之一。

### 2.龍窯的結構與性能

一九八五年至一九八六年底，在七里鎮窯區的砂子嶺和張家嶺發掘了四座窯爐。砂子嶺窯包的頂部和底部揭示出龍窯各一座。張家嶺揭示出兩座並排的龍窯。砂子嶺底部的龍窯用紅磚疊砌，頂呈券拱形。從伴出的遺物分析，當屬北宋窯爐。張家嶺的龍窯用青灰磚疊砌，東側窯床平面呈船形，長三十七點九米，寬一點八七至二點一七米。窯床建在破碎匣鉢與瓷片堆積層之上，傾斜度十三至二十七度。火膛部位採用青灰磚橫豎鋪砌。西側窯床的結構與東側的基本相同。兩座窯床平行並列，是目前江西僅見的。與吉州永和的本覺寺窯床比較，張家嶺窯選用青灰磚縱向錯縫疊砌，窯身更耐高溫，更能保溫。西側窯床平面呈半月形，延長了窯身長度，擴展了窯床空間，充分利用風力，既增加裝坯窯位，又能使燃料充分燃燒，提高窯床溫度，燒製出更多的合格瓷器。

七里鎮的窯床與遺物證明，這裡是瓦礫（瓷片）層累的「先朝之瓷窯舊鎮」，而北宋時期正處在發展階段。

## 五 臨川白滸窯等窯址

瓷器與民眾生活密切聯繫在一起，製瓷基地素來很多，散在四境，北宋時期江西各地依舊有多處瓷窯，除上列名窯之外，還有以下諸窯也值得注意。

臨川白滸窯，位於臨川縣上頓渡西面八公里的白滸渡，包括毛家村、二甲村、一甲村三處窯場。窯址發現於一九六〇年，遺址上瓷器碎碎片很多，尤其是一甲村窯址，窯包保存完好，遺物特多，應是當時的中心區。出土的青瓷器有碗、壺、罐、缽等，釉呈青黃色或青綠色，胎壁厚重，釉不及底，窯具有竹節形筒狀的支具和圓形墊圈等。毛家村、二甲村、一甲村三地所出器物，在器形、釉色、胎質和形制上均多雷同，表明是同時期的窯場。據《白滸毛氏族譜》所載紹興五年（1135 年）舊序稱，元豐元年（1078 年）毛氏遷來此地之前，此地叫「白滸窯」，又名白滸渡。對照採集到的窯具和青瓷器，多系唐宋時代遺物，可知白滸窯始燒於唐代，至宋代正在興盛時期。當地民眾都說：「先有白滸窯，後有景德鎮」，這種說法不盡可靠，但從中可以意識到白滸窯的確歷史悠久，曾經窯火旺盛，在群眾中影響很深[44]。

　　尋烏上甲窯，在距尋烏縣城十五公里的文峰鄉上甲村。發現於一九八一至一九九〇年間[45]。該地位於贛閩粵三省交接處，有馬蹄河（即尋烏江）自北而南流過，注入廣東省東江，水路運輸方便。窯區面積約二十五平方公里，分為上甲、圓墩背、塘塔里、高橋頭四個片區。出土瓷器有碗、盞、碟、杯、壺、罐等，其中碗、碟居多，盞、罐次之。釉色青中帶黃、閃白，亦有粉

---

44　楊後禮：《臨川縣白滸窯調查》，載《文物工作資料》，1960 年第 2
　　期。
45　贛州地區文化局文物科等《江西尋烏縣上甲村古瓷窯址調查》，載《江
　　西文物》1991 年第 3 期。

青、蔥綠、深黃等色。有的開冰裂細片。窯具有匣鉢、墊塊、墊柱、火照等。燒窯方式普遍採用桶狀匣鉢四支墊迭燒，故器物內底有十字形刮釉，外底露胎。

從瓷器的形制、釉色分析，以及有唇口、寬圈足碗、豎紐短流壺、高足杯、唇口折沿四系罐等，保留著晚唐、五代的風格，表明該窯產品與吉州窯、七里鎮窯的同類產品基本相似。各式碗、盤、杯、罐多具宋代風格，也是江西宋墓常見器物，故尋烏上甲窯是始燒於晚唐、五代，盛於兩代，至元末衰退的瓷窯。

又，尋烏縣新茶亭（32 號窯址）、水口（30 號窯址）兩地的大批瓷片，胎質細密，釉汁晶瑩，呈現白色、乳白色、米黃色、青白色等釉色，照形中的葵口淺腹碗、敞口侈唇深腹溫碗、長流壺等，均具北宋常見器物的典型特點，推知這兩處的瓷窯燒製年代當屬北宋前後[46]。

據調查考證，銅鼓永寧窯，燒製年代上起唐代，下延至北宋[47]；鉛山江村窯，應是晚唐民窯，下限至元代[48]。

## 第三節 ▶ 冶金業的繁榮

金屬礦的採掘冶鑄生產大盛，是宋代江西手工業領城中的突

---

46 尋烏縣文物普查隊《尋烏縣上甲村發現宋代窯群》，載《江西歷史文物》1984 年第 2 期。

47 黃頤壽：《銅鼓發現唐代窯址》，載《江西歷史文物》1987 年第 2 期。

48 《鉛山縣發現古瓷窯址》，載《江西歷史文物》1983 年第 2 期。

出成就，其中又以銅礦開採和銅錢鑄造業最稱鼎盛。北宋中期，建昌軍南城縣人李覯說：「東南之郡，山高者鮮不鑿，土深者鮮不掘……礦石雲湧，爐炭之焰未之有熄。」[49]他對採冶業普遍興旺的印象，首先是從江西的社會實際中得到的。饒、信、撫等州採冶業的振興，與農業經濟整體的全面發展相適應，彼此促進，共同造成了江西經濟繁榮的社會局面。

採掘冶鑄生產是專業性強的群體勞作，涉及社會的多個方面，不僅是經濟領域的相關行業聯繫緊密，而且由於大批勞動者集中於偏遠山區，產品是銅鐵金銀等，直接與大刀長矛、錢幣財寶相連的物資，所以更加具有政治性價值與影響，北宋朝廷從穩定統治、掌握財政的需要考慮，十分關注著礦山的開採與冶煉鑄造，制訂出許多有關政策，將它嚴格控制在官府手中。因此，冶金業的發展狀況，格外受到社會關注，由此可以多角度觀察社會，而問題也相應地更複雜。

## 一　冶金業的興旺

據《宋會要輯稿》、《元豐九域志》、《文獻通考》及《宋史》等文獻記錄，宋代江西開採的礦物品種多，產地也多，呈現著遍地開花、全面興旺的發展形勢。它們是：

金：饒州、撫州、南安軍，以及貴溪；

銀：南豐馬茨湖場、看都場，饒州德興場，虔州寶積場，信

州寶豐場，南安軍穩下場；

銅：信州鉛山場，饒州興利場，南康城下場，瑞金、吉州也有出產；

鐵：袁州貴山冶，虔州上平務、符竹務、黃平務、青堂務，吉州安福務，信州丁溪場、新溪場，撫州東山場，以及饒州、鄱陽、樂平、德興、餘干、玉山、貴溪、新建、進賢、德安、德化等地；

錫：甯都、安遠、會昌、南康、大庾、上猶、南康軍；

鉛：鉛山、大庾、甯都。

上列礦物產地中標明瞭場、冶務的，是官府設置了經營管理機構的大型礦山；只有州縣名的，則都是開採該礦的所在，有無官辦礦山則難一概而論，或者是先有後廢，或者是不甚重要而闕略，如南豐縣的銀礦，曾經設置馬茨湖、看都等四個銀場，後來停了這些銀場。鐵礦產地中有饒州，又有其治所鄱陽，又有其所轄的樂平、德興、餘干等縣，這中間的關係如何，是否意味著「饒州」鐵礦為州所管轄之礦？未查得資料說明，只能照錄備考。

金礦中有沙金、山金兩種。淘採沙金主要在饒州的昌江沿流進行。這裡是傳統的沙金產地，北宋政府在「和買」名義下，向鄱陽、樂平、浮梁、德興四縣要黃金五百四十二兩八錢。饒州在「土貢」名義下，每年向朝廷納麩金十兩。為了控制這些沙金，官府在饒州「嘗禁商市糶。或有論告，逮系滿獄。」真宗大中祥符四年（1011 年），江南轉運使凌策奏請改變這種「禁商」的辦

法，實行「縱民販市，官責其算，人甚便之」[50]。讓沙金進入市面買賣，官府徵收交易稅，這是宋朝經濟穩定以後的一個發展。

山金，見於撫州金溪縣。北宋時在金溪開採山金，仁宗慶曆四年（1044年）五月，曾上供「山金重三百廿四兩」[51]。

銀礦以南豐縣為盛，宋代時設有看都、馬茨湖、蒙池、太平四場，每年徵收白銀定額九一七九兩。神宗元豐元年（1078年）實收白銀五一一六兩[52]。一縣設有四處採銀場，可見當時的盛況。據一九九四年版《南豐縣誌》，該銀礦在今中和鄉銀坑村，有十六個坑洞，因坑洞太深，無法下井察看。經對開採洞口的岩石化驗得知，有銀礦化，屬弱化礦。

德興縣所在的銀山，北宋時期仍在開採銀礦，官府在此設市銀場，每年「和買」定額為一七四九兩五錢[53]。北宋仁宗期間，銀礦「山穴傾摧」，銀場停廢，而銀課未除。及至景祐三年（1036年）范仲淹任饒州知州，才據實力請，「一封奏罷鄧公場」，去除了饒州百姓的一項重負。然而，在《元豐九域志》卷六饒州德興縣下仍寫出「市銀院一銀場，一金場」。看來在景祐之後又恢復採銀，並開採金。

信州玉山縣曾是銀礦開採地，並設有韓村銀場，可能是礦脈枯竭，於景祐元年（1034年）二月丁酉，「廢信州玉山縣韓村銀

50　《宋史》卷三○七《凌策傳》。
51　《續資治通鑑長編》卷一四九。
52　《元豐九域志》卷六；《宋會要輯稿》食貨三三之八
53　《宋會要輯稿》食貨一一之五。

場」<sup>54</sup>。上列銀礦產地中沒有玉山縣名，當即因此所致。

開礦的民戶稱坑戶，冶鑄者稱冶戶，二者合稱坑冶戶。礦坑中勞作者稱坑丁。礦山一般均由官府控制，坑冶戶為官府採掘冶鑄。官辦的礦冶作坊，役使士兵勞作，也雇募民匠。由於坑冶戶和工匠的抗爭，統治者為求獲得更多收益，逐漸放鬆壟斷政策，允許民間開採，官府通過稅收與「和買」方式得到礦產品。神宗時，實行「金銀坑冶召百姓採取，自備物料烹煉，十分為率，官收二分，其八分許坑戶自便貨賣」<sup>55</sup>。民營礦冶業於是得到更大發展。

銅為鑄錢的主要材料，關係著財政大計，所以銅禁特別嚴厲。熙豐變法期間一度放鬆銅禁，但是江西的「虔、吉州界並為禁銅、鉛、錫地分，」嚴防民間互市錢幣原料，私鑄銅錢。

## 二 德興、鉛山等地的銅礦開採<sup>56</sup>

江西的冶金業在北宋進入空前繁榮時期。銅礦開採和銅錢鑄造的成績突出，膽水浸銅技術成功地運用於生產實踐，對世界化學史和冶金史作出了傑出的貢獻。

銅礦開採以饒州、信州為主，其次是虔州、南安軍。最重要的礦場是鉛山場、德興縣興利場。其次是弋陽寶豐場，上饒丁溪

---

54 《續資治通鑑長編》卷一一四。
55 馬端臨：《文獻通考》，卷一八《征榷考》。
56 參見許懷林《宋代江西的銅礦業》，收入《宋史研究論文集》，浙江人民出版社 1987 年版。

場，虔州九龔場、雲都場，南安軍城下場、大庾烏石務等。

　　鉛山場的規模很大，開採點主要是貌平、官山兩處，發展至北宋中後期，「招集坑戶就貌平、官山鑿坑取垢淋銅，官中為置爐烹煉，每一斤銅支錢二百五十」，「故常募集十餘萬人，晝夜採鑿，得銅鉛數千萬斤。置四監鼓鑄，一歲得錢百餘萬貫」。哲宗紹聖年間（1094-1098 年），鉛山場膽銅歲額達三十八萬斤，是全國著名的三大銅場之一，當時輿論認為，「產銅之地，莫盛於東南」，而東南「銅礦最盛之處，曰韶州岑水場，曰潭州永興場，曰信州鉛山場，號三銅場」**[57]**。

　　鉛山場在鉛山縣。《太平寰宇記》卷一○七鉛山縣條寫道：「按《上饒記》云：出銅、鉛、青碌。本置鉛場、收取其利，舊在寶山，偽唐升元二年（西元 938 年）遷至鵝湖山郭水西鄧田阪，即解署也，到四年，於上饒、弋陽二縣析五鄉以為場，後升為縣。皇朝平江南後，直屬朝廷。」「鉛山，在縣西北七里，又名桂陽山，舊經云：山出鉛，……又出銅及青碌。又有銅寶山連桂陽山，出銅。」「鉛山在縣西北」，是今鉛山縣永平鎮西北。鉛山縣治原在永平鎮，一九四九年七月才遷往河口鎮。鉛山場升為縣的時間，據縣誌在保大十一年（西元 953 年）。北宋朝廷直轄鉛山縣（太平興國以後還隸信州）。行政建制上的升格，是銅礦采冶事業興旺發達的反映。在長期的開採過程中，自然也有間歇時間。《宋會要輯稿》說鉛山場「端拱二年（西元 989 年）置，

第四章・手工業生產的繁榮

熙寧四年（1071 年）罷」，是宋初曾停止開採，不久即恢復。熙寧罷後也沒有過多久便重新開採。元豐七年（1084 年）十月，提點江浙等路坑冶鑄錢胡宗師奏報：「信州鉛山縣銅坑發，已置場冶。」十餘年後，即紹聖年間浸銅產量達到最高水準，「歲額三十八萬斤。」

興利場，在饒州。《宋會要》注為「舊置」，表明該場在宋代以前或北宋初已經建場採礦。《系年要錄》寫鉛山場的同時記了興利場：「（饒、信）皆產膽水，浸鐵或銅。元祐中始置饒州興利場，歲額五萬餘斤。」[58]據此，則是興利場在哲宗以前曾停歇過。由於膽水趨於旺盛，於元祐（1086-1094 年）中重新設場浸煉膽銅。

鉛山場、興利場是北宋主要的膽銅生產基地，但是，它們在元祐、紹聖以前的礦銅產量不見記載。從對礦山的經營管理（詳後）分析，鉛山、德興並非北宋後期才開採銅礦，這只表明當時的膽銅生產最受社會關注。它們的膽銅產量不算最多，領先的是韶州岑水場，它在元祐、紹聖間的黃銅、膽銅合計為三九六萬餘斤，其次為潭州永興場，黃銅、膽銅合計為二四三萬餘斤。鉛山場是膽銅，為三十八萬斤，興利場也是膽銅，為五一〇二九斤[59]。

德興場，在饒州德興縣。官設銅場的開採時間，《宋會要》的記錄是置於大中祥符三年（1010 年），於嘉祐七年（1062 年）

---

58 《建炎以來系年要錄》卷五九，紹興二年九月辛卯。

59 據《宋會要輯稿》食貨三三，「各路坑冶所出額數「。

罷廢，存在了五十餘年。但是當地民間的銅礦採冶生產不受此限，如張潛家族利用膽礬水「浸鐵為銅」[60]，一直在進行之中。

《宋會要輯稿》在饒州下既寫興利場，又列德興縣場，但是未點明興利場的具體所在。不過，興利場是膽銅的重要產地，據建中靖國元年（1101年）遊經的奏章，以及危素的《浸銅要略·序》（詳下），可知興利場在德興縣。王象之《輿地紀勝》即將興利場系於德興縣下。那麼，為何又列出德興縣場？二者關係如何？因資料有闕，難於明確判斷。姑妄言之：興利場可能屬饒州直轄，為了保障永平監鑄錢的銅料供應，它需要有一個隸屬的銅場，而德興縣場則是縣管單位。二場同置一縣，必然會有諸多實際問題與矛盾，逐將縣場併入興利場，於是德興縣場存在時間不長，有關的文字記載也不多見。

寶豐場，在弋陽縣，礦場位於今弋陽縣南十八公里的旭光鄉鐵沙街。據記載該場在宋太宗時期很興旺，淳化五年（西元994年）因「銅貨興發，奉敕割弋陽縣玉亭、新政兩鄉立為寶豐縣」，後來「銀利寡少，銅貨絕無，當司相度可公卻並歸弋陽縣，其場務仍舊差使臣專監，只作寶豐鎮名額。從之」[61]。這說明在淳化以前寶豐礦已經開採，廢縣以後雖然降為鎮，銅場仍然維持生產，並非「絕無」。寶豐場與縣的改易變化，是根源於銅

---

60　詳《通直郎張潛行狀》，見陳柏泉《江西出土墓誌選編》，江西教育出版社1991年版。

61　《宋會要輯稿》食貨三四之二〇。又，據《弋陽縣誌》，康定末年（1041）再升寶豐鎮為縣：慶曆三年（1043）寶豐縣再廢入弋陽縣。

礦的興衰。一九九一年版《弋陽縣誌》載，銅礦在鐵沙街附近的軍陽山，該地明清時仍為新政鄉，鐵沙街至民國初期民間仍稱為寶豐市。銅礦則斷續開採至今。在民國年間，以及新中國成立後，地質部門多次對該礦進行過勘探。一九七八年勘探的結論是：「鐵沙街銅礦石儲藏極為豐富，品位較高，有開採價值，並被列入全國同等專案重點扶持單位之一」。[62]一九七一年創辦弋陽縣銅礦，一九七八年擴建，年採選能力達十萬噸。

## 三　張潛與浸銅技術

膽水浸鐵煉銅，亦稱水法煉銅、濕法煉銅，將此技術推廣運用於煉銅生產實踐，是江西礦業生產的重大成果，對宋代銅礦開採、錢幣鑄造有深遠影響。

浸銅生產的主要基地，是鉛山場和興利場。北宋政府掌握的銅場中，有膽水可供浸銅的礦場共十一處，在生產中實際利用的卻只有幾處。建中靖國元年（1101 年），曾經出任提舉措置江淮荊浙福建廣南銅事的遊經上奏說：

> 昨在任日，常講究有膽水可以浸鐵為銅者，韶州岑水、潭州瀏陽、信州鉛山、饒州德興、建州蔡池、婺州銅山、汀州赤水、邵武軍黃齊、潭州礬山、溫州蘭溪、池州銅山，凡十一處，唯岑

62　《弋陽縣誌・工業志・礦業》。南海出版公司 1991 年版，第 355 頁。

水、鉛山、德興已嘗措置，其餘未及經理。[63]

　　這位提舉銅事的長官所說「未及經理」，該是指官府沒有去建立一套浸銅的生產機構與設施，不等於當地坑冶戶不會利用膽水浸銅。應該說，到了北宋時期，中國銅礦工人已經比較普通地掌握了浸銅技術，並成功地運用於煉銅生產實踐中，在冶金技術與化學史方面作出了重大的貢獻。

　　膽水，即硫酸銅（$CuSO_4$）的水溶液，有五個分子結晶水的硫酸銅，為藍色晶體，化學式為 $CuSO_4 \cdot 5H_2O$，稱膽礬，或蘭礬，易溶於水，含有其成分的水即為膽水。當鐵浸在膽水中，由於鐵的化學性質比銅更活躍，會將銅置換出來，產生硫酸鐵和銅。其化學方程式為 $Fe+CuSO_4=FeSO_4+Cu\downarrow$。這就是膽水能夠化鐵為銅的原理。早在漢朝，中國人民對膽水就有了一定的認識。唐朝顯慶四年（西元 659 年）修成頒行的《新修本草》說：「石膽，此物出銅處有，……味極酸苦，磨鐵作銅色，此是真者。」石膽，即是膽礬。磨鐵作銅色，即產生了鐵與銅的置換。唐代中期以後，煉丹術的著作中已有浸煉膽銅的記述，不過還只是在丹房之內小實驗。樂史《太平寰宇記》卷一〇七鉛山縣條下寫道：「又有膽泉，出觀音石，可浸鐵為銅。」這說明，鉛山縣群眾至遲在北宋初期已經掌握了膽泉浸銅的技術。仁宗時，蘇頌《圖經本草》修成，其中說「（石膽）自然生者尤為珍貴，今唯

第
四
章
・
手
工
業
生
產
的
繁
榮

信州鉛縣有之。」唯信州鉛山有，不確，此話該是鉛山膽泉更出名的反映。之後，沈括《夢溪筆談》又說：「信州鉛山縣有苦泉，流以為澗，挹其水熬之，則成膽礬，烹膽礬則成銅；熬膽礬鐵釜，久之亦化為銅。」[64]由此可知，鉛山縣民眾已將浸銅術運用於生產實踐。

文獻資料只記述鉛山縣膽泉的時候，德興人張潛的實際行動似乎走得更快。友人萬如石為他寫《通直郎張潛行狀》，說他「嘗讀神農書，見膽礬水可浸鐵為銅，試之信然，曰：此利國術也。命其子甲獻之，朝廷下其法，諸路歲收銅數百萬。」可見，張潛總結了前人與自己的實踐經驗，並將寫成文字，奏報給朝廷，頒行於地方，在各銅場推廣應用，獲得了顯著的經濟效益。不將發財致富的技術密藏起來，而是獻進朝廷，公諸社會，可見張潛精神境界高遠，將「仁義」信念見於行動。

張潛《行狀》中的說法，在其它文獻中得到了印證。歐陽忞《輿地廣記》說：「始，饒之張潛，博通方伎，得變鐵為銅之法，使其子詣闕獻之，朝廷行之鉛山及饒之興利、韶之岑水、潭之永

---

64　《夢溪筆談》卷二五，「雜誌」二，中華書局 1958 年版，第 249 頁。又，《政和本草》中所引《圖經》曰：「空青，生益州山谷，及越嶲山有銅處，銅精熏則生空青。今信州亦時有之，狀若楊梅，故別名楊梅青。其腹中空，破之有漿者，難得。亦有大者如雞子，小者如豆子。三月中旬採，亦無時。古方雖稀用，而今治眼障，為最要之物。又，曾青所出，與此同山。療體頗相似，而色理亦無異，但其形纍纍如連珠相綴，今極難得。又有白青，出豫章山谷，亦似空青，圓如珠，色白而腹不空，亦謂之碧青，以其研之色碧也。亦謂之魚目青，以其形似魚目也。無空青時亦可用，今不復見之。」

興」。趙蕃《章泉稿》也說：「布衣張甲，體物索理，獻言以佐圜法。宋紹聖間，詔經理之。」張潛、張甲父子獻出的就是《浸銅要略》。浸銅技術經他們總結之後，「其說始備」，技術已經成熟，遂能在各地推廣運用。

張潛是從事膽水浸銅的技術專家。他的子孫後輩繼承其業，經南宋至元後期，二、三百年間都專注於此，遂使浸銅術臻於「講之精、慮之熟」的程度。非常可惜的是，《浸銅要略》在元至正十二年（1352 年）之前張潛裔孫張理再次獻給朝廷以後，就不再傳世了，留傳下來的有關文字，最詳細的也僅是一篇不足六百字的《浸銅要略·序》。序文作者是元末明初金溪人危素，他是應張理的請求而作。此序文收入危素《危太朴文集》，雍正《江西通志》的雜記中亦載此文。令人遺憾的是，浩如煙海的史書中，有成千累萬的官宦傳記，卻沒有給這個浸銅世家張氏立傳，關於張氏的事蹟，我們知道得很少。

據危素《浸銅要略·序》，德興縣興利場有膽泉三十二處，整理成浸銅的溝有一三八處，依膽泉中含硫酸銅之濃度不同而區別為五日、七日、十日「舉洗一次」三類。鉛山場的膽泉，《輿地紀勝》卷二十一記為「今淋銅之所二百四百槽」。《讀史方輿紀要》說「有溝槽七十七處」，其「勢若瀑布」，流量很大。

浸銅方法，大體上是先取生鐵打成薄片，稱為鍋鐵，放進膽水槽中，排成魚鱗狀，浸數日後，鐵與銅置換，鍋鐵片上生「赤煤」，取出鐵片，刮下赤煤，入爐烹練，幾三練方成精銅。未化之鐵，再與新鍋鐵放入膽水槽排浸。在當時條件下，「大率用鐵

二斤四兩，得銅一斤」[65]。這種浸銅法是當時的先進冶金工藝，有「用費少而收功博」的經濟效益。

膽銅生產工藝分膽水浸銅、膽土淋銅兩種。當時有人估測說：「古坑有水處曰膽水，無水處曰膽土。膽水浸銅工省利多，膽土煎銅工費利薄。水有盡，土無窮。」[66]膽水、膽土的長短利弊，依一定的條件轉移。主管冶銅事務的遊經分析說：「膽水浸銅斤以錢五十為本，膽土煎銅斤以錢八十為本，比之礦銅其利已厚。」[67]膽水與膽土相互有差別，理宜兼收其長，而與礦銅比較，即便是膽土煎銅仍然利厚，故而「宜乎朝廷之所樂聞也。」冶銅的成本降低，鑄造銅錢的成本跟著降低。為求這項厚利持久而穩定，朝廷隨即於紹聖五年（1098 年）敕令禁止「偷盜膽銅與私壞膽水，或坑戶私煎膽銅」[68]。適應推廣浸銅工藝的需要，張甲獻出的浸銅之法，當時已經刻板成書，尤袤《遂初堂書目》、陳振孫《直齋書錄解題》均有著錄。

膽水浸銅技術為朝廷接受，並推廣運用於銅場，是在紹聖年間（1094-1098 年），此前的百餘年中該是處於民間私用時期，同時也是操作技術的試用、總結、提高階段。具體到德興、鉛山兩地來說，實際運用浸銅技術應更早。張潛由讀神農書知道膽礬

---

65　李心傳：《建炎以來系年要錄》，卷五九。《文獻通考》卷十八《坑冶》所記相同。
66　周輝《清波雜誌》卷一二。
67　《宋會要輯稿》食貨三四之二五。
68　《宋會要輯稿》食貨三四之二五。

水可浸鐵為銅，中經試驗成功，達到「講之精、慮之熟」的完備程度，絕非短時間所能湊效。他家殷實富裕，卻私自煉銅，甘冒違禁之罪，絕不是去做渺茫的試驗，而是在謀取更大的財富。最後獻技朝廷，讓官府獲得「歲收銅數百萬」，換得「三班差使，減三年磨勘」的回報，可謂化險為夷，因禍得福。鉛山縣早已開採銅礦，鑄造銅錢（詳下），為何遲至紹聖才膽水流出，即時煉得三十八萬斤膽銅？顯然是民間浸銅已久，一旦合法，便蜂擁而上，故有「聚集十餘萬人」的熱鬧場面。德興、鉛山兩銅場都注明是「膽銅」，這只能是它們浸銅旺盛、受到重視的證明。它們更有礦銅，而且是占絕對優勢的產品（現代尤其如此），但在北宋後期卻是以膽銅著稱的。在北宋的早期和中期，它們以何種產品為主？從遊經的報告中既有對礦銅的生產統計要求，又有對浸銅的統計要求來分析，鉛山場有「晝夜採鑿」的勞作項目，當是膽銅、礦銅兼而有之。

隨著科學技術進步，已經不用膽水浸銅，現代的濕法煉銅也不是古代意義上的濕法。但是，它作為一種經濟實惠、簡單易行的技術，銅礦中並沒有完全拋棄。上世紀九〇年代後期，在德興銅礦仍能看到浸銅的工地，他們稱作「海綿銅」，是將礦山的酸性廢水引進大而淺的池中，浸入刨花鐵，置換出銅，以為礦上的副業收入[69]。

---

69　參見 1993 年《德興銅礦志》第 22 章《勞動服務公司》，第 387 頁。1995 年 7 月我到實地考察，見到浸海綿銅的工地，浸出的海綿銅沙顯

## 四　鐵礦場與鐵產量

江西開採鐵礦的產量，不見統計資料。現在只能依據膽銅浸煉的鐵銅比例關係（2.4 斤鐵得銅 1 斤），得到用於浸銅的生鐵數量，由此窺見一些生產鐵的狀況。

哲宗時期，鉛山場膽銅歲額三十八萬斤，興利場五萬餘斤，合計約需鐵九十六點七五萬斤（單就鉛山計算，需 85.5 萬餘斤）。供浸銅用鐵的供應，主要來自江西的信州、撫州、饒州、江州、洪州（孝宗初年改洪州為隆興府）屬的十三個縣場。鑒於缺少北宋期間的資料，我們用南宋前期的資料，逆推北宋的狀況。據紹興、乾道間的資料，是從以下十二州軍的二十二個縣場運來：

表 4.3 鉛山、興利場浸銅生鐵來源表[70]

| 運赴鉛山場（斤） | | 運赴興利場（斤） | | 運赴鉛山、興利場（斤） | | |
|---|---|---|---|---|---|---|
| 合計 | 415,320 | 合計 | 18,223 | 合計 | 64,186 | |
| 信州 | 鉛山縣 59,000 | 饒州 | 德興縣 3,823 | 池州 | 貴池縣 | 3,254 |
| | 上饒縣 50,000 | | 鄱陽縣 3,500 | 隆興府 | 進賢縣 | 3,540 |
| | 弋陽縣 100,000 | | 餘幹縣 5,000 | 江州 | 德安縣 | 13,824 |
| | 玉山縣 35,000 | | 浮梁縣 1,700 | 興國軍 | 大冶縣 | 24,988 |
| | 貴溪縣 13,000 | | 樂平縣 3,000 | 舒州 | 懷寧縣 | 15,280 |

紫色，據現場工人說此銅純度很高。

70　資料來源：《宋會要輯稿》食貨三三，乾道二年鑄錢司奏報數。

| 運赴鉛山場（斤） | | | 運赴興利場（斤） | | | 運赴鉛山、興利場（斤） | | |
|---|---|---|---|---|---|---|---|---|
| 撫州 | 東山場 | 117,000 | 徽州 | 務源縣 | 1,200 | 辰州 | 敘浦縣 | 1,100 |
| 建寧府 | 浦城縣仁風場 | 40,000 | | | | | 辰溪縣 | 2,200 |
| 處州 | 麗水縣 | 100 | | | | | | |
| | 青田縣 | 1,220 | | | | 總計：497,729 斤 | | |

　　膽水浸銅，一要膽泉源源不斷湧出，二要保證供應足夠的浸銅用鐵。十二州軍二十二縣場供鐵總數約五十萬斤，比所需的九十六萬餘斤少了約半數，無怪人們議論說，膽銅產量下降，原因主要是供鐵不足。但是，若就紹興、乾道時期膽銅數量比較，鉛山場為九六三三六斤，興利場為二三四八二斤，合計一一九八一八斤，只需鐵二五九五八〇點五斤，比運到的鐵少要約二十四萬斤，也是個半數。所以，我們大膽地推定，北宋時期浸銅所需的鐵，也是由表中所列各州縣供應，而其產量相應地也比南宋前期更多，能夠滿足四十三萬餘斤膽銅生產的需要，總產量該是一百萬斤上下。

　　江西各鐵場中，撫州東山場與信州弋陽縣的產量最高，運出的數量為十萬斤以上。東山場遺址在今東鄉縣小璜、馬墟、長林等地。據《撫州府志》載：「郡城東一百二十裡東山產鐵，置東山鐵場，其爐凡四，曰小漿、赤岸、羅首、金峰。」今虎形山鄉的鐵石墩尚有煉鐵殘渣。東山場的產量，在《臨川縣誌》上記的，比《宋會要》所記數高一倍，作「每歲額共趁辦鍋鐵二十四

萬二千零四十六斤，解往饒州安仁縣，轉發信州鉛山場」[71]。這個產額的時間不明，可能是最高值。

弋陽縣的鐵礦遺址在寶豐場，即今弋陽縣旭光鄉鐵沙街。二○○三年七月十六日我（作者）到現場踏勘，見旭光鄉政府門前大樟樹下立一石碑，上書「寶豐縣城遺址」，但不見任何建築遺物。鄉政府所在的鐵沙街，長約二里，寬約四十至五十米，地面全是黑色的鐵碴塊，現在的水泥路面，即以鐵屎沙鋪墊打基礎。當地民眾說：建房挖牆基，深至兩米下面，仍是鐵沙；路旁的木質地板廠堆料場，約一個籃球場大，是將一座鐵沙山推平而成的。地面遺物顯示，這裡確是古代冶鐵的基址。新版《弋陽縣誌》稱：「唐貞元間（785-805 年）在鐵沙街附近的軍陽山發現鐵礦」，「堆積的礦渣到處充斥，故俗稱寶豐鎮為鐵沙街。」參稽文獻資料和遺址調查，寶豐場應是銅、鐵兩種礦物的開採地。

另外，在鄱陽縣城西門外○點三公里的姜家壩村西北部鐵砂墩、東部的韭菜湖周圍，發現兩處古代冶鐵遺址。鐵砂墩遺址分佈有大小不等鐵熔渣，一般直徑在兩米以上，有的地方大塊熔渣成帶狀分佈。溶渣附近，發現有一點二米見方的燒結土垠，壁厚十五釐米，可能是冶爐遺址。韭菜湖遺址主要是殘留的冶爐，湖西兩個，湖東三個，直徑都在一點八米左右，有的還保存有出鐵口。據實地調查人鄧道煉分析，這兩處鐵冶應是北宋永平監曾短

---

71　同治《臨川縣誌》卷一二，《地理・物產》。

期鑄鐵錢而建造的。[72]

## 五 礦山的經營管理

宋代的礦冶政策，既是開放性的，又是壟斷性的，是在壟斷基礎上的開放，通過開放來擴大壟斷的權益。官府提倡採礦，允許民戶佃山開採金銀銅鐵鉛錫諸礦，而對礦物產品，徵稅之外又全部權買。對大型的重點礦場，朝廷派專官提舉督責，同時將礦場經營好壞作為地方官的職責加以考核，如信州鉛山縣的縣令、縣丞，「各系主管坑冶官」，他們「趁辦銅鉛增虧，均受賞罰」。

一、主管礦業的官司分兩部分，轉運司管金銀坑冶，提點司掌銅鉛錫鐵。提點司即提舉坑冶鑄錢司，主管地域為東南九路。宋初，以發運使兼提點。景祐元年（1034 年）專設都大提點坑冶鑄錢一員。元豐二年（1079 年）因礦冶旺盛，增為二員，分置兩司，一駐饒州，管江東、淮浙、福建等路；一駐虔州，領江西、荊湖、二廣等路。元祐初年（1086 年），以「韶州岑水等場自去年以來坑冶不發」，合併二司，仍舊通領九路，駐洪州。

徽宗統治期間，又有分合的變動，但總歸是以江西地方為核心，主管的官署主要在饒州，有時在虔州。

二、對每個大礦場，基本上是按「官置場監，或民承買，以

72　鄧道煉：《江西永平監鐵冶遺址初探》，載《江西文物》1991 年第 3 期。

分數中賣於官」[73]的原則來管理。在銅場內，有吏部差注的一員監官總轄，對具體礦點，則先派官吏檢踏，勘明礦源，然後讓富裕有力之家承佃，自備工本開採。採冶過程中「必差廉勤官吏監轄，置立隔眼簿，遍次曆，每日書填：某日有甲匠姓名幾人入坑，及採礦幾羅出坑；某日有礦幾羅下坊碓磨；某日有碓了礦末幾斤下水淘洗；某日有淨礦肉幾斤上爐烹煉。然後排燒窯次二十餘日，每銅礦千斤，用燒炭數百擔。經涉火數敷足，方始請官監視上爐匣成銅。其體紅潤如胭脂，謂之山澤銅，鼓鑄無折，而鑄出新錢燦爛如金」。隔眼簿、遍次曆，是生產進度統計表，由監官按日填寫入坑工匠姓名、採礦數量、碓磨數量、淘洗數量、烹煉數量。監視銅水出爐，意在防範偷漏滲雜。這是針對礦銅說的。

如若膽銅，則是「坑戶就官請鐵」，「分別水味濃淡，各人合用鐵數支給，更不克鐵本，以鐵計銅，得銅數多，則不復問，得銅數少，計鐵比較，追其所虧」[74]。這套督責制度，意在嚴格把握採礦工匠的出工勤惰、原料消耗、採冶進度、產量增虧，以及有關操作技術的運用情狀，使生產管理趨於制度化，對提高勞動效率、降低生產成本、增加礦產收益，都是有益的。以北宋採礦業向上發展的實際來檢驗，可以說這套管理制度是礦冶經驗的

---

73 《宋史》卷一八五《食貨·坑冶》。
74 《宋會要輯稿》食貨三三，乾道元年，提點坑冶李大正的奏議。這篇奏議，是經營銅場的既往經驗的總結，不僅是南宋前期的情況，可以由此看見北宋銅礦經營管理的概況。

總結，是行之有效的，值得後人珍視。後來管理實際中的弊端不少，冶鑄業績下降，主要是吏治日益腐敗所致，與管理制度本身應有區別。

宋朝對銅鐵等礦實行壟斷政策，具體做法上分為課稅與「權買」或「和買」兩部分：「所產銅鉛錫鐵，系鑄錢司二分抽分，八分權買」[75]，即十分之中，二分課稅，八分權買入官。這種二八抽分政策，被認為是經久可行，委實利便的辦法。權買，即是官府將稅外的十分之八全部買走，是強制性的。官府支付的「權買」錢，即所謂「本錢」，如興州青陽場、利州青泥場合計「每年煉發八千五百斤，數內除抽約二分，一千七百斤不支價錢外，餘數每斤支錢引八分，共合用本錢五千四百四十道」[76]。可見，稅外的全部餘額，坑戶不能自主貨賣。由此我們可以推知，前述各場的銅課額，應即是產量數，不能作二分稅額看待。

但是，史料中還有不一致的記錄，即「權買」記作「和買」，和買的分額也可以不是稅外的全部。元祐元年（1086 年）陝西轉運司兼提舉銅坑冶鑄錢司言：「虢州界坑冶戶所得銅貨，除抽分外，餘數並和買入官，費用不足，乞依舊納二分外，只和買四分，餘盡給冶戶貨賣。從之。」[77]從這條政策來看，「權買」也可以是「和買」，但仍不是由冶戶決定「和買」分額；其次，

75　《宋會要輯稿》職官四三之一五八。
76　《宋會要輯稿》食貨三四之二三。
77　《宋會要輯稿》食貨三四之二〇。

當官府支付不出足夠「本錢」時，可以只買稅外的一半，另一半由冶戶支配。這時，礦產品進入市場增多，會促進商品經濟，更有利於民生。

宋朝政府對銅的壟斷政策，隨著時間推移，執行中逐漸有所鬆動。宋初，百姓犯銅禁七斤以上處以死罪，至道四年（998年）改為滿五十斤以上取裁。天禧三年（1019年）又改為「犯銅、訊石悉免極刑」。神宗鼓勵開礦，一度開銅禁，但是江西「虔、吉州界並為禁銅、鉛、錫地分」[78]。為何對虔、吉採取特殊政策，是否與廣南形勢有關，還沒有找到事實證明。總的說來，銅為鑄錢必需，事關國計，宋朝政府始終控制得很緊。

金礦的管理，也是由官府禁榷，不准民間買賣。江西饒州的沙金曾經嚴厲「禁商市鬻，或有論告，逮系滿獄」。真宗時期江南轉運使淩策，以「便宜從事」的職權，處理了獄中囚犯，並奏請改變禁榷壟斷，放開通商，「縱民販市，官責其算。人甚便之」[79]。

三、銅礦中的勞動者，有役兵，有民戶坑丁。役兵主要是調廂軍充任，也有配役囚徒。紹聖元年（1094年），令信州「差廂軍興浸」[80]，鉛山場有「場兵千夫，服勞力作」。這些役兵的勞作艱苦而危險，時刻有死亡威脅。大中祥符六年（1013）三月甲

---

78　《續資治通鑑長編》卷三四七元豐七年七月庚戌。

79　《宋史》卷三〇七《淩策傳》。

80　王象之：《輿地記勝》，卷二一。

寅，江南路提點銀銅鉛錫胡則報告：「信州鉛山縣開放坑港，兵卒死傷甚眾」。真宗下令追查轉運司「規劃乖當及提點刑獄司不即聞奏之罪。」[81]「規劃乖當」的事實有哪些？「不即聞奏」的內情是什麼？都未見下文。役兵的衣食待遇，各地不同，韶州（治今廣東韶關市）岑水場「所役兵士，皆是二廣配隸之人」，待遇低劣，甚至「衣糧經年不至」，於是有官員請求，「欲依信州鉛山場兵士例，日支米二升半」[82]。以廂軍開採銅礦，顯然是要保證對銅礦的絕對壟斷權益，而代價又是最低的。比較而言，鉛山場的役兵待遇稍好一些。廂兵每人每天給米二升半，可以看作是中等定額，以它作為一個指標，計算礦山役兵、工匠的糧食消耗量。鉛山場役兵千夫，則一天需食米二五〇〇升；最盛時聚集十餘萬人，晝夜採鑿，每天食米將超過二十五萬餘升，約合二五〇〇餘石。

征民戶開礦，北宋初已開始。太宗時，江南轉運使張齊賢「求得江南舊承旨丁釗，盡知饒、信、處州等州山谷出銅，即調發諸縣丁夫採之」[83]。這時的徵調仍是強制性的徭役，與調廂軍勞作沒多少區別。這種調發至仁宗時還在執行。如弋陽縣寶豐銅冶，「役卒多困於誘略，有致死者。（董）敦逸推見本末，縱還鄉者數百人」[84]。既是「役卒」，便不是一般的匠人，然而放出

---

81　《續資治通鑑長編》卷八〇。
82　《宋會要輯稿》食貨三四之二二。
83　《宋會要輯稿》食貨三四之二九。
84　《宋史》卷三五五《董敦傳》。

之後是回鄉，則應是被調的民戶。而且他們是「困於誘略，有致死者」，就更不會是廂兵。所謂「誘略」，可以理解為矇騙、欺詐，他們一旦知道真相之後，必然要求回歸，厭惡困在礦山勞作。憑藉這種「役卒」，於冶銅自然極為不利。這大約就是當時的知縣董敦逸「推見」的本末所在。這件事發生在寶豐縣廢併入弋陽縣之後。

由徵調改為招募，是大改變，表示著宋朝對銅礦與鑄錢的政策，從絕對控制轉變到講求經濟效益上來。募民採銅，始見於真宗時期。《江西通志》載，真宗時榮宗範知鉛山縣，「會有詔罷縣募民採銅，民散為盜，宗範請複如故」[85]。此種散則為盜的應募者，看來於採銅有利，又利於地方治安，所以才請複行。召募制在鉛山場施行的時間很長，帶來了銅礦生產的繁榮興旺。洪邁記述鉛山耆老追憶的情況說：

鉛山場「昔系招集坑戶就貌平、官山鑿坑取垢淋銅，官中為之置爐烹煉，每一斤銅支錢二百五十。彼時百物具賤，坑戶所得有贏，故常募集十餘萬人，晝夜採鑿，得銅鉛數千萬斤，置四監鼓鑄，一歲得錢百餘萬貫。」

參照相關史料記載，雇募民間匠人勞作的新政策，在著名的兗州萊蕪監鐵冶業中也已執行，招募制代替勞役制是宋代礦冶業中具有關鍵性意義的重大變革，「熙豐時期礦冶業之取得高度發

85　光緒《江西通志》卷一三一，榮宗範傳。

展，就是在這個重大變革的推動下實現的」[86]。鉛山場「常募集十餘萬人，晝夜採鑿」的盛況，是在北宋神宗、哲宗時期。「淋銅」即是浸銅，鉛山場的膽銅產量上升，永平監等四個銅錢監的鑄錢量跟著上升，「一歲得錢百餘萬貫」，達到頂峰水準。很可惜，這種進步的、有利於煉銅鑄錢的招募制後來敗壞了。這是後話，此處不再展開。

由此可見，召募制的採礦制度，合理的「和買」價格，是鉛山場膽銅產量上升的關鍵，反之，便會下降。

四、推行保甲制度，強化對坑冶民戶的控制，是宋朝官府管理礦場的重要措施。在礦場內外實施保甲編制，是要防範可能出現的反抗活動。山間礦場集中了大量的勞動者，官府為此而擔憂，神宗在熙寧八年（1075 年）七月癸酉詔：

坑冶旁近坊郭、鄉村及淘采烹煉人，依保甲排定，應保內及於坑冶有犯，知而不糾，及居停強盜而不覺者，論如保甲法。[87]

不僅是對旁近的坊郭鄉村民戶實施保甲法，礦場內的坑丁也要按保甲編制監控。元豐元年（1078 年）十月初一，岳州爆發詹遇為首的反抗暴動，攻入金礦場「縱火殺人，劫掠財物」，神

86　漆俠：《中國經濟通史.宋代經濟卷》，第二編第十四章，經濟日報出版社 1999 年版，第 654 頁。
87　《續資治通鑒長編》卷二六六。

宗急命轉運使率兵督捕，並於十八日詔令：

> 潭州瀏陽永興場採銀、銅礦，所集坑丁皆四方浮浪之民，若不聯以什伍，重隱奸連坐之科，則惡少藏伏其間，不易幾察，萬一竊發，患及數路，如近者詹遇是也。可立法選官推行。[88]

神宗的這條詔令，很快得到貫徹執行，既增添京朝官監場，又編排保甲，禁私藏兵器、嚴連坐法等。永興場是如此，其他礦場大致也是如此。對礦場的壟斷與壓制，目的是嚴加防範民眾暴亂，維護封建統治利益。對此大事，宋朝從來沒有鬆懈過。

## 第四節 ▶ 永平等鑄錢監與錢幣鑄造

北宋的商品經濟發達，貨幣流通量很大，白銀、銅錢之外，交子（紙幣）也發明並流通起來；在少數地方還使用鐵錢。銅錢在眾多的貨幣形制之中，占著主導地位。因此，各大銅場冶煉的銅都用於鑄錢，鑄錢的機構相應設置起來，同時嚴厲管制銅料，禁止民間私有。宋初規定，犯銅禁七斤以上並奏裁處死，咸平四年（1001 年）以後改為滿五十斤以上奏裁。熙寧七年（1074年），曾經廢罷銅禁，結果出現民戶銷錢為器，銅錢自由出境，「國用日耗」的緊張局面。隨後，重申銅禁。銅場、錢監都是官

88 《續資治通鑑長編》卷二九三。

府經營的壟斷行業，然而錢幣鑄造與幣材聯繫在一起，與礦山分不開，所謂「即山鑄錢」。因此，錢監設置與錢幣鑄造，不僅對錢幣文化研究有重大價值，也是採礦業、冶鑄業以及社會經濟興衰狀況的直接反映。錢監與銅場等官營手工業的狀況，與其所在州縣的經濟水準有密切關聯。江西地區的銅礦開採與鑄錢監的生產都很旺盛，位於其他地區的前列。

## 一　鑄錢監的設置

北宋錢幣有銅錢、鐵錢二種，鑄錢監有專鑄一種錢的，也有銅鐵錢兼鑄的，大體上銅錢監占主要。銅錢監的設置，因銅鉛錫鐵等礦產旺枯而增減，也受社會財經形勢的影響而變異。真宗時，銅錢有四監，即饒州永平監、池州永豐監、江州廣寧監、建州豐國監，「京師、昇、鄂、杭州、南安軍舊皆有監，後廢之。」鐵錢有三監，即邛州惠民監，嘉州豐遠監，興州濟眾監；「益州、雅州舊亦有監，後並廢。」

北宋中期，陝西軍興，費用驟增，仁宗新置商州阜民監，虢州朱陽監，儀州博濟監。慶曆末，韶州天興銅大發，詔即其州置永通監。熙寧年間，新舊銅錢合計十六監，鐵錢九監。元豐八年（1086 年），哲宗即位，「詔戶部條諸監之可減者，凡增置鑄錢監十四皆罷之」**[89]**。

在錢監增減不定之中，總趨勢是逐漸加多，而饒、池、江、

建四州的錢監更為穩定。設於江西境內的錢監，主要是饒州永平監、江州廣寧監，此外還見有虔州鑄錢院、信州鉛山鑄錢院、南安軍錢監三處[90]。

一、饒州永平監，在鄱陽縣，始置於唐乾元初年（約西元758年）。王應麟《玉海》寫道：「鑄錢監唯饒之永平最古，自唐乾元初已創。」[91]現在研究者一般只依《續資治通鑑長編》的一條記述，認定永平監設置年代為太平興國二年（西元977年），文曰：「（太平興國二年）二月壬辰朔，（轉運使樊）若冰請置監於昇、鄂、饒等州，大鑄銅錢，凡山之出銅者，悉禁民採，並取以給官鑄。」[92]

這條史料表明北宋於此年在饒州設監鑄錢，不等於同時證明永平監始創於這年。《續資治通鑑長編》在太平興國八年三月又記了轉運使張齊賢主管錢監事蹟，說他「求前代鑄法，惟饒州永平監用唐開元錢料，堅實可久，由是定取其法……唐永平錢法，肉好周郭精妙」[93]。可見，李燾並不認為北宋以前沒有永平監。

南唐滅亡在開寶八年（西元975年），北宋命饒州置監鑄錢在太平興國二年（西元977年）二月，這說明因改朝換代而停歇一年餘之後，永平監便由南唐錢監改造成為北宋的了。更代之際

---

90　參見許懷林《饒州永平監——宋朝的鑄錢中心》，載《中國錢幣》1988年第2期。

91　王應麟：《玉海》，卷一八○《食貨・錢幣》「元豐二十七監」夾註。

92　《續資治通鑑長編》卷一八。

93　《續資治通鑑長編》卷二四。

的一度停產，不能說該監原來沒有。我們循此思路再往前追。《宋會要輯稿》食貨三十四之三十四記曰：

「李煜嘗因唐舊制，於饒州永平監歲鑄錢六萬貫，江南平，增為七萬貫。」

「因唐舊制」，可知永平監不是創置於南唐，仍可能只是有過停歇。《元和郡縣誌》卷二十八饒州鄱陽縣下寫道：

「永平監，置在郭下，每歲鑄錢七千貫。」

這是永平監在唐憲宗以前已創置的確證。前到什麼時候？樂史《太平寰宇記》卷一〇七《信州鉛山縣》下寫「貞元元年置永平監」，即是在西元七八五年置。清顧祖禹對此說法提出修正，認為應是指鉛山縣開採鉛礦的事，當改寫為「貞元元年復開，隸饒州永平監」[94]。顧氏把永平監創置時間推在貞元之前。至此，我們可以相信《玉海》的記載。王應麟說「永平最古」，該是針對北宋的錢監而言。他在書中的《中興鑄錢監》條內還錄存工部侍郎李擢的話：「國初，得唐乾元中所置永平監舊址。」可見乾元說不是孤證。「乾元初」與「乾元中」的差異很微小，二、三百年前的事，沒有原始檔案記錄，難免出現一點出入。唐肅宗在位七個年頭，年號改了三次。至德三年（西元 758 年）二月改年號為「乾元」，乾元三年（西元 760 年）閏四月又改為上元元年，乾元之名實際上只行用二年零二個月。因此，「初」與「中」的隔間很短，此種差異可以不計較。

94　顧祖禹：《讀史方輿紀要》，卷八五。

永平監從西元七五八年至九七七年的二二〇年間都在鑄錢，沒有停廢過？不可能。至少唐末的激烈動亂階段，恐怕很難維持正常狀態。然而，由南唐轉入北宋的下令置監，是棄舊換新，豎宋朝之形象，不宜當作永平監罷廢之後的又一次創建。所以，《太平寰宇記》說：「永平監者，本饒州鑄錢之所，偽唐立為監，皇朝平江南，因之不改」[95]。因之而不改，最好地表述了永平監的歷史過程。

二、江州廣寧監，在江州德化縣（今九江市區），始建於咸平二年（西元 999 年）。翌年七月，廣寧監署房屋在原榷貨務的基趾上建成，任命秘書丞知吉州太和縣李某總負責，右班殿直鄭某為副職。當時增建廣寧錢監，是因「錢貨未多」，宰相張齊賢奏請派員赴江南調查，「添價及招誘人戶淘採鉛錫，仍按行銅山易得薪炭處，置監鑄錢。」[96]於是，在有鑄幣原料、燃料，兼水陸交通便利的江州，設置了廣寧監。同時在福建建州設置了豐國監。

江州德化縣位江湖交匯之區，交通便利，得天獨厚。當地產銅，由來已久。德化鄰縣瑞昌的銅嶺，商周時代即已開採銅礦，是迄今所知中國最早的銅冶煉基地。《新唐書·地理志》載，江州潯陽縣有銅，彭澤縣有銅[97]。近現代的地質勘探證明，瑞昌、

---

95　樂史：《太平寰宇記》，卷一〇七。

96　《續資治通鑑長編》卷四七，咸平三年五月。又，王禹偁《小畜集》卷一七，《江州廣寧監記》。四庫全書本。

97　《新唐書》卷四一。潯陽縣於南唐保大年間（943—957 年）改名德化

九江、彭澤諸縣，正處於長江中下游成礦帶中部的銅礦床區域，瑞昌縣赤湖的武山銅礦已探明是規模大、品位高的大型銅礦；九江縣城門鄉的城門山銅礦是江西銅基地之一；彭澤縣的郭橋附近是礦體裸露、以輝銅礦為主的銅礦。古史與今事相互印證，可知江州是鑄錢條件很充分的所在，而創設鑄錢機構，則是與當時實際需要緊密相關。故廣寧監設置之後，便成了主要錢監之一。曾任滁州知州的王禹偁是廣寧監創建的發動人，他於咸平三年七月寫出《江州廣寧監記》，其中說：

至道二年（西元 996 年），某自翰林出守淮甸，調民輸炭，自滁抵饒，沂洄江濤，人頗諮怨。某即按唐史具爐冶數目，郡國處所，飛奏以聞，請分監署。章未報，……聖上嗣統，聿修先旨，……咸平二年（西元 999 年）夏五月，詔尚書郎馮某，中貴人白某，……相水土之宜，度舟車之便，設局署吏，大興鼓鑄。於是建陽首焉，潯陽次焉。明年，敕江州廣寧監，奏以秘書丞知吉州太和縣李某總領之。[98]

江州有鑄錢的原材料優勢，且交通便利，故被選中為鑄錢基地。錢監建在原榷貨務舊址，「州南一百二十步」[99]。

三、虔州鑄錢院，在今贛縣。《玉海》載：「虔之鑄錢院，

縣，民國三年（1914 年）德化改名九江縣。

98　王禹偁《小畜集》，卷一七。

99　王存：《元豐九域志》，卷六。

大觀二年四月始建。」[100]這說明該鑄錢院是在徽宗盡情揮霍資財時期設置的。《宋史・食貨》寫徽宗時「禦府之用日廣，東南錢額不敷，宣和以後尤甚。乃令饒、贛錢監鑄小平錢」。可與《玉海》的記述相互印證。該志寫南宋的錢幣又提到「紹興初，並廣寧監於虔州」；六年，「贛、饒二監新額錢四十萬緡」。虔州鑄錢院在此簡稱為贛監，可能表明該錢監座落在贛縣，亦即在虔州城。贛縣衙署本來設在虔州城內，新中國成立以後，於一九六九年才遷往城外東邊的梅林鎮。

四、鉛山鑄錢院。信州鉛山縣有鑄錢監、院，但具體事蹟不明。《太平寰宇記》在鉛山縣條下寫：「舊經云，（鉛）山出鉛，先置信州時鑄錢，……貞元元年置永平監。」信州始置於乾元元年（西元 758 年），這裡稱鉛山在此年之前已開始鑄錢，遲至貞元元年（西元 785 年）置永平監。上文我們證引顧祖禹的論點，表示貞元置永平監之說可疑。但仍有一點可供討論，即永平監可能初設於鉛山，後移於鄱陽，因為鉛山縣治設於永平鎮，由唐至清未變，而鄱陽縣無此鄉鎮。信州鉛山鑄錢的官府機構，有可能在唐代存留一段時間之後停止了，從此之後不見記載，宋徽宗後期才重新出現。《宋會要輯稿》稱：宣和三年（1121 年）四月十四日，「監信州鉛山鑄錢院、權縣事高至臨」，因「捍賊有勞」，升為直龍圖閣、知衢州。該鑄錢院後以「銅鉛滋弊，併入永平

---

100 王應麟：《玉海》，卷一八〇《食貨・錢幣》「元豐二十七監」夾註。

監」[101]。這是明白寫到鉛山鑄錢院一條史實。高至臨監鉛山鑄錢院的起始時間不詳，該院的鑄錢事蹟以及廢罷年月亦不知。

五、南安軍錢監，《宋史·食貨·錢幣》寫北宋前期銅錢有四監，另外「京師、昇、鄂、杭州、南安軍舊皆有監，後廢之」。南安軍銅錢監的起止準確時間不清楚，鑄錢量不見記載。

以上五個鑄錢監（院），有較多資料可供研究的是永平監、廣寧監兩個，其它三個都不甚了了。

## 二 錢幣鑄造

### 1. 先進的鑄錢技術

發達的鑄錢業，帶動了相關行業的生產，構成了江西在宋代的經濟優勢。饒州永平監是鑄造銅錢的中心基地。支撐這個基地的柱石是材料充足，技術先進。德興、鉛山的膽銅生產旺盛，保證了鑄錢所需的優質原料供應；加上配料比例恰當等鑄造技術成熟，故而鑄成的銅錢品相精好。

北宋初期，朝廷急於穩定統治地位，花大力氣理財，江南轉運使張齊賢重點抓永平監鑄錢，即因其技術基礎好。他既抓原材料供應，增調工匠，提高產量又注重鑄造技術，提高品質。太平興國八年（西元 983 年）張齊賢奏請提高價格，在虔、信、饒三州購買鉛、錫、木炭，解決永平監「常患銅及鉛錫之不給」的困難，接著「又求前代鑄法，惟饒州永平監用唐開元錢料，堅實可

---

101 《宋會輯稿》選舉三三之三五《特恩除職》。

久，由是定取用法，歲鑄三十萬貫，凡用銅八十五萬斤，鉛三十六萬斤，錫十六萬斤」[102]。

此前永平監每年鑄七萬貫，一下子上升了四倍多，效益十分明顯。這些錢的品質怎樣，當時認為「雖歲增數倍，而稍為粗惡矣」。

「稍為粗惡」到何等程度？我們可以做對比分析。張齊賢肯定開元錢料的配方，但是沒有照抄其配方。唐朝鑄錢，「每爐歲鑄錢三千三百緡，役丁匠三十，費銅二萬一千二百斤，鑞三千七百斤，錫五百斤」[103]。總共耗料 25,400 斤，得錢 3,300 緡（貫），平均每緡（貫）耗料 7.69 斤。按唐朝「開元通寶」的標準，每一錢「重二銖四參，積十錢重一兩，得輕重大小之中」，到玄宗時期，仍要求「千錢以重六斤四兩為率，每錢重二銖四參」。所以市面流通的，也即是實際鑄成的銅錢為每緡重六斤四兩，比用料少一斤多。這少去的部分，可能是熔鑄過程中的損耗所致。按所用料及所得銅錢折算，損耗率為 18.79%[104]。

其次，銅、鑞、錫三者的數量比為 42.4：7.4：1，即銅占83.46%，鑞占 14.57%，錫占 1.97%。鑞是鉛、錫合金，故此錫的成分實際更多，鉛含量更少。

張齊賢在永平監鑄的 30 萬貫錢，共耗料 137 萬斤，平均每

---

102 《續資治通鑒長編》卷二四，太平興國八年三月乙酉。
103 《新唐書》卷五四《食貨四》。
104 損耗率計算式為 25400—（6.25×3300）÷25400。

貫耗料 4.57 斤，比唐錢少 1.12 斤。銅鉛錫之比為 5.3：2.3：1，即銅占 62.04%，鉛占 26.27%，錫占 11.68%[105]。比唐錢的銅含量減少，而鉛錫均增加。這些差異，當是永平監鑄的錢比唐錢「粗惡」的憑據。

第三，宋錢用料不久即增加為五斤十兩。大概正因為人們對張齊賢所鑄錢的批評，真宗咸平五年（1002 年）就增加用料，「每千錢用銅三斤十四兩，鉛一斤八兩，錫八兩，成重五斤；惟建州增銅五兩減鉛如其數」[106]。這條資料在《宋史》食貨志、《文獻通考》錢幣考都有同樣的記載。一千錢即一貫，耗料共五斤十兩。而每貫錢重五斤，只耗損掉十兩，損耗率為百分之十點一。耗損量下降的原因不只一端，而膽銅精好與鑄造技術水準提高應是兩個主因。由於配料比例中錫的份量提高，銅錢的硬度相應提高，在流通過程中的磨損程度也將下降。

北宋鑄造銅錢的原料配製，即所謂「料例」，有四次增減變化，莊綽具體記述如下：

---

105 對唐、北宋銅錢的成分配比，趙匡華等《北宋銅錢化學成分剖析及夾錫錢初探》（《自然科學視研究》1985 年第 3 期）一文，從冶金學、化學的角度，對 193 枚北宋各代銅錢作了實測，結果是：北宋銅錢的平均值為銅 66%，鉛 26%，錫 8%；14 枚「太平通寶」平均值為銅 64.07%，鉛 24.56%，錫 9.88%。對唐「開元通寶」8 枚實測，成分變化很大，銅 63.60%～78.40%，鉛 8.6%～24.15%，錫 6.59%～16.03%，無統一標準。我對「太平通寶」的分析與趙文實測資料基本符合；而唐錢的銅含量與其最高數接近。

106 《續資治通鑒長編》卷九七，天禧五年十二月戊子。「銅三斤十四兩」，而《宋史·食貨志》、《文獻通考》均作「三斤十兩」。本書正文中寫每千錢用料五斤十兩，即是以銅三斤十兩計算。

自開寶以來，鑄宋通、咸平、太平錢，最為精好。今宋通錢，每（貫）重四斤九兩。國朝鑄錢料例凡四次增減。自咸平五年後用銅鉛錫五斤八兩，除火耗，收淨五斤。景祐三年，依開通錢料例，每料用五斤三兩，收淨四斤十三兩。慶曆四年，依太平錢料例，又減五兩半，收淨四斤八兩。慶曆七年，以建州錢輕怯粗弱，遂卻依景祐三年料例，至五年以錫不足，減錫添鉛。嘉祐三年以有鉛氣，方始依舊。嘉祐四年，池州乞減鉛、錫各三兩，添銅六兩。治平元年，江東轉運司乞依舊減銅添鉛、錫。提點相度乞且依池州辟畫，省部以議論不一，遂依舊法，用五斤八兩收淨五斤到今。**107**

這裡所說的咸平料例，也就是《續資治通鑒長編》等史籍所記的料例，但總數少了二兩。配料變動的事實表明，比較輕薄的時期是中期，即景祐三年（1036 年）至治平元年（1064 年）的二十八年間。最輕時一千錢（一貫）只重四斤半。但是三年之後便增加了。而在前後兩段的長時間裡，維持著五斤的水準（莊氏說的「到今」，指徽宗前期）。所以總體上說，北宋銅錢的品質較好，各個鑄錢監都比較嚴格執行了規定的配料標準。

工匠勞作的效率，北宋也比唐時倍增。北宋楊億曾作比較說：「（唐）一爐丁役匠三十人，每年六、七月停，餘十月作十番，每爐鑄錢三千三百貫，計一工日可鑄錢三百餘。國家之制，

107 莊綽：《雞肋編》中，中華書局本，第79-80頁。

一工日可千餘，用銅、鉛、鑞之法亦異於古。」[108]工效已增三倍以上。楊億卒於真宗大中祥符七年（1014 年），所說事實，正是永平監興旺發展時期的技術狀態。

**2. 實測宋錢不比唐錢輕薄**

尤為值得注意的是，後人對唐宋銅錢實測的結果，得出的結論竟是宋錢不比唐錢輕薄。

實測之一，乾隆四年（1739 年）十月，顧棟高在德化縣（今九江縣）東四十里的鄱陽湖上，見船民從湖水底撈得「數十、百萬」枚古錢，「皆宋時物，雜出唐開通錢一、二文」。他較其重量，唐開元通寶一枚重一錢；宋錢自太宗時的太平通寶，至高宗的紹興通寶，除大中祥符錢有重九分半、紹聖錢有重九分的之外，其餘各朝的錢均重一錢，或一錢二分以上[109]。這是清朝中期的一次偶遇，顧氏使用怎樣的辦法實測，我們不知道，然而他說宋錢與唐錢重量一致卻是很肯定的。

實測之二，今人吉安龍吉昌《江西歷代錢幣》圖錄之中，有對唐宋錢的稱量，採用其中關於唐錢、北宋錢的稱量資料，可以列出下表[110]：

---

108 《楊文公談苑》，轉引《宋朝事實類苑》卷二一。
109 詳見顧棟高：《汴宋歷朝錢文記》。
110 龍吉昌、王寶珍：《江西歷代錢幣》，江西美術出版社 1991 年版，第 32-119 頁。

表 4.4 唐宋銅錢重量比較

| 錢品 | 5～13.5 克 | 4.2～4.6 克 | 4 克 | 3.5～3.8 克 | 3 克 | 不明 |
|---|---|---|---|---|---|---|
| 唐錢 13 品 | — | — | 3 品 | 6 品 | 2 品 | 2 品 |
| 北宋錢 242 品 | 100 品 | 28 品 | 62 品 | 42 品 | 10 品 | — |

　　唐錢重量數值顯示，4 克左右是通常的標準錢。北宋的 242 品錢，從初期至末期歷朝的都有。後 4 組共計 142 品，占總數的 58.6%。其中重 4～4.6 克的 90 品,占 63.3%。還有 42 品接近 4 克的,將它們與 4～4.6 克的合併計算,則比重就更大；反之,將這一部分與 3 克的 10 品合計為 52 品，占 36.6%。由此可見，北宋錢也是 4 克重的居多數，比較輕薄的是少數。至於北宋錢中的另 100 品，重量在 5～13.5 克之間，而且多數是 8～9 克的大錢，又主要是神宗至徽宗時期的折二錢，這些錢品的情況不在本題範圍之內，故不予討論。

　　北宋太宗、真宗兩朝所鑄錢品在該書共收錄 26 品，其中重 4 克的 14 品；重 4.2～4.5 克的 5 品；重 3～3.9 克的 7 品。證明張齊賢主持永平監期間所鑄之錢，符合 4 克左右的標準。距此標準較遠的有重 3 克、3.2 克、5 克的各一品。由此而論，說「齊賢所鑄稍為粗惡」，似不太準確。

　　實測資料與文獻資料出現差異，促使我們更深入地研究問題。有四點應以注意，一是冶鑄技術方面，鉛山場供應的膽銅精好，冶煉過程中雜質損耗少；錢料中錫含量提高，成品錢的硬度

增強，流通過程中的磨損減少，故而稱量起來得到更大的數值。

　　二是文獻記錄的多樣性，有因時因人而異的不同評議，我們不能僅以一時一人的議論當作長時段的、總體性的結論。莊綽記述的北宋四次增減錢料成分比例，必然有輕重不一的銅錢問世並遺存下來。這種變異，不是宋代特有，而是使用金屬鑄幣時代的通例。

　　元豐年間張方平上奏說：「自罷廢銅禁，民間銷毀（銅錢），無復可辨，銷熔十錢得精銅一兩，造作器用，獲利五倍。」[111]十個銅錢熔得一兩精銅，不考慮熔煉中的損耗，一枚仍然重一錢，一千枚重六斤四兩，與文獻記錄中的唐錢重量相等。張方平提供的這個資訊，完全不同於已有的關於錢料比例的成說。他是在反對放開錢禁的政策，要諫阻神宗，故奏議所說絕不至於信口胡言。也許張方平是專就「熙寧重寶」說的，但民間銷熔銅錢不至於專挑此錢，故此假設的可能性極小。

　　三是唐錢個品種的成分無統一標準，成分變動幅度很大，如銅的含量，高的達百分之七十八點四，低的只有百分之六十三點六；而北宋銅錢有統一配方，執行都比較嚴格，更因銅、鉛、錫三者配比很科學，鑄出的錢幣硬度大，耐磨[112]。這樣就可能出現以唐錢中含銅低的與宋錢比較。龍吉昌採集的北宋錢品既多又

111 《宋史》卷一八〇，食貨下二。
112 詳見趙匡華等：《北宋銅錢化學成分剖析及夾錫錢初探》，《自然科學史研究》1986 年第 3 期。

全，前中後各朝都有，而唐錢數量少，又只是唐後期的。據黃長椿先生鑒別，《江西歷代錢幣》中的唐錢，是「乾元開元」、「會昌開元」兩種，不能代表整個唐代的情況。初唐、盛唐時期的開元錢較會昌開元為重。存在這種比較之中的不均等，所得的結果只能做繼續研究的參考。

四是唐宋時代的衡器比現代更大。按唐宋之六斤四兩，折合三一二五克；依四克一枚，則一貫超出八七五克。而實測宋金兩代的銅砣、砝碼，每斤合六二五至六四〇克，每貫便是三八七五至三九六五克，這就非常接近每一枚四克的水準了。

綜上所述，可以大致地說，宋錢不會比唐錢更輕薄。對這個問題的研究，應以實物為主要，同時參稽文獻資料，深入研究相關的各個側面，才可能得到比較正確的認識[113]。

### 3. 鑄錢量的穩步提升與中心地位的確立

江西冶銅業的基本內容是鑄造銅錢，在四、五個鑄錢監中，永平監占主要，其次為廣寧監，其他幾個錢監的情況因缺少資料，無法說明。鉛山場浸煉的膽銅，全部用作鑄錢，每兩千斤為一綱，運至汋口鎮（今鉛山縣城河口鎮），再入信江運往鄱陽，交永平監鑄錢。由於鉛山場膽銅充足，因而永平監長期保持高額鑄錢量。正是有穩定而高額的銅錢鑄造，才無可爭議地處於宋代

---

113 參見許懷林：《唐宋銅錢之比較——宋錢不比唐錢輕薄》，《錢幣研究》1994 年第 1 期。關於唐宋錢幣重量之比較，這裡是以每個錢的稱量為依據，沒有涉及北宋貨幣交易中的「省陌」折扣。如果再要將省陌因素考慮進去，則北宋銅錢單個的重量還要增加。

鑄錢的中心地位。其發展過程大致可分四個方面來表述。

首先是鑄錢優勢的顯示。北宋初期，急需穩定對江南的統治，也迫切著力控制江南的財富，故而命張齊賢為江南轉運使之時，太宗面授機宜說：「漢時吳王即山鑄錢，江南多出銅，為朕密經營之。」[114]張齊賢到任後採取兩條措施，一是請准提高收購鑄錢材料價格：

虔州歲市鉛錫六萬斤，斤為錢二十九，增六錢；

信州市鉛，斤為錢十五，增五錢；

饒州市炭，秤為錢十，增三錢。

措施之二是改進鑄造技術，「又求前代鑄法」，發現只有「永平監用唐開元錢料，堅實可久，由是定取其法」。結果大見成效，年鑄錢量達三十萬貫。南唐時，永平監鑄錢年額六萬貫。太平興國二年（西元 977 年）樊若冰奏請恢復永平監鑄錢，增加冶匠，年額增至七萬貫，然而「常患銅及鉛錫之不給。」現在——太平興國八年（西元 983 年），經張齊賢整頓，年額直升至三十萬。極大地支持了北宋財政走向穩定。先前江南民間行用的鐵錢，遂能順利地由官府收集，「悉鑄為農器，以給江北流民之歸附者。」[115]政權的鞏固與社會經濟全面發展均獲裨益。經八、九十年之後，曾鞏評論這件事，認為達到「民便之」的效果。[116]整

114 《續資治通鑑長編》卷二四，太平興國八年三月乙酉。
115 《續資治通鑑長編》卷一八，太平興國二年二月壬辰朔。
116 《曾鞏集》卷四九《錢幣》，中華書局 1984 年版，第 668 頁。按：樊若冰，《宋史》、《曾鞏集》作樊若水。此從《長編》。

個北宋時代江南各地都使用銅錢，永平監的功績不可沒。

其次，鑄錢中心地位的確立。永平監爐火旺盛，經久不衰，培養出了許多高水準的熟練工匠，為擴展鑄錢基地準備了條件。當生產發展到相當大規模的時候，必然會出現人員眾多與原材料供應量大的困難。至道二年（西元 996 年），饒州知州馬亮奏報永平監「兵匠多而銅錫不給」的實際，提請「分其工之半，別置監於池州」[117]，新監名永豐監。這樣做既減輕了永平監的壓力，充分發揮了眾多工匠潛能，又就近利用了池州的銅材，資源利用率提高而運輸成本下降。當年鑄錢量共計六十四萬貫，其中永平監為四十萬貫，永豐監為二十四萬貫。

咸平二年（西元 999 年），已是宰相的張齊賢，再次以「錢貨未多」的實情，奏請「添價及招誘人戶淘採鉛錫，仍按行銅山、易得薪炭處，置監鑄錢。」於是經過實地踏勘，在江州置廣寧監、建州（今福建建甌）置豐國監。第二年，饒、池、江、建四州的四錢監共鑄銅錢一三五萬貫，而「銅鉛皆有餘羨」[118]。江、建二州的錢監雖然不是從永平監分出來的，但永平監的錢料配方之類的技術與經驗，肯定是後者遵循的樣本。這次距六十四萬貫的產額時間僅三年，我們認定永平監仍只四十萬貫，永豐監也仍只二十四萬貫，那麼他們在四監總量中約占半數，而永平監

---

117　《讀資治通鑒長編》卷四〇，至道二年十月已末。
118　《讀資治通鑒長編》卷四七，咸平三年五月丁醜朔。又《宋會要輯稿・食貨一一之一》。

則超過四監的平均值。永平監在銅錢鑄造業的中心地位當之無愧。

宋神宗時期，實施改革變法，商品經濟大有發展。朝廷鼓勵礦冶，擴大鑄錢，監院數量繼續增置，元豐年間（1078-1085年），銅錢監達十七個，鑄錢歲額為五〇六萬貫，達到宋朝銅錢鑄造量的最高峰。這期間的永平監也繼續發展，於熙寧末年「添招匠人」，提高了鑄錢量，年鑄錢六十一點五萬貫，占總數的百分之十二點一五。同時的江州廣寧監為三十四萬貫，占總數百分之六點七二[119]。在十七監的鑄錢量之中，最多的是韶州永通監（80萬貫），其次為惠州阜民監（70萬貫），第三位是饒州永平監。但是，韶惠二錢監極盛時間短，不久即因銅源銳減而一落千丈，失去領先優勢。徽宗大觀年中（1107-1110年），錢監減為十個，阜民監已不見記載。鑄錢總量降為二八九萬四百貫，永平監為四十六點五萬貫，占百分之十六；廣寧監為二十四萬貫，占百分之八點三[120]。兩監的絕對鑄錢量雖然也下降了，但是在總額中的比重卻都上升。

對熙寧年間的鑄錢生產，蘇轍有批評性的看法。熙寧三年（1070年）蘇轍為制置三司條例司檢詳文字，一日，王安石與他交談青苗、鹽法、鑄錢事。關於鑄錢，蘇轍對曰：

119　《文獻通考》卷九《錢幣考二》。按，所計 17 監鑄錢的分計數相加，只有 488 萬貫，比總數少 18 萬貫。
120　《宋會要輯稿・食貨十一之一》。《文獻通考》卷九《錢幣二》說：永平等四錢監至道中歲鑄 80 萬貫，景德中至 183 萬貫，天禧末鑄 105 萬貫。

天禧、天聖以前錢猶好，非今日之比，故盜鑄難行。然是時官鑄大率無利，蓋錢法本以均通有無，而不為利也。舊一日鑄八、九百耳，今歲物多以求利，今一日千三、四百矣。熙寧初至此，間後又增二千矣。錢日益濫惡，故盜鑄日多。今但少復舊法，漸止矣。**[121]**

蘇轍的意見有幾點值得注意，一是指出仁宗天聖以前所鑄比以後鑄的銅錢更好；二是主張官府鑄錢本身不為利，利在「均通有無」，即從貨幣流通之中獲得利潤；三是熙寧初期鑄錢量比以前翻了一倍，乃至更多；四是由於官府所鑄銅錢日益濫惡，引發民間「盜鑄」增多。聽了蘇轍這個議論，王安石沒有發表不同看法。參照北宋銅錢鑄造歷程，可以看出蘇轍所說符合實際，其不在鑄錢環節上牟利的見解，也是高明的，具有借鑒意義。北宋前後期銅錢，尤其是永平監所鑄銅錢之品質，須作實物測量分析，就能有更真切的認識。

再次，充當朝廷內庫存錢的主角。鑒於饒州永平監銅錢品質好，朝廷令鑄錢司將永平等四監所鑄的銅錢收歸國庫，其他的錢監鑄的銅錢應付各路使用。崇寧五年（1106 年）中書省下發的公文稱：

---

121 蘇轍：《龍川略志》，卷三《與王介甫論青苗、鹽法、鑄錢利害》。中華書局校點本。

錢監去處所鑄錢數共二百八十九萬四百貫，江州廣寧（原注：二十四萬貫）、池州永豐（原注：三十四萬五千貫）、饒州永平（原注：四十六萬五千貫）、建州豐國（原注：二十四萬四百貫），系鑄上供錢，共一百三十三萬四百貫。衡州鹽亭、舒州國安、睦州神泉、鄂州寶泉、韶州永通、梧州元豐系鑄逐路支使錢等，共一百五十六萬貫。……仍差承議郎蘇茂提舉措置江、淮、荊、浙、福建、廣南路銅事。[122]

從這個詔令看出，以永平監為首的四所銅錢監所鑄銅錢都是「上供」，市面難得見到，其比例在十所銅錢監所鑄錢的總數中占百分之四十六點五。江西的永平、廣寧兩監共計七十點五萬貫，占「上供」總數的百分之五十三。池州永豐監、建州豐國監雖不屬江西地區，但與饒州永平監有內在的「親戚」關係。因此，這四個錢監的產品全部「上供」，充當宋朝統治的經濟支柱，保證北宋社會穩定的特殊作用，我們一併放在江西以及永平監之中評述。通觀全域，可以認為，四監所鑄錢幣「上供」的政策，不會只是徽宗朝所獨有，而是前此諸朝也已如此。

---

122 章俊卿：《山堂考索·後集》，卷六十。永平等四監分計數相加為 129 萬 400 貫，不足 133 萬貫。又，鹽亭等 6 監原注的分計數依次為：20 萬、30 萬、15 萬、10 萬、83 萬、18 萬。6 監合計 176 萬，多於 156 萬。上供與逐路支用合計 305 萬 400 貫，多於 289 萬貫。

表4.5 永平監、廣甯監鑄錢量表（單位：貫）

| 監名 | 太平興國年（977） | 太平國興八年（983） | 至道二年（996） | 咸平三年（1000） | 元豐年間（1078－1085） | 大觀年間（1107～1110） |
|---|---|---|---|---|---|---|
| 永平監 | 7 萬 | 30 萬 | 40 萬 | 40 萬 | 61.5 萬 | 46.5 萬 |
| | 占總額：100% | 100% | 62.5% | 29.6% | 12.2% | 16.1% |
| 廣寧監 | 錢（貫）： | — | — | 20 萬 | 34 萬 | 24 萬 |
| | 占總額： | — | — | 14.8% | 6.7% | 8.3% |
| 同期總額：7 萬 | | 30 萬 | 64 萬 | 135 萬 | 506 萬 | 289.04 萬 |

資料來源：太平興國、至道、咸平三次據《續資治通鑒長編》，元豐數據《文獻通考》，大觀數據《宋會要輯稿》，詳見正文注。廣甯監咸平資料《江州廣寧監記》作「歲鑄錢二十萬貫」。

第四，鑄錢的管理首府地位的形成。從仁宗時期開始，饒州永平監的管理首府地位已經確立，具體表現為提舉坑冶鑄錢司設置於此。（詳見下節）

**4. 鐵錢、銅鏡等的鑄造**

永平、廣寧等監鑄錢生產能力強勁，使他們在鑄銅錢的同時，還承擔起鑄鐵錢的重負。仁宗朝中期，因對西夏用兵，軍費開支驟增，遂於康定元年（1040 年）命江州、饒州、池州錢監「又鑄小鐵錢，悉輦致關中。」第二年，再要三州鑄鐵錢三百萬

貫，「備陝西軍用。」[123]

　　徽宗大觀二年（1108 年）令江南東、西路和福建、兩淅路鑄鐵錢行用；宣和以後，「令饒、贛錢監鑄小平錢，每緡用鐵三兩，而倍損其銅，稍損其鉛。」[124] 這些鐵錢或銅鐵錢的鑄造行用，都是時間較短的臨時性措施，但所需的冶鐵作坊卻因之建立起來，冶鐵的技術也隨之有所提高。田野調查發現，鄱陽縣城西的鐵砂墩、韮菜湖地方，是兩處冶鐵場地，殘留的冶鐵爐直徑約一點八米，鐵水出口朝向湖心，這兩個鐵冶有可能是隸屬於永平監的作坊[125]。

　　冶鐵鑄器技術高超，信州上饒製造的鋼刀有良好的社會聲譽。熙寧八年（1075 年）四月，王安石與神宗議論京師斬馬刀局製造兵刃，需雇募民匠，神宗以支付不起工錢推卻，安石曰：「若以京師雇值太重，則如信州等處鐵極好，匠極工，向見所作器極精，而問得雇值至賤，何不下信州製造也。」[126] 王安石親見的事實是：鐵極好，匠極工，器極精，充分表述了信州冶鐵技藝水準之高，完全勝任軍工企業（斬馬刀局）的事務；而工價至賤，則是當地生活水準很低的反映。

　　佛道寺觀的一些文物，也能窺見鐵冶的工藝水準。南豐縣寶岩塔出土北宋鐵龍十二條，分別在六個磚砌豎穴中，每穴兩條，

123 《宋會要輯稿》食貨十一之一六。
124 《宋史》卷一八〇《食貨下二‧錢幣》。
125 鄧道練：《江西永平鐵冶遺址初探》，載《江西文物》1991 年第 3 期。
126 《續資治通鑒長編》卷二六二，熙寧八年四月己醜。

姿態各異，有的雙龍並列對首相向，有的雙龍首尾交錯，有的捲曲環抱，形象生動。龍體長三十一至四十三釐米，高十五至二十五釐米，寬一點七至二點五釐米，顯得體形豐滿。它們的軀幹彎曲，騰躍奔跑，氣韻飛動。工匠們採用分段鑄造，逐件焊接的工藝將鐵龍製成。龍身用失蠟法澆鑄，肢節用鉚釘焊接。諸關節部件可以轉動，有躍躍欲試之感。[127] 這些鐵龍為「宋治平圓覺僧累塔寺巔」，至今已經九百多年，它們是冶鐵匠人的傑作，是成熟的鑄鐵技藝的結晶。（圖版 14）

圖版 14　南豐縣寶岩塔

　　宜豐縣元康觀鐵鐘，鑄造於崇寧二年（1103 年）十一月，身高一點五七米，紐高〇點三四米，底徑一米，腰徑〇點八米，重六百公斤。銘文稱此鐘為「筠州新昌縣天寶鄉宜豐團辛會排班嶺胡辟」，並代表他的曾祖、祖父、父親施捨給元康觀，還建造

---

127 琴邑：《南豐寶岩塔出土宋代文物》，載《江西歷史文物》1986 年第 2 期。

台屋一座，共費錢六十貫文足。鐘體上半部遍布銘文，歷經九百餘年，仍然完好清晰，其中說此鐘「百煉淬精，清音鏗宏，遐邇俱聞」。可見這口鐵鐘和銅鐘無異，其鑄造工藝之精湛可見一斑。鑄造此鐘的匠師是「洪州豐城縣匠人徐清」[128]。

民間冶鑄作坊生產的金屬器物，以鐵質的農業，手工業生產工具、日常生活用具為大宗。這類產品數量巨大，與民生日用息息相關，但卻缺乏文獻記錄，而且因鐵器易腐蝕，墓葬中遺存的也少。古人還認為鐵是「惡金」，而銅是「美金」，冥器中很少用鐵質的。已見北宋墓中的鐵質器物還有：鄱陽熊本妻施氏墓出土的鐵牛（4 件）；星子建中靖國元年（1101 年）墓出土的鐵鐎斗（2 件）、鐵執壺、鐵勺、鐵剪、鐵刀、鐵燈盞（各 1 件）[129]；南城嘉祐二年（1057 年）墓出土的鐵鼎、鐵盞、鐵刀（各 1 件）[130]；彭澤元祐五年（1090 年）墓出土的鐵剪（2 件）、鐵刀（1 件）、鐵棍（2 件）[131]。

銅鏡又稱照子，是銅匠藝人冶鑄的重要作品。饒州永平監鑄錢，與鄱陽縣銅匠鑄鏡，可說是相互影響，彼此促進的。在城區的南北兩邊和東門外一帶，曾有很多鑄鏡作坊，鑄造出菱花形、圓形、方形、葵花形、和帶手柄的銅鏡。各式各樣的銅鏡背面，

---

128　《宜豐縣誌》卷三七《文物古跡》，中國大百科全書出版社 1989 年版。

129　程應麟：《星子縣發現北宋墓一座》，載《文物工作資料》1973 年第 5 期。

130　薛翹：《江西南城、清江和永修的宋墓》，載《考古》1965 年第 11 期。

131　唐昌朴：《彭澤北宋墓》，載《文物工作資料》1973 年第 3 期。

裝飾的花紋繁縟，還多般鑄上帶「饒州」字樣的坊記，或匠師姓氏，或作坊所在地名，目前發現的製鏡工匠以葉、許、周三家為著名。已見的饒州鏡銘文如：

「饒州葉家久煉青銅照子」；

「饒州葉家青銅照子」；

「饒州棚下葉三家煉青銅照子」；

「饒州新橋許家青銅照子」；

「饒州上巷周家久煉青銅照子」；

「饒州朝天門裡周二家煉銅照」；

「饒州朝天門裡周五家煉銅照」；

「饒州上巷周家小一哥煉銅照子記」；

「饒州煉銅照子記」[132]。（圖版 15）

標示的作坊有肖家巷周小三、囗家父、朝天門裡周二家、石家、葉家、棚下葉三家、新橋許家、上巷周家、上巷周家小乙哥、李家、朝天門裡周五家等。這裡的周小乙哥、周二、周小三、周五，很可能是同一家族的

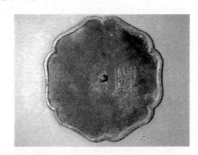

圖版 15　「饒州」銅鏡

堂兄弟，一個鑄鏡世家的成員。饒州是鑄錢中心，眾多的銅匠藝人，冶銅經驗豐富，鑄鏡技藝精湛，故有很多專業鑄鏡匠師。但

132 陳柏泉：《宋代銅鏡簡論》，載《江西歷史文物》1983 年第 3 期。

所鑄銅鏡傳世的尚不多見，與同時代的湖州鏡相比，在江西地區出土的宋鏡中，仍是少數；然而有的研究者認為，「但鏡的品質要比湖州鏡好」[133]。

吉州、撫州、袁州也鑄造銅鏡，傳世的產品有：「吉州李道工夫」鏡；「撫州寶應寺嶺上曾家青銅鏡」；「袁州江北祖代楊家青銅照子」；「袁州楊家煉銅照子」等。

銘文中宣揚產品品質好（久煉）、標明商號等，目的是為產品爭銷路，爭顧客，這是民營手工業的小商品生產旺盛，而市場競爭激烈的反映。

## 5. 金銀首飾器物打造

金銀首飾是富裕家庭的器物，格外受到珍重。隨著社會經濟發展，官僚豪右階層擴大，使用金銀首飾的人相應增多。一九七二年九月鄱陽縣發現熊本之妻施氏墓中有：金龍頭杖一枚、金髮釵兩枚、金髮簪三枚。彭澤縣元祐五年（1090年）易氏墓出土金耳環一對。

銀器：鄱陽施氏墓有：銀筷二枝、銀勺兩把、銀盒一個。一九七三年七月星子建中靖國元年（1101年）墓出土銀釵一枚、銀鉤一枚。彭澤易氏墓出土銀鐲一對，內壁列印一「官」字；銀梳一把，打有「江州打作」、「周小四記」等銘記[134]。這些銘文說明，江州設有官營的金銀手工作坊，打造的首飾很精巧，如金

---

133 吳水存：《九江出土銅鏡》，文物出版社1993年版，第12頁。
134 唐昌朴：《彭澤北宋墓》，載《文物工作資料》1973年第3期。

耳環上有浮雕花葉紋，造型別致；銀梳鏤刻雙獅戲球及纏枝紋樣，造型秀麗，製作纖細精巧；銀鐲陰刻花卉草葉紋。

### 三　提舉坑冶鑄錢司

錢幣鑄造權掌握在朝廷中央，而直接的管理機構設在地方，即鑄錢中心區饒州。統轄鑄錢的總機構稱「提舉坑冶鑄錢司」，或簡稱鑄錢司、坑冶司。其職責《宋史・職官志》載：「專以措置坑冶，督責鼓鑄」，「掌山澤之所產及鑄貨以給邦國之用」。

北宋初，鑄錢坑冶事由發運使、轉運使兼領。景祐二年（1035 年）八月，始置「江浙、荊湖、福建、廣南等路，提點銀銅坑冶鑄錢公事」[135]。屬官有勾當公事（南宋稱幹辦公事），檢踏坑冶官、秤銅官、催綱官等。管事地域為江南東、西路，浙江東、西路，荊湖南、北路，福建路，廣南東、西路等東南九路。東南九路是宋朝最重要的財富之區，銅錢鑄造幾乎全在這裡，因此鑄錢司的重要性不言而喻。神宗時期，坑冶鑄錢事業空前發展，韶、惠二州的錢監生產量正當極盛時期，坑冶司一員長官極難遍巡九路，於是在元豐二年（1079 年）增設虔州鑄錢司，提點增置一員，分路提點[136]，命錢昌武領淮南、兩浙、福建、江南東路，駐饒州司；李棻領荊湖、廣南、江南西路，駐虔州司。哲宗元祐元年（1086 年）二月，鑄錢監減少，而且韶州岑水等場

---

135　《續資治通鑒長編》卷一一七。
136　《宋會要輯稿》職官四三之一一九。

「坑冶不發」，提點長官仍為一員，虔州司併入饒州司。徽宗政和六年（1116 年）三月，鑄錢司又先分饒、虔兩司，不久再合歸饒州司。

　　鑄錢司下轄各地鑄錢監。鑄錢監經營的好壞，主要決定於各監官員的良善或其貪婪程度。真宗大中祥符年間，鑄錢監長官胡則，曾發現錢監「吏所匿銅數萬斤，吏懼且死」，胡則將這批銅沒收，算作「羨餘」入帳，不誅貪吏[137]。這個事例表明，鑄錢監胥吏的偷盜現象是嚴重的，而忠於職守的長官看重的是銅料。由此也看出，銅的供應是否充足，在根本上制約著鑄錢量的增減。永平、廣寧二監應是效益好的錢監。廣寧監的情況，據王禹偁的《江州廣寧監記》得知：

　　歲鑄錢二十萬貫，鑄錢之費八萬八千三百六十貫四百五十，得實錢一十萬一千六百三十九貫五百四十五。其為利也，溥哉！[138]

　　按所得與所費計算，收益達百分之五十五點八二，利率為一二六點三四。永平監沒有這種統計資料，然而它始終處於鑄錢司直轄之下，又有鉛山場充足的膽銅供應，該是效益好的。鑄錢監

137　《續資治通鑑長編》卷八〇，大中祥符六年三月甲寅。
138　《江州廣寧監記》此處所記費錢、實得錢數之和，只 189,999，比 20 萬少一萬。按「利溥」的結論，應是實錢數為 11 萬余，正文中的百分比數，即依此折算。

的效益，除得到巨量的銅錢「資助國用」之外，還有更深層的社會政治效益。王禹偁說：「且夫工徒無賴，聚一州而非便，散之則盜心不生矣。錢幣益多，流四海而不匱用之，則盜鑄幾息矣。」這是說社會上的「工徒無賴」，如果在鑄錢監勞作，處於官府監督管理之下，比讓他們聚於州城之中，不易生「盜心」；而官府掌握的錢幣多了，市面足用，民間的「盜鑄」就將減少，財利便都歸官府了。顯然，王禹偁告訴我們的是，鑄錢監的存在與運作，不僅是經濟與財政問題，而且是關係著盜寇這一社會穩定的大事。

上述史事證明，江西北部的饒、信、江州地區的銅礦旺盛，銅錢鑄造高額而穩定，因而受到北宋朝廷的高度重視，成了國家財政的核心機構——坑冶鑄錢司的所在地。南部的虔州，是另一個鑄錢基地，有時還有統轄廣南韶州銅礦和鑄錢監的職責。以銅礦為核心的冶金業，既帶動了江西大批相關行業的發展，造成社會經濟整體上升的局面；又因經濟實力的增強，相應提高了政治上的份量。然後，這兩方面的合力，又將文化教育事業推進，加速了各種人材的培養。

## 第五節 ▶ 造紙、刻書與造船業

### 一 造紙、刻書、刻碑

紙張製造為刻書業的發達準備了物質條件，而讀書風氣的濃厚與刻書業的興旺，反過來刺激了造紙業的繁盛。造紙，刻書，

讀書三者相互促進。

江西的造紙業在宋代獲得新發展，吉州、撫州、信州、南康軍等地都有名品紙張出產。如吉州的竹紙，南康軍的布水紙，撫州的茶杉紙、牛舌紙，金溪縣清江紙（生產於清江渡，故名）等等，者是文人常用的好紙品。撫州崇仁縣、宜黃縣出產的牛舌紙，以稻草為原料加工製成。撫州還有一種捭紙，也是刻印書籍的適用紙品。

傳世的北宋刻本書，目前知道的只有三種[139]：

天聖元年（1023 年）新建縣署刻印的《新建圖經》，余靖纂；

元豐八年（1085 年）洪州刻《闕里世家》，此為孔宗翰編的孔子家譜世系；

宣和四年（1122 年）吉州公使庫刻印的《六一居士集》五十卷，歐陽脩撰。

刻碑，與刻書版同類，但將文字刻在石板上，難度更大。碑工匠師經過長年磨練，提高了技藝，能在堅硬的花崗石板上刻出和書寫一樣有筆力的文字。潯陽李仲寧刻字著名，黃庭堅題其門額為「琢玉坊」。他在碑石上刻了自己名字的碑，已知的有彭澤《大宋易氏夫人墓誌》、南豐《宋中書舍人曾公墓誌銘》。李仲寧不僅刻墓碑，還將文學大家的詩文鏤刻上石，並有高尚的做人品

139 詳見杜信孚、漆身起《江西歷代刻書》第一章《宋代江西刻書》，江西人民出版社 1994 年版。

德。南宋學者王明清記曰：

　　九江有碑工李仲寧，刻字甚工，黃太史（即黃庭堅）題其居曰『琢玉坊』。崇寧初，詔郡國刊元祐黨籍姓名，太守呼仲寧使劚之，仲寧曰:小人家舊貧窶，只因開蘇內翰（即蘇軾）、黃學士（指黃庭堅）詞翰，遂至飽暖。今日以奸人為名，誠不忍下手。（太）守義之曰：賢哉，士大夫之所不及也。餽以酒而從其請。[140]

　　曾鞏墓誌銘末尾刻作「潯陽李仲寧、仲憲刊」，顯然他們二人是兄弟輩，李仲憲也是著名的刻碑工。

## 二　造船業

　　船舶製造受航運業的興旺而發展。由於漕糧運輸的特殊地位，所以官府嚴格控制著河道運輸和造船場所。北宋時期，洪、吉、虔、江諸州，都設有官辦造船場。每場派遣監官二人，分撥兵卒兩百人勞作，專門製造運輸船隻。漕糧為至重至大之事，所以漕船必由官建。天禧末年（1021 年），江南及西北諸州共造二九一六艘，其中虔州六〇五艘，吉州五二五，合計一一三〇艘，占總數百分之三十八點八，居諸路第一位。其餘一七八六艘分別由明、婺、溫、台、楚、潭、鼎、嘉八州及鳳翔府斜穀船場製

---

140 王明清《揮麈錄》第三錄，卷之二。中華書局 1961 年版，第 239 － 240 頁。

造[141]。派下的造船數量多，與需要運輸的貨物多、造船能力強成正比。北宋仁宗時期，「三司相度，省司勘會」的結論是：「逐年般運斛斗、錢、帛、雜物，全藉虔、洪州打造舟船應付」。[142]這裡說「全藉虔、洪州」，是概指江西各船場在內的。雖然各州造船數量不是一成不變，但是江西的造船業，因航運的大格局穩定而終宋代未衰。

所製舟船主要是運糧船（漕船），同時有平底船、暖船、小料船等。船隻的容載量一般為五百料（一料相當於一石），最多不超過七百料。徽宗政和四年（1114年）九月，尚書省言京都見缺平底船使用，遂下令「兩浙路轉運司各打造三百料三百隻，江南東西、荊湖南北路轉運司各打造五百料三百隻」[143]。

造船所需木料，由各船場所在地供應。吉州造船場，既取料於虔州、袁州、南安軍，更就近在永新、龍泉（今遂川）縣採買。採買方式是官出本錢，商賈承攬販運而至。天聖四年（1026年）七月江南西路轉運司奏言：「吉州永新、龍泉兩縣所買造船枋木，每貫五克下陌子錢六十五文，更依例克下頭底錢四文，共除六十九文，是致商客虧本，少人興販。令勘會南安軍所買枋木，每貫止依例克下頭底錢四文外，更不克陌子錢六十五文。令吉州所克枋木陌子錢氣行除放。」[144]朝廷批准這個建議，「從之」。

141 《文獻通考》卷二五《國用考三・漕運》。
142 《宋會要輯稿》貨食五十之二。
143 《宋會要輯搞》食貨五十之八。
144 《宋會要輯稿》食貨五十之二。

第四章・手工業生產的繁榮

319

　　吉州船場採買枋木的運作方式，官吏克扣陌子錢、頭底錢的敲榨行為，是官辦船場普遍存在的常情。除克扣商賈承辦的本錢外，還有侵耗工料，使用低劣木材，製作中不合規格等弊端。

　　龍泉縣採斫枋木供應造船，在南唐時已派專官監督，同治《龍泉縣誌》載：

　　舊枋木場：宋志，南唐加李孟俊為採斫使，此蓋斫伐枋木之所也。置縣之後，採斫之名雖廢，而貢枋木尚仍其舊，歲輸本州造船，以稅務監官領之。宋治平中，始令民納錢於官，官自市木，……[145]

　　龍泉縣建縣在南唐交泰三年（西元 943 年），在這之前，該地為泰和縣轄區，保大元年（西元 943 年），以該地置龍泉場，以李孟俊知場事，又設專營採伐木材的枋木場，採製枋木，供朝廷造船之用，給李孟俊加「採斫使」官銜。繁忙的木材採伐加工，帶動了當地的生產開發，十八年後便以龍泉場為核心設置龍泉縣，縣治即原場治（今遂川縣治泉江鎮水南上街南城）。「採斫之名雖廢，而貢枋木尚仍其舊」，一個伐木場雖已升格為縣，而伐木輸官仍是此縣的重要貢賦。英宗治平中（1064-1067 年），將輸木改為納錢，這是木材商品價值提高的一種反映。於此可見，這片地區的森林極為繁密，這裡的民眾有經營林木生產的悠久傳統。

145 同治《龍泉縣誌》卷二《地理下·古跡》。

第五章————

交通商貿與
食鹽運銷

　　交通、商貿與食鹽銷售三者屬性不同，本應分章敘述，然而在北宋的社會大背景裡，並根據江西的具體實際，將它們放在一起考察，更便於看清其中的聯繫和相互影響，考察它們在江西社會經濟中的作用與地位。

　　北宋朝廷鑑於江南諸路社會經濟的迅速發展，嶺南在外貿中的重要地位，於滅南唐之後，即增設行政區單位，從政治管轄方面將鄱陽湖——贛江航道嚴密控制起來。這條貫通南北的航道，不僅是溝通汴京與廣州的幹線，也是江西全境交通的中軸，民生百貨交流以它為主導，故而行商坐賈的買賣，商稅的征納，都以航道沿線城鎮為最著。

　　淮鹽利厚，而江西為淮鹽行銷區；閩廣緊鄰，而海鹽多就近輸入。百姓因淮鹽雜惡價高，官府強制攤銷，承受重負。虔、吉州等地的民眾，因廣鹽質好價廉，為趨利避害，鋌而走險，與閩廣民眾連接，競相販運私鹽。圍繞食鹽走私的禁遏與反抗，官府屢次派員巡視，一再變革政策，而食鹽走私依舊嚴重，成了北宋的老大難問題，也是江西的社會頑症，制約著江西交通運輸和商業經營的健康發展。

　　江南大地，尤其是江西、福建、廣東三地，在北宋長期穩定的環境裡，都進入經濟文化全面發展的新階段，相互之間的人員與物資交往增多，梅嶺、武夷山間通道日益暢通。朝廷對地方官大範圍的差遣[1]，謫遷官員頻繁地往返過嶺，軍隊制度中的更戍

---

1　州縣官在大地域範圍內差遣，是制度性、普遍性的，例如董敦逸嘉

措施，財經方面對江南地區財富的空前倚重，都促使江西在溝通中原與閩廣的交通地位日益提高。鄱陽湖——贛江航道上，沒有停歇地過往著官宦、商賈、士人、僧道各色人等，稻米、食鹽、陶瓷、茶葉、銅錢、香料等百貨運輸不歇，城鄉商貿活動趨於旺盛。經濟與政治因素交互作用，不斷衝開丘陵山區的險阻封閉，將社會推向前進。

商貿活動中的錢幣交易，北宋沿襲後漢舊制，「其輸官錢亦用八十或八十五為陌。然諸州私用各隨俗，至有以四十八錢為陌。」乾德五年（西元 967 年）規定：「所在用七十七陌，為貫及四斤半以上」。[2]這種財政貨幣的政策，即錢幣出納結算以七十七當一百，在實際生活中還會打折扣。歐陽脩說：「用錢之法，自五代以來，以七十七為百，謂之省陌。今市井交易，又剋其五，謂之依除。咸平五年（1002 年），陳恕知貢舉，選士最精，所解七十二人，王沂公為第一；禦試又落其半，而及第者三十八人，沂公又為第一。故京師為語曰：南省解一百依除，殿前放五十省陌也。」[3]可見「省陌」、「依除」的做法已成習慣，在社會上普遍流行，以致對科舉取士都能用以戲謔。因此，在嚴肅的官

祐八年（1063 年）登第之後，首先調連州（今廣東連州市）司理參軍，再知穰縣（今河南鄧縣），又徙知弋陽縣（今江西），接著遷梓州路（今四川梓潼一帶）轉運判官。先後四任，迂回在廣東、河南、江西、四川之間，其車船旅途之勞頓、對交通運輸量的增加，可想而知。

2　《文獻通考》卷九《錢幣考二》。

3　歐陽脩：《歸田錄》卷二。

府統計檔案中，於數位之後注有「省」或「足」字，而沒有注明的都可作「省陌」理解。

# 第一節 ▶ 水陸交通

## 一 陸路交通的拓展

陸路交通線路，一方面圍繞江河航道發展，形成網路；另一方面，隨著開發區的擴展，行政區劃趨向嚴密，它自身也在向四周延伸，尤其是丘陵山區，官馬大道之外，有了更多的鄉間小道圍繞，既深入比較冷僻的縣鄉，又外延邊境，拓展山隘嶺路，聯絡閩、廣、湘、浙等相鄰的路分，提高了陸路在交通體系中的作用。

在太宗時期的《太平寰宇記》和神宗時期的《元豐九域志》中，都記有各州的「地裡」，而內容有所不同，我們可以從其中的差異看出交通進步。例如洪州，前後的轄區相同，而兩書寫出的里程不一。《太平寰宇記》卷一〇六洪州作：

東至吉（許按，應是饒）州陸路五百二十里。東至衢州界一千四百里。南至吉州五百三十里。西至潭州界，隔山，不通陸路，取袁州至潭州，總一千二百里。北至宣州一千七百里。東南至撫州二百二十里。西南至袁州五百二十五里。西北至江州二百二十五里。東北至饒州水路四百四十里。

《元豐九域志》卷第六洪州作：

東至本州界五百六十八里，自界首至饒州一百九十里。西至潭州山七百八十里。南至本州界五百二十里，自界首至吉州二百一十里。北至本州界三百四里，自界首至江州二百二十八里。東南至本州界八十二里，自界首至撫州一百二十七里。西南至本州界二百八十五里，自界首至袁州一百五十里。東北至本州界二百七十里。自界首至饒州一百七十里。西北至本州界一百八十九里，自界首至南康軍一百八十里。

　　兩相對照，看出這個首府地區四至八到的陸路交通，繼續在完善之中。首先，《元豐九域志》對里程的記述更精確，區分出了州治至本州界，界首至相鄰州的距離，使人對所記裡數有明晰的概念，這是交通線路、里程測算與交通管理更臻進步的表現。其次，洪州與潭州之間的交通大為改觀，由「隔山，不通陸路，取袁州至潭州」，改變為有山路七百八十里，不需再取道袁州。

　　東北地區的信州，作為連接浙、閩的交通樞紐，得到進一步加強。它與浙江衢州的陸路交通，《太平寰宇記》中只有東向一條，到《元豐九域志》已是三條，自本州界首計東向為一百一十里，東南向為二〇五里，東北向為八十里。與福建建州的陸路，也由東南向一條增為兩條，自本州界首計南向為二八〇里，西南向為四百里；與邵武軍的陸路為三六〇里[4]。東部的建昌軍，是

4　《元豐九域志》卷九《福建路・邵武軍》

圖版 16　大庾嶺梅關驛道

連接福建的重要區域，自界首至邵武軍的陸路，東向一三九里，東南向為三五〇里。由於諸多山間道路開通，武夷山中的客貨運輸比較往日，已覺得暢通了，劉敞描述它發展了的一面是：「南北人往來商貨財，吏送故迎新，日暮不絕，若夷徑然。」[5]福建商客帶茶貨入中原，一條重要的線路就是走建州崇安縣山路，北上分水關，越過紫溪嶺，進入信州鉛山縣，再裝船由鉛山河入信江，至鄱陽湖，出長江而去。

　　贛南廣闊的丘陵山區，陸路交通得到較快的發展。大庾嶺驛

5　劉敞：《公是集》，卷三五《送王舒序》。四庫全書本。

道在唐朝張九齡開鑿一次之後，雖說通暢些了，但仍屬狹小險峻。唐末五代之時的動亂，客貨流量銳減，雜草叢生，嶺路閉塞破敗更甚，亟待重新整修。嘉祐八年（1063年）江西提刑蔡梃、廣東轉運使蔡抗，兩兄弟借職責之便攜手共事，「商度工用，陶土為甓，各甃其境」，才使庾嶺兩面均「成車馬之途」。他們又「課民植松夾道，以休行者」[6]，減輕過往商客的勞累。再次對大庾嶺路進行開拓，是北宋經營嶺南的大局所促成，而暢通了的大庾嶺路，為加強中原與嶺南的政治、經濟聯繫，發揮著便捷的交通紐帶作用。（圖版16）

虔州、南安軍與福建、廣東、湖南以及江西本路的吉州，陸路交通都比前更便利了。《元豐九域志》記載：自虔州邊界至韶州三二〇里，至汀州七百里，至梅州四七六里，至吉州三六〇里。南安軍自邊界至南雄州的陸路六十里，至郴州的陸路四五〇里，至韶州的陸路兩百里。這些里程和今天相互之間的距離比較接近。而《太平寰宇記》寫虔州的「四至八到」，里程都很遙遠，「東至汀州一千二百里」，「西至郴州一千一百里」，「西南至韶州隔大庾嶺，陸路五百五十里」[7]。樂史寫《太平寰宇記》的時候，南安軍還沒有從虔州分出，整個江西南部的邊界即是虔州的邊界，它與東南西三面連接的諸州路程，卻多於北宋中後期。這兩者的差異，除估算的方法不一之外，還有山川阻隔程度

6　《宋史》卷三二八《蔡抗傳》。

7　樂史：《太平寰宇記》卷一〇八《江南西道六·虔州》。

的不同所致。

　　廣袤的贛南城鄉與四面的陸路更通了，和贛江航道的聯運更緊密了，在這裡過往的官宦、士人、客商以及貨物運輸，便空前頻繁起來；反之，官府長年將「廣南金、銀、犀、象、百貨，陸運至虔州，而後水運」[8]，民間不停的食鹽走私，所謂「交、廣、閩、越銅、鹽之販，道所出入」[9]，走出了不少州縣難於稽查的小道，又都促使水陸交通受到社會各方重視，因而日益暢通。

　　在中部腹心地區，陸路交通也有進展。北宋前期的撫州與西邊袁州、西北筠州之間，《太平寰宇記》中不見有里程記載。隨後則不同，淳化三年（西元 992 年）增置臨江軍，將筠州的清江、袁州的新喻、吉州的新淦三縣組合一塊，既加強了對贛江中段航道的管轄，也增強了中部各州的交通連接。《元豐九域志》已經記下臨江軍自界首東至撫州一四五里，西至袁州二二〇里，北至筠州五十五里等陸路里程。再經袁州，自界首西南至潭州三一八里，西北至潭州三四七里，接上了與湖南首府的線路。這樣，以洪州為核心的陸路交通網，可以暢通周圍的各路（相當今之各省）。

## 二　江河水運交通網

　　江西境內河流眾多，據一九七九年的普查統計有五二七條。這些河流依山河走向，分布於全境，各自向中部、北部集中，匯

---

8　《宋史》卷一七五《食貨三·漕運》。
9　《王安石全集》卷八二《虔州學記》。

入於鄱陽湖，經湖口注入長江。贛江為眾水主幹，次為撫河、信江、饒河、修水，形成五大河系。五大河系的幹流河段，都穿行於丘陵、平原地區，上游與下游的落差很小，水滿而流緩，適宜於舟船航行。鄱陽湖——贛江航道內與眾多支流相接，形成一個完整的航運網路，外與長江航道交匯，構成中國東南地區一個大航運交通系統。北宋官府在江西征取的多種賦稅、巨額漕糧、錢幣等，以及從廣南運往京師去的香料、百貨等物，都是通過水道航運實現的。所以，配置在江西的廂軍，番號之中以「水軍」為多，而「水軍」的分布地區很廣，超過江西州軍數量的四分之三。

鄱陽湖區到了北宋時代，周圍已有湖口、都昌、鄱陽、餘干、進賢、南昌、新建、建昌、德安、星子、德化十一縣，是一個更為富庶的魚米之鄉。湖體水域廣闊，水流平緩，航行方便，早已是江西和中國東南地區的航運樞紐。湖區周圍已有一批重要碼頭，如德化、湖口控扼江湖交匯之地；都昌、星子把守著湖體北部瓶頸要害；鄱陽連著昌江，是景德鎮瓷器、永平監錢幣出境的關口；吳城是進出贛江的咽喉，也是修水的入湖碼頭。這些港口城鎮，都活躍在航運商貿之中，成為北宋社會關注的地區。

贛東北上部地區的饒河，以樂安省為主流，發源於皖贛邊境的樟公山（今婺源縣境），由東向西奔流，至鄱陽縣姚公渡與昌江相匯，始稱饒河，流至龍口進入鄱陽湖。流域面積一四三六七平方公里[10]，是鄱陽、樂平、浮梁、德興諸縣的主要交通管道，

10　據 1979 年江西省內河航道普查資料，參見《江西內河航運史》（古、

歷來以大米、茶葉、瓷器、銅礦等物資輸出為大宗；徽州祁門等縣的對外交通，也以這條水道為主要。昌江在浮梁進入丘陵、平原地區，河床穩定，便於航行。浮梁茶葉、景德鎮瓷器的輸出與揚名於世，全藉昌江這條黃金水道，不知疲倦地載來客商，運走寶貨。樂安省的中上游河段，素來出產沙金，是宋代江西淘洗沙金的一個重要場地。

　　贛東北的南半部的信江，發源於浙贛邊境懷玉山南麓，水流向西，經過玉山、上饒、鉛山、弋陽、貴溪、安仁（今餘江）、餘干、鄱陽等縣，流域面積一七六〇〇平方公里。信江自古以來是江西連接浙閩的交通要道，「閩越」進京也以船行信江為便捷。鉛山場浸銅生產所需生鐵的運進，大量優質膽銅的運出，都要船裝水運，由信江東來西去。建州北苑貢茶進京，每年照例由崇安（今武夷山市）越過分水關，下鉛山河，朝北航至河口（今鉛山縣治），轉入信江，左折向西，全程順水航行至鄱陽湖而去。

　　贛東的撫州、建昌軍，轄下諸縣的人流、物流，全都匯聚於撫河，順流北上。撫河源出今廣昌縣血木嶺，流經南豐、南城、金溪、臨川、進賢、南昌等縣，然後分支流入贛江與鄱陽湖，流域面積一七〇〇〇平方公里。撫河承載沿流州縣物資出境，也將經由江西入閩的客貨載過去，如洪州至杉關（今江西黎川與福建光澤交界處）驛路，大半是走撫河水路。離撫河航道稍遠的縣，如宜黃縣的客貨，可乘船沿宜黃河至臨川縣上頓渡，進入撫河航

近代部分）人民交通出版社 1991 年版。以下各河流域面積數同此。

道，再航行至南昌，而後進鄱陽湖，順水北去，沿途經過的碼頭，一個比一個大。

贛西北地方，以修水為主航道。修水發源湘、鄂、贛交界的幕阜山脈，河水西來，屈曲東流六百餘裡，出建昌（今永修）縣城一百餘里入鄱陽湖，流域面積一四七〇〇平方公里，承載著分寧（今修水）、武寧、德安、建昌等縣客貨運輸。河湖交匯處的吳城碼頭，舟船蟻聚，客商雲集，格外繁忙。

贛西中部地區，上半部有錦江、袁水兩大河流，官府關注的航運主要是袁水。從北宋開始，袁水即是筠州、袁州所轄高安、上高、新昌（今宜豐）、宜春、分宜、萍鄉、萬載七縣賦糧的輸出要道。開始的政策是「江西歲以筠、袁二州民戶苗米，令赴臨江軍輸納」，紹興以後，由於客貨運量增大，運次頻繁，遂感到「江道淺狹」，航道不暢，舟船多阻滯在沿途，「緣此官吏恣為侵漁」，乘機勒索財物，使「筠、袁之民嗟怨，盈於道路」。江西官府遂改變輸納辦法，令民先於「本州受納」，再在臨江軍「寄敖」，「各州自差官吏專斗受納，無使臨江之人干預」[11]。此種新法，依舊未變憑藉袁水運輸賦糧的流通方式。

贛江，是江西第一大河，發源於贛閩邊界的武夷山脈，由南向北奔流，經虔州、吉州、洪州，至南昌以後分支注入鄱陽湖，流域面積八〇九四八平方公里，相當全江西總面積的一半。贛江上游的章水、貢水、桃江、上猶江諸水，在虔州城龜角尾下匯聚

11　《宋會要輯稿》食貨九之十，《賦稅雜錄》。

而為贛江。遇到東南西三面山區下雨，章、貢諸河水滿，待眾水流至虔州，贛江便有「清漲」奇觀出現，頓時江水洶湧浩瀚，擠入三百里「贛石」，淹沒險灘，航行轉安。虔州、南安軍轄下的百姓，去洪州，進汴京，比較便捷的途徑，仍然是乘船航行。贛江出十八灘之後進入吉州萬安，便在丘陵和吉泰盆地之中穿行，又有龍泉河、禾水等支流自西來匯。至臨江軍以後是下游航道，水深而船大，航道更趨繁忙。贛江，無疑是江西地區最有資格的代表，人們已經用「贛」字來代稱家鄉。臨江劉敞出仕以後，思家心切，寫《寄贛》五言長詩，說奔走為官不是平生志向，但又「因循竟不免」，故而「羈馬思故鄉」。[12]（圖版 17）

圖版 17　贛壓章貢二水匯合航段

總之，以贛江為中軸的撫河、信江、饒河、修水五大水系，呈放射狀分佈，既縱貫南北，又橫抱東西，基本覆蓋江西全境，十三州軍的人流、物流，匯聚於南昌，「豫章為四通五達之

12　劉敞：《公是集》卷十三。中華書局 1985 年版。

沖」[13]，洪州為江西的中心都會。再出湖入江，進入中原州縣，參與在汴京的人生大競爭，商貿交易與政治趨向完全一致。蘇軾多次航行在鄱陽湖──贛江水道上，對航道有深切體會，其《江西一首》云：「江西山水真吾邦，白沙翠竹石底江。舟行十里磨九瀧，篙聲犖碓相舂撞。醉臥欲醒聞淙淙，直欲一口吸老龐。何人得攜窺魚矼，舉叉絕叫尺鯉雙。」[14]詩中反映的心態，是蘇軾對江西優良水道的親切讚美。

## 三　贛江航道地位的提高

　　贛江航道的地位，因國家政局趨穩與經濟振興而提高。中原與嶺南的交通幹線，曾經幾次變遷[15]，終於由西向東移到江西。秦漢時代，主要線路是走湖南衡州（今湖南衡陽市），取道西南的永州（今湖南永州市），過靈渠，至桂州（今廣西桂林市）而達廣南各地。魏晉以後，主線東移，改由衡州朝南直下郴州（今湖南郴州市），翻過騎田嶺至韶州（今廣東韶關市），而達廣州。唐朝中期開始，再次東移，改為走鄱陽湖──贛江航道，至虔州，轉入贛江的西南支流──章水，至大庾縣，翻越大庾嶺，進入廣東南雄縣，再由湞水至韶州，入北江而達廣州。這條貫通南北的交通大動脈東移江西，至北宋以後，已經穩固地確立下來，

---

13　謝堯仁：《張于湖先生集序》，《于湖居士文集》。

14　《三蘇全書‧蘇軾詩集》卷三八。

15　參見蔡良軍：《唐宋嶺南聯繫內地交通線路的變遷與該地區經濟重心的轉移》，《中國社會經濟史研究》1992 年第 3 期。

歷宋、元、明、清一千餘年，雖然東南沿海交通日益振起，增加了中原與嶺南的沿海交通，但是南北交通大動脈仍在江西，基本格局依舊未變。直到鴉片戰爭，五口通商，廣州對外貿易中心的地位，讓位於上海，經由贛江——大庾嶺的商貨急劇減少。第二次鴉片戰爭之後，列強進一步深入中國內地，外國輪船在長江自由航行，對中國的商品傾銷與資源掠奪，主要經由長江直接進出；中國出口的絲、茶等物的運輸路線隨之改道，稅款由上海的江海關徵收。至此，贛江——大庾嶺幹道急劇衰退，由「向之沖途，今為迂道。貨不至，稅大絀」，才失去了這個悠久的交通區位優勢[16]。

中國南北主幹道東移至江西的基本原因，是中國經濟重心向東南地區移動，江西社會經濟加速崛起，以及嶺南政治經濟地位增強等諸多因素促成的。北宋朝廷的關注適應了社會發展的大需求，地方官府對贛江航道的整治自然更加用心。首先，在贛江沿岸增設南康軍、臨江軍、南安軍三個州級行政區，強化了北、中、南三個關鍵航區的統治與管理，對改善這些地區的治安環境有積極作用。

其次，對贛江航道最險阻的「十八灘」（贛縣至萬安縣的380 里灘石）進行了整治。嘉祐年間（1065-1063 年），虔州知

---

16　光緒《江西通志》卷八七，《榷稅・贛關》。關於江西連接南北的交通幹線地位問題，我曾在《江西史稿》第 15 章《鴉片戰爭以後的江西社會》集中論述過（1993 年版第 643-644 頁），現仍持其中看法。

州趙抃徵調民匠，「鑿贛梗阻，以通舟道」[17]，使舟船至此，更覺安全些了。然而，受當時的現實條件限制，險灘不可能根治，人們身處贛石，仍不免頓生驚恐。聰敏豁達的蘇東坡被貶廣南惠州，來到萬安灘頭，觸景生情，所賦詩中竟將「黃公灘」改名為「惶恐灘」[18]，而且這一改竟成定局，為社會所接受，生動地演繹出十八灘之艱險，依然是「人同此心，心同此理」。

第三，在疏鑿灘石的同時，贛粵官員合作，對大庾嶺路也進行了開拓整修，使庾嶺南北的水陸聯運更趨暢通。嘉祐八年（1063 年）開始的大庾嶺路拓寬展平，直接加強了長江、珠江兩大水系的社會交流，帶來北宋「漕引江淮，利盡南海」的統治效益，促進了中原文化的傳播和嶺南地區的開發。南雄士民記下的社會變化是：由於「凡可資民生而備器用者，莫不輿馬駢達，通

---

17 《宋史》卷三一六，《趙抃傳》。贛石十八灘之名，及其險狀，莊綽《雞肋編》卷下記云：「吉州萬安縣至虔州，陸路二百六十里，由贛水十八灘三百八十里，去虔州六十里始出贛石，惶恐灘在縣南五里。東坡貶嶺南，有初入贛詩云：『七千里外二毛人，十八灘頭一葉身。山憶喜歡勞遠夢，地名惶恐泣孤臣』。注云：『蜀道有錯喜歡鋪，入贛有大小惶恐灘，天設此對也。』其北歸云：『予發虔州，江水清漲丈余，贛石三百里無一見者』。惶恐之南，次名漂城、延津、大蓼、小蓼、武朔、昆侖、梁口、橫石、清洲、銅盤、落瀨、太湖、狗腳、小湖、矺機、天注、口凡十八灘。自梁口灘屬虔州界。又有錫州、大小湖、李大王四洲，水漲或落，皆可行。惟石沒水不深為可畏也。」
18 查慎行：《初白庵詩評》卷中：邢疏《坦齋通記》云：「詩人好改易地名，以就句法。《廬陵志》：『二十四灘，坡詩乃云十八灘，非也。自下而上，第一灘在萬安縣前，名黃公灘，坡乃為改惶恐，以對喜歡』」。見《三蘇全書》蘇軾詩集卷三八《八月七日初入贛過惶恐灘》附錄。

流無阻，而嶺南山川之氣，遂與中州清淑相接」[19]。嶺南地區的文明進步，在北宋時期已是很明顯的了。

第四，鄱陽湖航道北端的星子縣境內，水面窄而風浪大，航船經由此處，必借避風港停泊。元祐年間（1086-1094 年），南康軍知軍吳審禮以軍治濱湖，風濤險惡，舟船無停泊之所，遂在縣南一里左右的湖濱水域，「構木為障」，初步構築起一個稍可防禦風浪的港區。崇寧中（1102-1106 年）知軍孫喬年將木柵改築成石堤，長一五〇丈，「內浚二澳，可容千艘」[20]，提高了避風港抗禦風浪的能力與港區容量，改善了進出鄱陽湖的航行環境。

第五，贛江航道體系中的其他大河也有整治。例如，撫河中游，至南城以後稱盱江，多穿行在丘陵山谷地區，沿途灘石礙航處甚多，元祐六年（1091 年），江西轉運使張商英調民「鑿盱水以通運道」[21]，提高了撫河的通航能力。

完密的水運網路，比較通暢的航運能力，使宋朝政府十分看重鄱陽湖——贛江這條交通動脈。過去廣南北運的金銀、犀象、香藥等都是陸運，現在，太宗命供奉官劉蒙正前往考察運輸線路。劉蒙正衡量利弊之後，建議「請自廣、韶江溯流至南雄，由大庾嶺步運至南安軍，凡三鋪，鋪給卒三十人，複由水路輸送」[22]。即是讓嶺南百貨沿北江溯流至韶州，折入湞水至南雄

---

19 道光《直隸南雄州志》卷十一。
20 同治《星子縣誌》卷三。
21 光緒《江西通志》卷六三《水利》。

22 《宋史》卷二六三《劉熙古傳附蒙正》。

縣，上岸陸運，經三個驛遞鋪，翻越大庾嶺，到達嶺北的南安軍大庾縣，複裝船下水，自章水入贛江，順流至鄱陽湖，東下長江，至揚州轉入運河而達汴京。這個運輸方案，符合客觀地理條件，但是實際執行不一定毫無阻礙，已經習慣了的會有依賴，剛開始的必然不夠完善。真宗時期，再一次規劃改革。那時仍以廣南香藥等物「以郵置卒萬人，分鋪二百，負擔抵京師，且以煩役為患」。咸平五年（1002 年），命尚書都官郎中淩策「規制之。淩請陸運至南安，泛舟而北，止役卒八百，大省轉送之費」[23]。淩策重申了劉蒙正的運輸方案，並將新舊運輸的利弊，以減少役卒、節省運費兩點突顯了出來。

明顯的運輸優勢，促使官府進一步將廣東的常規賦稅上供，也改陸運為水運。大中祥符三年（1016 年）二月詔曰：「如聞廣南上供綱運，悉令官健護送至闕，頗亦勞止。自今令至虔州代之。」[24]此詔文詞簡略，但意思仍是清楚的。「至虔州代之」，自然是以船裝水載了，否則毋須更代。

不僅是嶺南貢賦改由贛江——鄱陽湖航運進京，福建的茶葉、租賦，也在這條航線上輸送。先經信江與撫河分別運達南昌，然後「自洪州渡江，由舒州而至」[25]汴京。

航行在贛江—鄱陽湖上的官民客商非常多，人人都希望一帆

23　《宋史》卷三〇七《淩策傳》，又卷一七五《食貨志》。
24　《宋會要輯稿》食貨四八之十三。
25　《宋會要輯稿》食貨四八之十四。

風順，浪平船穩，然而往往事與願違，總會遇上風大浪湧的險情，尤其是經過水深面闊的鄱陽湖的時候，故而皆有求神庇祐的心願。曾經親歷者告訴人們說：

龍王本廟在樵舍，乃洪州、南康軍之間，規模不甚壯麗，而遺構最古。士大夫及商旅過者，無不殺牲以祭，大者羊豕，小者雞鵝，殆無虛日」。[26]

樵舍的龍王廟是「本廟」，建造「最古」，證明這裡是南來北往的衝要樞鈕地，人們對此航道碼頭的建設利用非常久遠了。樵舍在贛江末端兩條支河上，今屬新建縣轄。現有銘文磚出土，其銘文可與宋人的記述相互參證。磚銘為：「宋洪州樵舍鎮威濟善利王廟磚。」[27]給龍王的徽號曰「威濟善利」，正是人們渴望航行順利的反映。祭奠龍王的犧牲充溢，則是過往舟船殆無虛日的證明。

過往這條航道的人太多，它被社會關注的程度必然超出一般的線路。這裡舉兩個事例，藉以顯示大體趨勢。其一，太平興國二年（西元 977 年）太宗下令：「自今當徙者皆配廣南」[28]；其

---

26　方勺：《泊宅編》卷中。

27　《新建縣誌》第 351 頁，江西人民出版社 1991 年版。

28　《續資治通鑑長編》卷十八。宋朝時期廣南東路經濟仍比較落後，「人言『春、循、梅、新，與死為鄰；高、竇、雷、化，說著也怕。』」八州為惡地，故遭貶者多放至廣南。

二，虔州知州趙抃，瞭解到死於嶺外的官吏家屬之中，有不少人缺乏資財，無力返歸中原，特意造船百隻，專供運送他們使用。[29]遭罰過嶺外者與返歸途中的困危者如此之多，那麼正常往來的士大夫與商旅自然更多了。

## 四 巨額的物資運輸

在贛江──鄱陽湖航道網路上運送的客商、百貨很多，但是能夠具體記述的只是官物的一部分，即賦稅、漕糧、錢幣等。粗略估算，主要有下列諸項：

一、漕糧，每年約一百五六十萬石。三司使的沈括記錄的江南漕米數量是：

「發運司歲供京師米以六百萬石為額；淮南一百三十萬石，江南東路九十九萬一千一百石，江南西路一百二十萬八千九百石，荊湖南路六十五萬石，荊湖北路三十五萬石，兩浙路一百五十萬石。通餘羨歲入六百二十萬石。」[30]

江南東路轄十州軍，其中的饒州、信州、江州、南康軍為今江西的地區，是鄱陽湖濱盛產稻米的所在，它們上供的漕糧至少可占全路的十分之四，約合四十萬石。因此，江西十三州軍漕糧合計約一五〇萬至一六〇萬斤，與兩浙路並列，高居首位。即便

---

29  《宋史》卷三一六《趙抃傳》。
30  《夢溪筆談》卷一二《官政二》。中華書局 1958 年版，胡道靜校注本。

僅以「江南西路」比較，遠超荊湖南北兩路之和，很明顯這些糧食必須船運出境，漕船是贛江——鄱陽湖航道上的主角。

二、食鹽，約四千萬斤。先是，江西為淮鹽銷售區，後來虔州和南安軍改行廣鹽。元豐四年（1081年）三司副使蹇周輔言：「虔州舊賣淮鹽六百一十六萬餘斤」。按崇寧元年（1102年）人口平均計算，虔州七十萬餘口，每人合八點八斤。以這個指標數估算江西十三州軍的食鹽數額，當為四四五點九萬餘口乘以八點八斤，得三九二三點九二萬斤。[31]淮鹽運輸入江西，全由漕船載回，分銷於各州縣。這種糧與鹽的交相輸送，促使舟船總有裝不完的貨物，航運處於常年而穩定的繁忙狀態。

三、茶葉，約六百八十萬斤。遵照官府劃定的地點，江西的茶葉運至真州（今江蘇儀征）、無為軍（今安徽無為）榷貨務交納。依《宋史・食貨志》載，淮南、江南、兩浙、荊湖、福建共納茶二三〇六點二萬餘斤，其中江南居第一，而江西所出最多，據本書第二章第四節的折算，江西得六八四點六萬餘斤，超過兩浙、荊湖、福建三地的總和，占江南四路合計一四四一點二萬餘斤的百分之四十七點五；在諸路合計歲課中占百分之二十九點七[32]。江西高額的茶葉產量，出於江、饒、信、洪、撫、筠、袁

---

31　江西 13 州軍人口數，見本書第二章。蹇周輔所言見《宋會要輯稿》食貨二四之二〇。

32　據《夢溪筆談》卷一二，無為軍受納 11 州軍茶共 842,333 斤；真州受納 15 州軍茶共 2,856,206 斤；海州受納 12 州軍茶共 424,590 斤。六榷貨務以嘉祐六年數為中數計 5,736,786 斤半。由此可以得出江西數。無為軍 11 州軍中，江西有筠、袁、饒、江、洪州、南康軍 6 個，得

七州及臨江、建昌、南康三軍，這十個州軍都在江西北半部地區，運往真州、無為軍榷貨務，都必須利用船舶水運。贛東北的饒信二州的茶產地距離真州、無為軍更近，但陸路翻山越嶺十分困難，仍然要經昌江、信江匯入鄱陽湖，轉大江而至。

四、銅、鉛、錫、鐵、錢。饒州永平監所鑄銅錢北宋初為三十萬貫，元豐年間為六十一點五萬貫，全部運出上供，進入內藏庫。所需銅、鉛、錫等原料，是一三七萬到二八○點八萬斤[33]。這些鑄錢金屬原料，除江西本地礦場供應之外，還來自廣東、湖南、四川、廣西、安徽、湖北等的礦場。為此，永平監專備料船七綱，計二八○隻。江州廣寧監，歲鑄錢初為二十萬貫，後增為三十四萬貫，不久減為二十四萬貫，平均算二十六萬貫，同樣按永平監鑄錢耗料量計算，應耗銅鉛錫一一八點八萬餘斤。

永平監鑄錢的主要原料供應地是信州鉛山場。鉛山場膽銅產量盛時歲額三十八萬斤，「每二千斤為一綱，至信州汭口鎮用船裝發，應付饒州永平監鼓鑄」[34]。浸膽銅所需生鐵，每二斤四兩鐵浸得銅一斤，三十八萬斤膽銅共需八十五萬餘斤鐵。這些鐵的

平均數 459,454.36 斤；真州 15 州軍中,江西有袁、饒、撫、筠、江、吉、洪州、臨江、南康軍 9 個，得平均數 1,713,723.6 斤；海州 12 州軍中,江西有饒州,得平均數 35,382.5 斤.此三榷貨務中的江西州軍共得平均數為 2,208,560.46 斤,占六榷貨務總數的 38.5%.與《食貨志》資料比較，江西的歲課數更少，而比例數更高。

33　據《續資治通鑑長編》卷二四，永平監鑄 30 萬貫錢耗材「銅八十五萬斤，鉛三十六萬斤，錫十六萬斤」，合計為 137 萬斤，照此折算，鑄 61.5 萬貫，應需銅鉛錫 280 萬餘斤。

34　《宋會要輯稿》食貨三四之二五。

大部分由江西的撫州、弋陽等十三州縣供應，其餘還從福建、浙江、安徽、湖南的鐵場運來。所以，趙蕃寫道：「冶台歲運江淮湖廣之鐵，泛彭蠡，溯番水，道香溪而東。」[35]這裡，還沒有涉及燃料供應的運輸量。燃料消耗量很大，但都是附近縣鄉提供的。

此外，景德鎮窯、永和窯、白舍窯、七里鎮窯等窯場生產的大量瓷器，暢銷南北各地，但無法以統計數說明。還有，廣南東路轉輸過江西的賦稅、香藥、犀象、金銀諸物，也是數額巨大，如香料，為汴京士女所喜歡，需用的香盒正是瓷器中的大項，故消耗掉的香料與瓷盒都不少。但也由於資料缺乏，無法用統計資料表達。

現僅就上述四類物資運輸量，表列如下：

表 5.1 贛江——鄱陽湖四類物資運輸量

| 品名 | 漕糧 | 食鹽 | 茶葉 | 銅錢 | 鐵 | 銅鉛錫 | 合計 |
|---|---|---|---|---|---|---|---|
| 數量 | 100 萬石 | 4000 萬斤 | 684 萬斤 | 87.5 萬貫 | 85 萬餘斤 | 399.6 萬斤 | 21,606.1 萬餘斤 |

（漕糧一石以 100 斤計，錢一貫以五斤計）

每年總約運輸糧鹽茶錢等二一六〇六萬餘斤；如以漕船裝載，每艘載五百料（石），需調用四三二一二艘漕船才能裝完。

---

35　趙蕃：《章泉稿》，卷五《截留綱運記》。香溪，是信江中間一河段的別名。

如此多的貨物，再加熙來攘往的人流，故而「舟船之盛」經久不衰。

## 第二節 ▶ 商人與商業

### 一 繁盛的商業

農業、手工業生產全盛，嶺路開拓，航道暢通，加上位於四通八達的衝要區域，這就為商業貿易的發展提供了各方面的有利條件。於是來商納賈，舟楫連檣，交易繁盛。雖然有三百里贛石險灘，與黃河三門峽、長江三峽並稱驚險，但是阻隔不住南來北往的客商。一批批的舟船在虔州蟻聚待水，時運好的遇上「清漲」，飄忽而過贛石。逆水上行時雇請萬安篙師，曲折航行，也能抵達虔州城。鄱陽湖的風濤，有時令人驚恐，讓客商滯留吳城，在望湖亭上候風觀景，此亭遂與滕王閣齊名；或在鄱陽湖北端都昌老爺廟祭神，在星子港避浪，期待順風揚帆，安全旅行。

建中靖國元年（1101 年）蘇軾由儋耳北歸，泊舟吳城順濟龍王廟下，發現古代先民使用過的石箭鏃，作文為記，留在廟中。過往此處候風的客商都順便觀賞，消減憂慮與煩惱。蘇軾的記文中說：「順濟王之威靈，南放於洞庭，北被於淮泗……王之神聖英烈不可不敬者如此。」[36]揭去此話的神靈外衣，讀者可以

---

36 蘇軾：《順濟王廟新獲石砮記》，《三蘇全書・蘇軾文集》卷一二。

意會到贛江——鄱陽湖航道的繁忙景象及其對江淮地區的巨大影響。航行湖中雖有風濤驚險，然而揚帆風順之際，波光瀲灩，水闊天空，令人心曠神怡。早晨還在湖口，中午已至豫章，「順濟之威靈為江湖益者不可悉數」[37]。航行的，撐船的，赴考的，上任的，省親的，遊學的，捕魚的，打船的，……真是士農工商各行各業，官民僧道百色人等，受益者「不可悉數」。這條航道在世人心中留下的印記太深了。

洪州南昌是航運商貿的大都會，王安石稱讚它「沉檀珠犀雜萬商，大舟如山起牙檣，輸瀉交廣流荊揚，輕裾利屣列名倡」[38]。這與王勃《滕王閣序》的評議迥異，不是側重人文與政治形勢，完全著眼于航運商貿的盛況。輸與瀉，既有過境航運，又有貨物輸出，行銷於中原大地。交、廣、荊、揚，南至兩廣沿海地區，西達荊州，東接揚州，正是航運商貿輻射到的地域。萬商之眾，如山之舟，當然不僅是漕船官舫所能包容，必有四面八方的商賈，販易著形形色色的土特優產品，才能湊合成那熱鬧的市井碼頭場面。

## 二　活躍的商人

江西商人經營本地出產的名優產品，又以較高的儒學文化修養，講究誠信仁義，在商場中贏得聲譽。建昌軍南城縣曾叔卿是

---

37　釋惠洪：《石門題跋》，卷二。
38　王安石：《王文公文集》，卷四二《送程公辟之豫章》。

瓷器商，長年採購瓷器「轉易於北方」，獲致利潤。有一次，他準備了一批瓷品，卻沒有運銷，遂有資本較少的轉手商人「從之並售者」，此人向曾叔卿買到這批瓷器，籌畫運去北方出賣。他坦白地告訴叔卿：「欲效公前謀耳」。此人想，你不去做這筆生意，我卻是要去的，江西瓷器在北方的銷路一向很好，若能將這批瓷器運去，定會賺錢。但是，為什麼曾叔卿準備好了貨卻又不去賣呢？他誠實地向來人說：「吾緣北方新有災荒，是故不以行。」不僅如此，叔卿還表示，現在我告訴了你真相，也不能讓你受損。於是退還貨款，不賣給來人。

南城商家也做騾馬生意。建昌軍位於武夷山西側，是來往福建山區州縣的要區，車馬運輸素來受到重視。有一位陳策，他買到一匹騾子，卻因脊背患病不能被鞍，養在郊野欄中。他兒子和一個「猾馹」（即奸詐的夥計、牙人）謀劃，乘一官員要買馬旅行，便將騾背表皮磨破，表示是新鮮外傷，是被鞍騎坐過的，賣給了這位官員。陳策知道實情後，反對坑騙牟財，追上那位買騾官員，告以實情。此人不信，經當面試鞍不行，才退了款。

陳策還做典當生意。他知道有的金銀、羅綺等貴重物品，在典當的原主已故，或無力贖回的時候，因年深月久，會黴爛變質，羅綺的絲力將糜脆不堪用。有人為了省錢，要買典當鋪的羅綺做嫁妝。陳策不願將已經變質了的衣物出賣，寧肯投入炭火中燒掉。

商旅頻繁帶來市場活躍，而交易中利潤的驅使又有奸詐行為產生。南城老闆危整，一次帶著夥計出去買魚，只買五斤卻得十斤，原來是夥計在稱砣上做了手腳。危整瞭解底細後，不願讓賣

魚人吃虧，趕了幾里路，把魚錢補給了他。

曾、陳、危三人的事蹟，反映了建昌軍商貿行業非常繁盛，體現了它在武夷山中部贛閩交通上的衝要地位。他們三人是在競爭激烈、「無商不奸」的環境裡，淘洗出來的賢者、智者，以其賢——善良不欺的品德，贏得信任；以其智——生財有道的規矩，獲得成功。有人將他們的事蹟記下來，警示世人[39]。古今商界的賢者，是促使商業發達的寶貴資源。成熟的商人看重信譽，繁榮的市場需要樹立誠信不欺的榜樣。

經商與仕宦往往結合不分，或相互支援，或因時轉換。筠州戴敷，由商入仕，因富得祿。敷從小隨父闖蕩，其「父為游商，出入多從焉」，習熟了經商之道，學會了做生意，賺的錢多了，便謀求社會地位，提高身分，「後敷納粟為太學生」[40]，獲得士的資格，多了一分經商的保護力量。

撫州饒餗，科場失意轉而商販。他有很強的社交活動能力，「馳辯逞才，素掉鬧於都下」，不甘心居家過清冷生活。然而，科舉累試不中，熙寧初又落榜，出京回鄉，「庇鉅賈厚貨免征算」。凡遇過關，他首先拜見長吏，透露朝廷將要任命什麼官職的資訊，並說他已得到某要員的內情。地方官員無不願聞，並表示敬意。他隨即告辭說：「下第窮生，弊舟無一物，致煩公略賜一檢。」這些得知「內情」的官員，對他已有感激之情，皆曰：

---

39　呂南公：《不欺述》。轉見洪邁《容齋隨筆》卷七，《洛中矸江八賢》。「駔」，zǎng，仲介人。

40　劉斧：《青瑣高議》，前集卷五《遠煙記》。

「豈煩如是」，遂免檢放行。他就這樣緊抓官員諛上的心理，過關免稅，「凡藉此術下汴、淮，曆江海，其關稅僅免二、三千緡」[41]。

戴敷經商而後納粟為太學生，表示了商業與商人的社會價值提高，與官紳的距離已經拉近；饒餗利用官場資訊庇護商貨免稅，說明官場看重權錢交易，官與商在金錢面前不分彼此，熱衷於科舉者亦善於牟利。歸結起來，是商業與商人在社會舞臺上的形象越來越高大了。

巨額商業利潤的誘惑力，使大批官員參與經商，在北宋初就已突出。開國功臣趙普以販賣秦隴木材著稱。此後不斷有官員經商的典型事例。天聖元年（1023 年）五月，因中人奉使江、淮，多乘官船搭載貨物營利，而州縣不敢檢察，侵蝕了朝廷稅入，不得不下詔禁止。但是，禁令的實效很差，依然有官員憑藉職權，趁公差而搞長途販運。皇祐四年（1052 年）十一月的詔令指出：「江淮、兩浙、荊湖南北等路守官者，多求不急差遣，乘官船往來商販私物。」[42]由於關卡不敢或不願意檢察，稅款便被偷漏，侵害到朝廷財政收入，皇帝不得不出面干預。這裡涉及的地域是江淮、兩浙、荊湖，表明在經濟發達的州縣，江河航運便利的地域，「往來商販私物」的現象更嚴重。有這樣的官場氛圍，故而彭汝礪表揚浮梁知縣許某的詩有言：「因官射利疾，眾喜君獨

---

41　釋文瑩：《湘山野錄》卷下。
42　《續資治通鑒長編》卷一〇〇。

第五章・交通商貿與食鹽運銷

否」。疾，強烈的貪欲；因官射利，發財的捷徑。喜好這種生活的官僚士大夫，眾多！這是吏治腐敗與商業興隆相結合的寫照。

## 三　增漲中的商稅

商業貿易的發展，擴大了宋朝財政稅源。《宋會要輯稿》記載，從北宋前期至中後期，江西的商稅增加了百分之一五二點三。各州軍的商稅數額如下表：

表 5.2 江西十三州軍商稅增長表

| 州軍 | 舊歲額 | 熙寧十年數額 |
|---|---|---|
| 江州 | 在城、湖口、彭澤、瑞昌、德安、德化 6 務：29,147 貫 | 在城 15,362 貫 237 文；湖口 19,837.887；瑞昌 3,655.638<br>德安 3,534.195；竹米務 520.938；彭澤 3,234.834<br>小計：46,145 貫 729 文 |
| 饒州 | 在城、德興、浮梁、餘干、安仁、石頭鎮 6 務：25,470 | 在城 14,503.275；浮梁 5,475.779；景德鎮 3,337.957<br>餘干 4,720.755；樂平 10,249.567；石頭鎮 848.381<br>安仁 5,542.678；德興 3,797.638<br>小計：48,476 貫 030 文 |

| 州軍 | 舊歲額 | 熙寧十年數額 |
|---|---|---|
| 信州 | 在城、玉山、弋陽、寶豐、永豐、鉛山、貴溪、汭口 8 務：44,261 | 在城 16,351.353；弋陽 5,978.570；鉛山 5,378.856<br>玉山 4,563.221；寶豐 1,208.479；汭口 683.695<br>永豐 4,231.198；<br>小計：38,395 貫 372 文 |
| 南康軍 | 在城、建昌、都昌、太平、娉婷、桐城、河湖 7 務：26,075 | 在城 20,670.365；都昌 2,679.79；建昌 5,995.92<br>小計：29,344 貫 536 文 |
| 洪州 | 在城、豐城、進賢、武寧、南昌、奉新、分寧、靖安、新建、土坊[43] 11 務 139,092 | 在城 28,904.680；奉新 1,645.169；武寧 3,277.620<br>豐城 4,749.375；分寧 1,887.319；靖安 441.111<br>進賢鎮 1,583.981；樵舍鎮 1,456.818；土坊鎮 2,404.677；查田鎮 718.110<br>小計：47,068 貫 860 文 |

43 原書只列出 10 個務的地點名。

| 州軍 | 舊歲額 | 熙寧十年數額 |
|---|---|---|
| 虔州 | 在城、興國、於都、東江、西江、磁窯6務：25,382 | 在城 39,887.672；興國 670.452；於都 675.161<br>虔化 1,014.686；會昌 329.661；信豐 619.932<br>石城 72.405；龍南 713.996； 瑞金 343.701<br>安遠 411.487；磁窯務 2,887.89；東江 1,643.483<br>西江 1,966.608<br>小計：51,236貫333文 |
| 吉州 | 在城、吉水、安福、廬陵、永和鎮、新市、柴竹務7務：<br>32,945 | 在城 9,553.591； 吉水 5,280.88；泰和[44] 24,724.998<br>安福 5,901.915；永新[45] 35,468.147；永豐 3,132.190<br>萬安 3,095.752； 龍泉 3,840.168；永和鎮 1,712.426<br>柴竹務 3,772.468； 沙市務 1,302.505；粟傳務 2,227.926<br>小計：50,012貫174文 |

---

44 原作「永和縣」，而吉州只有泰和縣，故改。
45 原作「永興縣」，而吉州只有永新縣，故改。

| 州軍 | 舊歲額 | 熙寧十年數額 |
|---|---|---|
| 袁州 | 在城、分宜、萬載、萍鄉、獲付、宣風、蘆溪、上粟 9務[46]：12,138 | 在城 8,583.564； 分宜 1,523.304；萍鄉 2,519.250<br>萬載 1,522.705<br>小計 14,148 貫 823 文 |
| 撫州 | 在城、金溪 2務：3,603 | 在城 18,275.421； 崇仁 819.845；宜黃□□[47]1.664<br>金溪 583.378<br>小計：19,680 貫 308 文 |
| 筠州 | 在城、上高、新昌 3務：4,615 | 在城 7,772.141；上高 1,753.814；新昌 609.381<br>小計：10,135 貫 336 文 |
| 南安軍 | 在城、南康、上猶 3務：5,108 | 在城 11,806.600；南康 1,487.496；上猶 1,827.724<br>小計：15,121 貫 820 文 |
| 臨江軍 | 在城、新淦、新渝、永泰、樟樹鎮 5務：15,370 | 在城 6,738.573；新淦 5,696.580；新渝 3,696.94<br>小計：16,131 貫 247 文 |
| 建昌軍 | 在城、南豐 2務：9,924 | 在城 11,327.396；南豐 3,248.920；太平場 197.893<br>小計：14,774 貫 209 文 |
| 合計 | 務 75：263,130 | 務 79：400,670 貫 777 文 |

資料來源：《宋會要輯稿》食貨一六之一〇至一二。表中凡未標示貫、文的，小數點以前為貫，以後為文。

46 原書只列出 8 個務的地點名。
47 文空缺兩個字位置。

　　宋朝的商業政策是，「關市之稅，凡布帛、什器、香藥、寶貨、羊彘，民間典賣莊田、店宅，馬牛騾橐駝，及商人販茶鹽，皆算。」凡州縣皆置商稅務，關鎮則視交易盛況或設或不設。稅額大的置專官監臨，景德二年（1005 年）規定，商稅年額三萬貫以上的，由審官院選官臨涖，稅額小的則由縣令、佐兼領，諸州由都監、監押同掌。持貨經過，征「過稅」，每值千納二十；在市場出賣，征「住稅」，每千納三十。各地實施之中，對此政策還會「隨地宜而不一」，出現輕重差異。「應算物貨而輒藏匿，為官司所捕獲，沒其三分之一，以半畀捕者。販鬻而不由官路者罪之。有官須者十取其一，謂之抽稅。」[48]這一系列的條款，將經商做買賣，完全控制在官府手中，因此，極易遭受胥吏的敲詐勒索。

　　上表所示的江西商稅，在神宗時期比以前增多，達到百分之一五二點三。其原因有很多方面，諸如王安石變法的商業新政，宋朝對糧食不徵稅的慣例，漕船可順便帶一些貨物的例規，等等。仔細觀察各州軍稅務的實際，可知江西本地經濟穩定發展，得天獨厚的航運條件，應是更基礎性的因素。

　　第一，從稅務點的設置分析，總數只增四個，增幅為五點三；而稅額淨增一三七五四〇貫餘，增幅為五十二點三，是大幅度上升。在各州軍之中，袁州，南康軍的稅務點明顯減少，虔州，吉州則大量增多（分別為 7 個，5 個），前此未設務的縣現

48　《文獻通考》卷十四《征榷一》。又見《宋史》卷一八六《食貨下八》。

在有了，表示出轄區之內經濟開發更加普遍的勢頭。整個十三州軍之內，在熙寧十年時共有六十四縣，除一縣設一商稅務，還有十五個稅務設於關鎮，大體上是均衡的[49]。

第二，各州軍的稅課總量，虔州第一，吉州第二。尤其是虔州，新增的稅務點超過了原有的數量，而「在城」的稅額高約四萬貫，遠比江西首府南昌多，躍居最大的物貨集散地寶座，南北航運的繁盛，由此可見一斑。各個稅務之中，東江，西江兩務的稅額，比虔州轄下任何一個縣都多。這是章水、貢水兩條航道因生產發展促成運輸量增加的結果。但是，九個縣的稅額，只虔化（寧都）超過一千貫，其他都只幾百，甚到不足一百，與吉，饒，信州轄縣比較，差距太大。航道碼頭稅多而縣治稅很少，這是商貿的農業、手工業基礎薄弱的反映。贛南山區的普遍開發，還有待將來。

第三，景德鎮、磁窯務、永和鎮的稅額不低，尤其是景德鎮，達三三七七貫餘，和附近的浮梁縣合起來高達八八五二貫餘，充分現了瓷業蒸蒸日上的勁頭。虔州的磁窯務，吉州永和鎮的稅課量大，是七裡鎮窯與永和窯的瓷器也受到民眾喜愛，市場消售較好所致。從各瓷窯稅收多寡方面推斷，景德鎮瓷窯已經領先眾窯。

---

49 新建縣治在南昌城內，故無「在城」商稅務，而樵舍鎮是新建北部贛江航道碼頭。進賢鎮正處於迅速上升時期，到徽宗崇寧二年（1103）便升為進賢縣。信州的寶豐稅務，已經不是縣治所在，但稅收仍不少。鉛縣治（永平鎮）稅課遠遠超過沕口，然而沕口是銅鉛轉輸碼頭，稅課仍比較多。

建昌軍的太平場稅務，在南豐縣境內，因銀礦開採旺盛，故增設一個稅務。眾多鎮場所在地稅務的活躍，是手工業、礦冶業發達的生動表現。

第四，在江西境內，以贛江——鄱陽湖航道沿線的州軍增長更快，西部的袁州、筠州滯後。以數額比較，虔、吉、饒、洪、江、信六州稅課最多，而增幅以撫州、南安軍最大（撫州為546.2，南安軍為 296）。撫州的攀升，得益於盱江——撫河兩岸的開發，以及贛閩經濟交流的擴大；南安軍稅課增長，顯然是由於嶺路拓寬，贛石再次疏鑿之後，方便了水陸聯運，物貨流通更暢，「過稅」增多。位於大庾嶺南北兩邊的州縣，商稅同步增長，嶺北南安軍增約三倍，嶺南的南雄縣由舊額六〇七三貫增至一三三二六貫，達二倍多。

處在航道北端的湖口縣，稅課超過江州「在城」數。湖口是江湖都會，水陸通津，又值時局平穩，南北四達，舟行萬里，進出江西的舟船無不經由此地，故商稅額達到一九八三七貫，超過撫州、袁州、筠州、南安軍、建昌軍、臨江軍等六個州軍的各自總數。

第五，熙寧十年商稅額中，列出的「在城」稅額，即各州軍治所徵收的稅共為二〇九七三六貫餘，占總額的百分之五十二點三五，表明十三州軍的商稅中，過半數是在州城征得的，其他縣鄉中的商稅只占少數。這是地區發展不平衡的表現，也是商貿活動與政治中心、交通要衝相適應的結果。「在城」稅占本州軍商稅一半以上的有南康軍、洪州、虔州、袁州、撫州、建昌軍、筠州、南安軍等八州軍，表示著江西全境的經濟開發還有巨大潛力。

江西為糧食生產大區，漕糧以外的商品糧不少，北宋朝廷的米麥免稅政策對產糧州縣的米糧貿易有利，但是，儘管輸出的稻米很多，「不知凡幾」，難以數計，卻在商稅額中不可能有反映。為求漕糧充足，漕運暢通，保證「至急至重」的大政不出危機，北宋始終執行兩項政策：一是運漕糧的船民，可以免稅攜帶少量貨物。早在大中祥符二年（1009 年）四月，就定下這項規矩：「江淮發運使李溥言：糧綱舟卒，隨行有少物貨，經歷州縣，悉收稅算，望與蠲免。從之。」[50]於是押綱官吏借此興販，操舟民戶隨宜載貨，成了宋代商品交易中的一條重要管道。二是米麥等食糧免徵稅，優惠糧食商賈，以利調濟餘缺，糧商因此多獲利益。景德三年（1006 年）三司官員奏報：「富商大賈自江、淮賤市秔稻，轉至京師，坐邀厚利，請官糴十之三」。真宗皇帝「不許」[51]。這顯然是為求京師糧足，故讓商賈獲得厚利。對漕船與糧商的優惠政策，促進著商貨流通，產生了多方面的影響，這裡略述兩點，其一，因為米不徵稅，所以南北各地糧食由市場調劑，供應比較充足，尤其是比較及時地賑濟災民，社會得以相對穩定。其二，以糧食為原料的加工生產，例如釀酒業得到了發展。

江西與其他地方比較，商貿與商稅水準仍然不高。熙寧十年（1077 年）以前，諸州商稅歲額四十萬貫以上（3 處）、二十萬

---

50　《宋會要輯稿》食貨一七之一五。
51　《續資治通鑒長編》卷六三，景德三年五月戊辰。

貫以上（5 處）、十萬貫以上（19 處）、五萬貫以上（30 處）四個等級中都沒有江西城鎮。數額較少的稅務地點，江西所得如下：

五萬貫以下（51 處），江西有三處：洪州（11 務）、信州（8 務）、吉州（7 務）；

三萬貫以下（94 處），江西有六處：袁州（9 務）、饒州（6 務）、江州（6 務）、虔州（6 務）、南康軍（7 務）、臨江軍（5 務）；

一萬貫以下（35 處），江西有二處：南安軍（3 務）、建昌軍（2 務）；

五千貫以下（73 處），江西有二處：撫州（2 務）、筠州（2 務）。

商稅年額的高低，基本上是貿易繁盛程度的尺規，但也受其他因素影響，如稅額輕重不一致，官吏匯總上繳有差異，還有宮觀寺院、臣僚之家為商販的多少。宣和二年（1120 年）令關津搜檢宮觀寺院、臣僚之家商販的貨物，「如元豐法輸稅」。元豐以前不稅的僧、道、官僚三者的賈販活動，都直接影響著商稅額。江西是宮觀寺院眾多之地，其商貿行為該不會弱於其他地區。

## 四　酒課徵收

北宋管制酒的生產與買賣，「諸州城內皆置酒務釀酒，縣、鎮、鄉、閭或許民釀而定期歲課，若有遺利，所在多請官

酤」[52]。官府對釀酒業的利潤極為看重，始終嚴密控制。

　　釀出的米酒分兩種，自春至秋，釀成即鬻的稱「小酒」，每斤自五錢至三十錢，分二十六等；冬天釀製至夏天出賣的稱「大酒」，每斤自八錢至四十八錢，分二十三等。所用米糧及製作方法，各地因水土制宜，價錢亦因地而異。由於官府設酒務，一方面釀酒出賣，另方面徵收釀酒民戶的歲課。有的官員因此深感慚愧，歐陽脩《食糟民》曰：

　　田家種糯官釀酒，榷利秋毫升與斗。
　　酒酤得錢糟棄物（一作「不棄」），大屋經年堆欲朽。
　　⋯⋯⋯⋯⋯
　　不見田中種糯人，釜無麋粥度冬春。
　　還來就官買糟食，官吏散糟以為德。⋯⋯
　　我飲酒，爾食糟，爾雖不我責，我責何由逃？[53]

　　對農民種糯米而沒有酒飲的苦痛，歐陽脩心生惻隱，然而，官家的榷酒政策，並不因仁人君子的自責而撤銷。榷酒，不僅是州縣官吏的職責，而且還不時有受責降的大官下放州縣監酒稅，蘇轍即是顯例。

　　元豐三年（1080 年），蘇轍得因兄蘇軾以詩得罪，受連累，

52　《宋史》卷一八五食貨下七。
53　《歐陽脩全集・居士集》卷四。

由簽書南京判官謫監筠州鹽酒稅，五年不得調。這個稅務原有三吏共事，蘇轍到時，二人罷去，由他一人包辦，「晝則坐市區鬻鹽、沽酒、稅豚魚，與市人爭尋尺以自效；暮則筋力疲廢，輒昏然就睡，不知夜之既旦。旦則復出營職」[54]。監稅吏，不僅徵收豚魚之稅，還賣鹽、沽酒，是市場中的稅吏兼商人。官府把酒看得和鹽一樣重要，壟斷專賣，故釀酒之盛，酒稅收入之豐厚，可由此窺見。蘇轍終日與酒打交道，對釀酒行情自然熟悉，知道「江西官釀惟豫章最佳」[55]，所以無人往豫章寄送酒。蘇轍終日守在糟缸邊，聞其香，品其味，不知足，結果「飲酒過量，肺疾復作」，他深自悔恨，「不知逃世網，但解憂歲課」[56]。一個責監鹽酒稅者，必須為完成酒課定額而操心。

謫監鹽酒課的貶官關注酒課上升，企求早得解脫；而主管地方財賦的官司，更以增稅為功，二者都可能是演變成苛剝百姓的動因。景德四年（1007 年）四月，宰相王旦對真宗說，諸路「遣官檢舉酒稅，競以增益為功，煩擾特甚。……諸州雖各有原定酒數，然隨時增益不已。」於是，又下令「取一年中等之數，立為定額」[57]。可見，各地增加酒課的劣跡，獲得朝廷的認可。

江西各地的酒務及各州軍的酒稅額，熙寧十年以前的數量如下：

---

54　《三蘇全書・蘇轍集》卷八三，《東軒記》。
55　《三蘇全書・蘇轍集》卷一二，《次韻柳見答》。
56　《三蘇全書・蘇轍集》卷一〇，《飲酒過量肺疾複作》。
57　《續資治通鑑長編》卷六五。

十萬以上、二十萬以上、三十萬以上、四十萬以上四等之內，均無江西州軍；

五萬以上：信州（酒務八）；

五萬貫以下：江州（務六）、洪州（務七）、饒州（務九：在城務，五縣各一，石頭務、景德務、興利場務）；

三萬貫以下：南康軍（務四）、虔州（務十三）、撫州（務一）、筠州（務一）、臨江軍（務三）、建昌（務三）；

一萬貫以下：南安軍（務二）、吉州（務九）、袁州（務四）。

無定額：永平監[58]。

以上酒務共計七十個（未計永平監），若均以足額估算，每年徵得稅款約四十六萬貫，平均每個酒務為六五〇〇餘貫。神宗時期實際徵得的稅款，熙寧十年以前為三十一點二萬餘貫，當年是三十二點九萬餘貫（另有幾十兩金、銀），加「買撲」——由民戶承包——的一點九萬餘，合計三十四點八萬餘貫，與等級所定數額有十餘萬貫的差距。詳情見下表：

58　《文獻通考》卷一七《征榷考四・榷酤》。

表 5.3 北宋江西十三州軍酒稅增長表（單位：貫）

| 州軍名 | 舊稅額 | 熙寧十年 | 買撲額 | 州軍名 | 舊稅額 | 熙寧十年 | 買撲額 |
|---|---|---|---|---|---|---|---|
| 江州 | 36,189 | 38,003 | | 袁州 | 8,864 | 11,351 | 2,896 |
| 饒州 | 47,597 | 28,543 | 3,130 金 62 兩 7 錢 | 南安軍 | 6,522 銀 46 兩 | 4,106 | 1,746 銀 46 兩 |
| 信州 | 51,758 | 61,218 | 1,424 | 筠州 | 18,014 | 12,693 | 692 |
| 南康軍 | 25,422 | 32,044 | 999 | 撫州 | 12,826 | 19,305 | 1,736 |
| 洪州 | 47,567 | 51,704 | 2,382 | 臨江軍 | 12,570 | 12,245 | 1,446 |
| 虔州 | 24,560 | 26,394 | 739 | 建昌軍 | 15,183 | 13,542 | 375 |
| 吉州 | 5,305 | 18,215 | 1,778 | 合計 | 312,377 銀 46 兩 | 329,363 | 19,343 金 62 兩 7 錢，銀 46 兩 |

資料來源：《宋會要輯稿》食貨 12 之 16。

　　酒稅在財政中占何等地位，可從與商稅比較中看出。舊稅額中的酒課高出商稅，熙寧十年數二者基本相等（酒課中加進買撲的錢和金銀約及 40 萬），故酒稅與商稅具有同等地位。與兩浙

路比較，江西的酒課多出約十萬貫。天禧四年（1020 年），兩浙轉運副使方仲荀言：「本道酒課舊額十四萬貫，遺利尚多。乃歲增課九萬八千貫。」[59] 增課後為二十三點八萬貫，仍少於江西。官府征得的酒稅，在一定程度上是飲酒量的表示。酒稅多，飲酒人增多，飲酒風氣更濃，總體上看，正是商業更旺盛的結果，也是社交生活更活躍的一種表現。


# 第三節 ▶ 食鹽運銷與走私

## 一　淮鹽在江西的運銷

「天下鹽利皆歸縣官」，是歷朝堅持不變的國策，宋朝自然不例外。具體運作，有官賣，有通商，因時因地不同，經常變革部分政策，但是始終「尤重私販之禁」[60]。所謂通商，指商賈納錢或糧、帛於京師，或送糧草至西北邊境，換得鹽票，再到鹽場憑票領鹽，運銷各地。鹽場均控制在官府掌握之中。

宋朝食鹽分池鹽、海鹽、井鹽三大類。池鹽產地在山西，井鹽在四川，海鹽產於京東、河北、兩浙、淮南、福建、廣南六路。在江西銷售的主要是淮鹽，其次為廣鹽。淮南海鹽產量最高，行銷地域最廣，比較其他食鹽，「東南鹽利，視天下為最

---

59　《宋史》卷一八五《食貨下七》。
60　《宋史》卷一八一《食貨下三》。

厚」。宋朝劃定，江西地區的洪、袁、吉、筠、江、饒、信、撫州、臨江、南康、建昌軍均為淮鹽地面。南安軍食廣東鹽，虔州先是淮鹽，後因廣鹽走私問題嚴重，權衡利弊之後，改食廣鹽。每年「漕米至淮南，受鹽以歸。」鹽價視道裡遠近而上下，「利有至十倍者」[61]。

淮鹽產於楚州、通州、泰州、海州、漣水軍等沿海地帶，北宋初期產量占鹽產總量的百分之五十一點三，中期的仁宗朝占百分之三十二點二。鹽價在產地比較低，每斤八至四十七錢，分二十一等。江西漕糧運至真州、楚州、泗州轉般倉卸下，即運鹽回歸本路，沿途經過的每一個稅務，都要點檢發遣，既阻滯了運期，更使鹽價多次提高，民眾負擔隨之增重。太平興國二年（西元 977 年），洪、江、筠、撫、饒、信、袁、虔州官賣鹽都是「斤為錢五十」。當時太宗問荊湖路轉運使李惟清「民間蘇否？」李回答說：「臣見官賣鹽斤為錢六十四，民以三數鬥稻價，方可買一斤。」太宗「乃詔斤減十錢」[62]。荊湖南北路和江南東西路都是淮鹽區，而運程比江西遠，價格卻在同一個水準。

仁宗慶曆初年，以「河流淺涸，漕運艱阻，靡費益甚」理由，再增江南、兩浙、荊湖六路鹽價，「斤增五錢。民苦官鹽估

---

61　《宋史》卷一八二《食貨下四》。《文獻通考》卷十六《征榷三》載：淮南、福建鹽斤為錢四，兩浙杭秀為錢六，溫台明為錢四，廣南為錢五，「其出，視去鹽道里遠近，而上下其估，利有至十倍者」。

62　《宋史》卷二六七《李惟清傳》。

高，無以為食，諸路皆言不便」[63]。百姓淡食的事實，黃庭堅在吉州泰和縣看到。元豐三年至六年（1080 年-1083 年）黃庭堅任泰和縣知縣，奉命推銷官鹽，他在元豐五年四月到鄉村巡察，發現鄉民無錢買鹽，寧肯淡食。他感觸很深，一再在詩中寫道：

「飽食愧公家，曾無助毫末。勸鹽推新令，王欲悼獨活。此邦淡食儉，儉陋深刺骨。公困積丘山，賈豎但圭撮。」（《二月二日曉夢會於盧陵西齋作寄陳適用》）

「窮鄉有米無食鹽，今日有田無米食。」（《上大蒙籠》）

「借問淡食民，祖孫甘餔糟？賴官得鹽喫，正苦無錢刀。」（《勞坑入前城》）[64]

知縣向百姓推銷官鹽，是當時的政令，黃庭堅必須履行職責。山鄉民眾家裡儉樸簡陋極了，因為嚴禁私鹽，非買官鹽不可，但苦無錢，甚至無米下鍋，致使這邊有淡食民，那邊是官倉食鹽堆成山。當是吉州官賣食鹽價高，還與地方官的貪酷有關。吉州元豐間有一任知州「增鹽課二百萬，民已不支，前知府魏綸復增諸縣課九十五萬，民益困。」繼任的知州吳革沒有走前兩位的老路，「悉罷除之」[65]，百姓生活才得稍許改善。

司馬光對官鹽害民之事也有記述：「官自賣鹽，民不肯買，乃課民日買官鹽，隨其貧富作業為多少之差。有買賣私鹽，聽人

63　《宋史》卷一八二《食貨下四》。
64　《黃庭堅選集》第 127-133 頁，上海古籍出版社 1991 年版。
65　光緒《江西通志》卷一三〇。

告訐，重給賞錢，以犯人家財充賞。官鹽食不盡，留經宿者同私鹽法。」[66] 黃庭堅、司馬光二人的敘說，互相印證官賣食鹽的弊害。因鹽政而來的社會問題，激起虔州等地民眾武裝走私食鹽，成了北宋朝野長期議論的大事。

徽宗統治期間，食鹽繼續上漲。政和二年（1112 年），饒州、信州鹽一斤增錢三，江州、南康軍斤增錢四。價格上漲同時，食鹽純潔度卻在下降，豪強又從中挾制敲詐，於是有官賣與通商的反復變動。

## 二　江西州縣的鹽課

鹽課對宋朝財政的盈絀，關係巨大，故此鹽利皆歸「縣官」，不論銷售地面有何種改變，利歸官府是不變的。江西是鹽課徵收的重要地區，各州縣鹽課的實際徵收量，據《國朝會要》（一稱《元豐增修五朝會要》）的記錄，熙寧九年（1076 年）實得一九四點九萬餘貫，具體情況見下表。

---

66　司馬光：《涑水記聞》，卷一五。

表 5.4 江西州縣鹽課表（熙寧九年（1076）年）

| 州別 | 鹽務名 | 鹽課數 | 州別 | 鹽務名 | 鹽課數 |
|---|---|---|---|---|---|
| 江州 | 在城 | 10707 貫 735 文 | 饒州 | 在城 | 88267 貫 433 文 |
| | 零鹽場 | 2042 貫 040 文 | | 樂平 | 26631 貫 782 文 |
| | 德安 | 32681 貫 604 文 | | 浮梁 | 34160 貫 489 文 |
| | 湖口 | 20629 貫 203 文 | | 安仁 | 18943 貫 480 文 |
| | 瑞昌 | 23520 貫 872 文 | | 餘干 | 33541 貫 474 文 |
| | 彭澤 | 18576 貫 479 文 | | 德興 | 14588 貫 768 文 |
| | 德化 | 2091 貫 180 文 | | 景德鎮 | 13494 貫 031 文 |
| | 馬當鎮 | 95 貫 280 文 | | 石頭鎮 | 8358 貫 617 文 |
| | 小計 | 139313 貫 837 文 | | 小計 | 237986 貫 074 文 |
| 吉州 | 在城 | 133510 貫 673 文 | 虔州 | 在城 | 116739 貫 606 文 |
| | 泰和 | 47369 貫 369 文 | | 於都 | 14166 貫 640 文 |
| | 吉水 | 27639 貫 478 文 | | 信豐 | 22464 貫 453 文 |
| | 安福 | 11298 貫 285 文 | | 龍南 | 12382 貫 687 文 |
| | 永新 | 12918 貫 832 文 | | 石城 | 11300 貫 967 文 |
| | 龍泉 | 10874 貫 494 文 | | 興國 | 45651 貫 138 文 |
| | 永豐 | 23054 貫 896 文 | | 虔化 | 28801 貫 242 文 |
| | 永和鎮 | 5825 貫 915 文 | | 瑞金 | 16871 貫 342 文 |
| | 粟傳場 | 1786 貫 233 文 | | 會昌 | 23895 貫 060 文 |
| | 沙市務 | 2333 貫 462 文 | | 於都縣銀場 | 323　045 文 |
| | 小計 | 276611 貫 637 文 | | 小計 | 292596 貫 180 文 |

| 州別 | 鹽務名 | 鹽課數 | 州別 | 鹽務名 | 鹽課數 |
|---|---|---|---|---|---|
| 信州 | 在城 | 40711 貫 096 文 | 洪州 | | |
| | 貴溪 | 32471 貫 335 文 | | 在城 | 143052 貫 356 文 |
| | 弋陽 | 28471 貫 258 文 | | 豐城 | 41864 貫 924 文 |
| | 鉛山 | 22806 貫 843 文 | | 分寧 | 31616 貫 163 文 |
| | 玉山 | 4410 貫 144 文 | | 武寧 | 15912 貫 381 文 |
| | 寶豐務 | 7725 貫 153 文 | | 進賢鎮 | 14399 貫 386 文 |
| | 汭口務 | 12222 貫 400 文 | | 樵舍鎮 | 8530 貫 508 文 |
| | 永豐 | 3231 貫 611 文 | | 小計 | 240990 貫 731 文 |
| | 小計 | 152049 貫 840 文 | | | |
| 袁州 | 在城 | 93633 貫 718 文 | 南康軍 | | |
| | 分宜 | 17873 貫 035 文 | | 在城 | 28490 貫 406 文 |
| | 萍鄉 | 17113 貫 169 文 | | 都昌 | 29436 貫 521 文 |
| | 萬載 | 6252 貫 777 文 | | 建昌 | 39469 貫 011 文 |
| | 小計 | 134872 貫 699 文 | | 小計 | 97395 貫 938 文 |
| 南安軍 | 在城 | 8119 貫 656 文 | 臨江軍 | 在城 | 40293 貫 527 文 |
| | 南康 | 41584 貫 315 文 | | 新淦 | 34885 貫 637 文 |
| | 上猶 | 8262 貫 500 文 | | 新渝 | 16922 貫 868 文 |
| | 小計 | 57966 貫 471 文 | | 小計 | 92172 貫 032 文 |
| 撫州 | 在城 | 80976 貫 369 文 | 筠州 | 在城 | 86344 貫 558 文 |

| 州別 | 鹽務名 | 鹽課數 | 州別 | 鹽務名 | 鹽課數 |
|---|---|---|---|---|---|
| 建昌軍 | 在城 | 28523 貫 758 文 | 歙州 | 婺源縣 | 13707 貫 735 文 |
| | 南豐 | 17719 貫 363 文 | | | |
| | 太平場 | 415 貫 775 文 | | | |
| | 小計 | 46658 貫 896 文 | | | |
| 總計 | | 1949645 貫 070 文 | | 在城 | 904958 貫餘 |

首先，從上表所示州縣所征鹽課，使我們知道江西在淮鹽銷售中的重要地位。大致上每縣有一個鹽務（撫州、筠州不見轄縣鹽務的記錄，但其數額巨大），重要鎮場也有鹽務機構，合計六十九務（含婺源縣），鹽課總數一九四點九六萬餘貫，平均折算，每務得鹽課二八二五五貫餘。治平年間（1064-1067 年），汴京的鹽課為二二七萬貫，淮南、兩浙、福建、江南、荊湖、廣南六路合計售鹽得錢為三二九萬貫[67]。按此折算，江西一九四點九六餘貫占東南六路的百分之五十九點二五，十分突出。神宗元豐以後，淮鹽銷售總額提高，而江西虔州等地改食廣鹽，淮鹽地面縮減，所得鹽課相應下降。

其次，鹽務設置有輕重之分。江州是漕糧、食鹽進出江西的

---

67 《宋史》卷一八二《食貨下四·鹽》。江西鹽課未區分淮鹽、廣鹽行銷區，但不會影響大勢。

門戶所在，鹽務特多，表示著被看重的程度。不僅有「在城」，還有德化縣，這是各州軍中僅見的；還有一個「零鹽場」，也是江西唯一的。撫州、筠州都只一個「在城」，把它理解為州治所在的臨川、高安，那麼撫之崇仁、宜黃、金溪，筠之上高、新昌諸縣，均不見有鹽務。雖然二州「在城」鹽稅都超過八萬貫以上，處於每務平均的鹽課水準，可以理解為包含了所轄各縣的鹽課，但其他各縣不設，則百姓的食鹽供應，與官府的鹽稅徵收，都是不方便。洪州的情況與撫、筠有相似之處，轄縣八個，鹽務只有六個，奉新、靖安二縣沒有反映。洪州作為江西首府，不見它是食鹽轉輸總基地的痕跡；雖有進賢鎮、樵舍鎮鹽務，卻是代替了進賢縣、新建縣的鹽務。

第二，食鹽消耗必然與人口數量相適應。以元豐三年（1080年）江西十三州軍一七一點九九萬餘戶計算，平均每戶負擔鹽課約一點一三貫餘。「在城」鹽課應該是在城人口的表示。表列「在城」鹽課合計九〇四九五八貫餘，占總計的百分之四十六點七六[68]。從「在城」鹽課的數量中，可以探知當時已有較多民戶集中在州軍治所及其附近地區。但是，不能因此套用「城市化」的說法，因為那時州縣治所的居民仍然是農耕為多——二十世紀中期，縣城中的居民還有大批的農業戶——而且「在城」鹽務，承擔著州軍治所的全縣居民的食鹽供應。

---

68　「在城」鹽課合計加入了婺源縣鹽課，如果不計，則占「總計」數的 **46.06%**。

第四，全江西六十九個鹽務中，有馬當鎮、進賢鎮、樵舍鎮、景德鎮、石頭鎮、永和鎮、太平場、雩都縣銀場、粟傳場、汭口務、寶豐務、沙市務等十二個非縣城鹽務，顯示出這些鎮、場的經濟地位不亞於縣城，它們分別以製瓷、採礦、航運碼頭等行業興旺起來，是以手工業、礦冶業為主要，成了一方頗具活力的經濟中心。

## 三 虔州的私鹽與改銷廣鹽

### 1.群體性的食鹽走私

官府劃分食鹽行銷地域與官般官賣政策，利歸國家，朝廷和地方都可得益。然而鹽質差，價格高，官府往往抑配與民，強制購買，致使偏遠鄉民無鹽可食，故百姓願意吃私鹽。另一方面，沿海居民以魚鹽為業，用功省而得利厚，散在海邊，毫無遮攔，由是盜販者眾。「又販者皆不逞無賴，捕之急則起為盜賊。而江淮間雖衣冠士人，狃於厚利，或以販鹽為事。」食鹽，日不可少，人皆必需，實為民生日用與社會經濟的要務，又是國家財政與地方治安的大事。正因如此，淮鹽與廣鹽的銷售地盤之爭，既是北宋朝廷的大政，又是江西地方的大事，有諸多矛盾紐結在一起。在走私這個群體中，「不逞無賴」與「衣冠士人」都參與其中，朝中鹽政的制定就難免「衣冠士人」的影響。圍繞食鹽問題展開的利益爭鬥，錯綜複雜，長期紛擾不定，政策變動頻繁。

江西的食鹽問題，以南部的虔州地區最突出。淮鹽自通州、泰州等地轉運江、洪、袁、吉、撫、虔等州縣，路途遙遠，運費很高，而綱吏舟卒在運輸途中侵盜販鬻，並雜以沙土，湊足短少

了的份量，致使「涉道愈遠，雜惡殆不可食」。但是官鹽賣價卻很高，因此百姓寧願犯禁買私鹽。虔州地連廣南，而福建汀州與虔毗鄰，也不產鹽，故二州民眾多私販廣南鹽消售。官府要禁止，販鹽的就結夥行動，乃至搞武裝自衛，形成群眾性規模：

> 每歲秋冬，田事既畢，往往數十百為群，持甲兵、旗鼓，往來虔、汀、漳、潮、循、梅、惠、廣八州之地。所至劫人穀帛，掠人婦女，與巡捕吏卒鬥格。至殺傷吏卒，則起為盜，依阻險要。捕不能得，或赦其罪招之。歲月浸淫滋多。而虔州官糶鹽歲才及百萬斤，朝廷以為患。[69]

　　江西、廣東、福建三地的食鹽走私，既有一般的經商販運，也有「劫人穀帛，掠人婦女」之類盜寇與走私食鹽兼而有之的。官賣淮鹽數量，不及定額的六分之一（據下文可知虔州定額超過六百萬斤），侵害巨大。大規模的食鹽走私，就民眾而論，有實際的生活需要，而其中又有盜寇摻雜其間。對官府而言，既關係著財政收入，又涉及統治秩序的安危，既要考慮民眾的實際，又丟不料壟斷鹽利的政策。

---

69　《宋史》卷一八二《食貨下四‧鹽》。《續資治通鑒長編》嘉祐七年二月辛巳記事相同。民眾走私販鹽並非虔、汀獨有，蘇軾在元祐四年說「自來浙中奸民，結為群黨，興販私鹽，急則為盜。近來朝廷痛減鹽價，最為仁政。然結集興販，猶未甚衰」。這裡透露一個資訊，朝廷對食鹽壟斷專賣，高價盤剝百姓，是迫使民眾興販私鹽的重要原因。見《蘇軾文集》卷二五，《乞賑濟浙西七州狀》。

自宋初至熙寧年間，一百多年過去，情況毫無改變。淮鹽官賣利益依舊受損，「江西鹽課不登」，地方官吏十分焦慮。熙寧三年（1070年）江西提點刑獄張頡奏報說：「虔州官鹽鹵濕雜惡，輕不及斤，而價至四十七錢。嶺南盜販入虔，以斤半當一斤，純白不雜，賣錢二十，以故虔人盡食嶺南鹽」。

淮鹽一斤賣給四十七錢，廣鹽一斤半賣二十錢，相差了七倍多，而且有「鹵濕雜惡」與「純白不雜」優劣之別，所以「鹽課不登」的問題，自然是出在官府身上。擱置社會政治因素不論，這裡的地理條件也須注意。淮鹽運至虔州，不僅路遠費高，還必經十八灘航道，遭受的損耗可以想見；到達的鹽數量也少，每年僅五十九萬斤，「鹽至虔州不能多，民居遠城郭者常淡食，而盜鹽公行」[70]。官鹽不僅雜惡，而且供應不足，為私鹽公行提供了空間。另一方面，贛粵閩交接地區的山林鳥道，極難稽查，更方便走私透漏。很明顯，淮鹽不宜於此處銷售。

## 2. 改銷廣鹽的變革

宋朝對贛粵閩三地民眾的食鹽走私，多次籌畫對策，銷鹽辦法幾經改變。慶曆中，廣東轉運使李敷、王絲請運廣州鹽于南雄州，以給虔、吉。他們運來了四百萬斤屯於南雄州，而江西轉運司認為不方便，不去取。這次廣東單方面主動調節，夭折了。

皇祐五年（1053年），仁宗詔屯田員外郎施元長會江西、廣東轉運使司商議利害。他們討論的結果還是主張運廣鹽入虔州銷

70　《續資治通鑑長編》卷三一一，元豐四年三月甲子朔夾註。

售。但是，江淮發運使許元以為不可，三司支持許元，堅持淮鹽的地盤不能削減，於是終止。

嘉祐中（1056 年-1063 年），廣東連州知州曾奉先奏請：由商人販廣鹽至虔州、汀州，所過州縣收其算（稅費）。福建汀州知州林東喬奏請：讓虔、汀、漳、循、梅、潮、惠七州鹽通商。但是，真州（今江蘇儀征）通判阮士龍上奏，不要運嶺外鹽入虔州，只需每年運淮南鹽七百萬斤至虔州，兩百萬斤至汀州，使民間鹽充足，寇盜自息。相關地方的官員都提出了自己主張，各為本州著想，難於統一。

在這同時，傳來了「虔州鹽賊戴小八等聚黨攻剽，殺虔化（今寧都）知縣趙樞」的急奏。嘉祐四年（1059 年）六月，朝廷遣司封員外郎朱處約督江南西路兵進討虔州鹽賊。由販鹽走私轉化為攻殺縣官，由討論銷鹽改為進討寇賊，突然加重了虔州食鹽問題的嚴重性，促進了江西食鹽政策的變革。

嘉祐七年（1062 年）二月，命權提點江西刑獄蔡挺，處理鹽事。蔡挺此前知南安軍，瞭解虔州地方實情，曾經條奏鹽政利弊。至是，他下令百姓交出兵杖器械，轉而給巡捕吏卒使用；凡是販鹽不及二十斤，結夥不超過五人，不隨身帶武器的，「止輸算，勿捕」。其次，組織漕船十二綱，每綱二十五艘，集中航運淮鹽，至州乃發；官府驗收之後多出的食鹽，給綱吏舟卒，官府再以半價買回，「由是減侵盜之弊，鹽遂差善」。再次，降低虔州賣鹽價格。朝廷採納了他的辦法，「歲課視舊額增至三百餘萬

斤」[71]。蔡挺的辦法是在保證淮鹽利益不受損害的前提下，少許照顧虔州民眾利益，又給綱吏舟卒適當補貼，改善與加強管理，增加政府收入。

虔州情況好轉，汀州地方的私販活動也在萎縮。過去汀州人欲販鹽，有人事先在山谷中擊鼓，召來夥伴，約定日期，經常是聚攏數百人同行，人多勢眾，足以對抗巡捕吏卒。現在，州縣督責耆保，及時捕捉打鼓者，於是結夥盜販的人逐漸減少。

朝廷以蔡挺辦事能幹，處理鹽政有效，將他留任江西，半年後去掉他官銜中的「權」字，升為正任提點刑獄。治平二年（1065 年）三月蔡挺調任陝西，後繼者不能妥善遵行他的鹽政，情況又逐漸變壞，「其弊如初」，綱卒侵盜與民眾私販依舊盛行，「鹽課不登」。

元豐三年（1080 年），神宗採納提領江西、廣東鹽事塞周輔的意見，允准虔州食廣鹽。《宋史・食貨・鹽》記載塞周輔建議的做法是：「虔州運路險遠，淮鹽至者不能多，人苦淡食；廣東鹽不得輒通，盜販公行。淮鹽官以九錢至一斤，若運廣鹽，盡會其費，減淮鹽一錢，而其鹽更善，運路無阻。請罷運淮鹽，通般廣鹽一千萬斤（許按：應是七百萬斤）[72]於江西虔州、南安

71　《續資治通鑑長編》卷一九六，嘉祐七年二月辛巳。

72　「通般廣鹽一千萬斤」，有問題。據《續資治通鑑長編》卷三百十一，元豐四年三月一日塞周輔言：「通廣鹽於虔州，以七百萬斤為年額，以百十萬斤為準備，南安軍以百二十萬斤為年額，三十萬斤為準備；均虔州舊賣淮鹽六百一十六萬余斤于洪、吉、筠、袁、撫、臨江、建昌、興國等州軍缺鹽賣處，不害淮鹽舊法，而可通廣

軍，複均淮鹽六百一十六萬斤於洪、吉、筠、袁、撫、臨江、建昌、興國軍，以補舊額。」

蹇周輔的政策是既通廣鹽於虔州，又不減江西淮鹽運銷數額，兩邊兼顧，官府獲利不少。據他在元豐四年的奏報：「虔州、南安軍推行鹽法方半年，已收息十四萬緡。」廣鹽在虔州銷售的政策，到此才得確立，經過一百多年的反覆較量，可見變革之難。但是，由於官僚制度的局限，民眾生活的艱辛，廣鹽走私的事情仍然不能斷絕。

徽宗以後，蔡京擅權，鹽法再變。強令民戶交錢認領食鹽。「東南諸州每縣三等以上戶，俱以物產高下，勒認鹽數之多寡。上戶歲限有至千緡，第三等末戶不下三五十貫」。按五十錢一斤鹽折算，從三十貫至一千貫，應認領六百斤甚二〇〇〇〇斤食鹽。完全脫離食用需要實際，明明是強制攤派，勒索民財，「稍或愆期，鞭撻隨之」。鹽政變亂，弊害增多，在食鹽走私的舊事上又加新的禍害。

鹽。」廣鹽與淮鹽的數額相稱，才是合理可行的。

第六章————

民眾生活與
社會風氣

## 第一節 ▶ 關於州縣形勢的評議

### 一 對州縣振興氣象的誇讚

北宋時代的江西諸州縣，在脫卻兵火的百餘年安定環境裡，經濟文化加速發展，由此帶來的社會問題也多。一方面是殷富繁盛，另方面是糾紛鬥訟風起。官府極力要控制江西的財富，州縣官吏又感到難於治理。在一些社會名流的眼中，江西一些州的形象是：

洪州：

王安石的描述是：「拂天高閣朱鳥翔，西山蟠繞鱗鬣蒼。下視城塹真金湯，雄樓傑屋鬱相望。中戶尚有千金藏，漂田種粳出穰穰。沉檀珠犀雜萬商，大舟如山起牙牆。輸瀉交廣流荊揚，輕裙利屣列名倡。……地靈人秀古所臧，勝兵可使酒可嘗。十州將吏隨低昂，談笑指揮回雨陽。」[1]

曾鞏向人介紹說：洪州「其部所領八州，其境屬於荊閩南粵，方數千里。其田宜秔稌，其賦粟輸於京師，為天下最，在江湖之間，東南一都會也。」[2]

饒州：

鄱陽位鄱陽湖東岸，是進出饒河、昌江的總碼頭，為魚米之鄉，素稱富實之地。宋太宗時，居民甘紹，「積財鉅萬」，知州

---

1　《王公文集》卷二十四《送程公辟之豫章》。
2　《曾鞏集》卷十九《洪州東門記》。

範正辭對太宗說：「東南諸郡，饒實繁盛。」[3]湖濱水產豐足，「魚蝦何足道，厭飫但覺腥盤杯」[4]。魚蝦多得不值錢，讓人不把魚產當財富，然而對普通民眾，卻是尚好的生活資源。其文化水準高，輿論認為「鄱陽為郡，文物之盛，甲於江東」[5]。「江西既為天下甲，而饒人喜事，又甲於江南。」[6]富庶而文教昌盛是必然發展趨勢。全面記述饒州鄱陽風土人物的，要算餘干縣進士都頡寫的《七談》。據洪邁介紹，都頡在元祐六年（1091 年）寫成此文，共分七章：

「其一章，言澹浦、彭蠡山川之險要，鄱君之靈傑。其二章，言濱湖蒲魚之利，膏腴七萬頃，柔桑蠶繭之盛。其三章，言林麓木植之饒，水草蔬果之衍，魚鱉禽畜之富。其四章，言銅冶鑄錢，陶埴為器。其五章，言宮寺游觀，王遙仙壇，吳氏潤泉，叔倫戴堤。其六章，言鄱江之水。其七章，言堯山之民，有陶唐之遺風。」雖然只有這些章目，卻仍然可以窺見饒州物產與人物之富盛。

撫州：

百餘年的生產開發，成長起一批大農、富工、豪賈之家，王安石道：「撫之為州，山耕而水蒔，牧牛馬，田虎豹，為地千

---

3　《宋史》卷三百四《范正辭傳》。
4　《歐陽脩全集・居士集》卷八《盆池》。
5　張世南：《游宦紀聞》卷一。
6　洪邁：《容齋隨筆・四筆》，卷五《饒州風俗》。

里，而民之男女以萬數者五六十，地大人眾如此。」[7]

袁州、筠州：

真宗景德年間知州楊侃認為：「袁之於江南，中郡也，地接湖湘，俗雜吳楚，壤沃而利厚，人繁而訟多。自皇宋削吏權而責治術，天下之郡，吉稱難治，而袁實次之。」[8]

筠州與袁州密邇相接，地理環境與人文狀況一致，人們既看到其閉塞，又注意了在北宋時期獲得的開發進步。哲宗紹聖四年（1097 年），孔武仲評議說：「筠，江西支郡，始者市區寂寥，人物鮮少，近歲乃更昌大蕃富。其屬邑布在險阻，樂歲粒米狼戾，而四方商賈不能至，困倉之積，守之至白首而不發，苟治之有方，足以無事。」[9]蘇轍兩次貶高安，瞭解當地民風實情，他寫親身見聞說：「高安郡本豫章之屬邑，居溪山之間，四方舟車之所不由。水有蛟蜃，野有虎豹。其人稼穡漁獵，其利粳稻、竹箭、梗楠、茶、櫧，民富而無事。然以其險且遠也，士之行乎當時者不至於其間。」[10]可見，筠州物產豐盛，但交通不便，社會名望不高，官紳名流不去。

袁州萍鄉縣，仁宗時有使臣范延貴押兵過萍鄉，見「驛傳、橋道皆完葺，田萊墾辟，野無惰農。及至邑，則郭肆無賭博，市易不敢喧爭。夜宿邸中，聞更鼓分明。以是知其必善政也。」這

---

7　《王安石全集》卷八三《撫州通判廳見山閣記》。

8　光緒《江西通志》卷六七，楊侃《增修郡廳記》。

9　孔武仲：《筠州無訟堂記》，見《清江三孔集》卷一四。

10　《三蘇全書・蘇轍集》卷八三《筠州聖壽院法堂記》。

位使臣憑此判斷，現任萍鄉知縣張希顏是好官員[11]。張知縣有此政績，范使臣憑此評人，都值得借鑒。

虔州，南安軍：

它們本是一個地理單元，雖然比較偏遠，整體開發比較落後，但是戰略地位重要，而且辦學的積極性也高。北宋中期，包拯指出：「虔州據江表上游，南控嶺嶠，兵民財賦素號重地；累歲賊盜充斥，如類行者，結集群黨，大為民害，近方稍息。」[12]王安石寫道：「虔於江南地最曠，大山長穀，荒翳險阻，交廣閩越銅鹽之販，道所出入，椎埋，盜奪，鼓鑄之奸，視天下為多。」[13]但郡人辦學的積極性高。蘇軾說南安軍官學辦得好，甚至說南安之學「甲於江西」。虔州的社會情狀，人們談論多的是食鹽走私，而王安石卻點出這裡還有銅走私與「鼓鑄之奸」，這是值得探討的問題。

吉州：

自唐以後就譽為富裕之州，民眾「尚氣喜訟」，號為「難治」。歐陽脩向人談起家鄉，總好說土特產，如在朝中介紹金桔，又賦詩曰：「為愛江西物物佳，作詩嘗向北人誇。青林霜日換楓葉，白水秋風吹稻花。釀酒烹雞留醉客，鳴機織苧遍山家。野僧獨得無生樂，終日焚香坐結跏。」[14]描繪出一幅安詳富裕的

11  魏泰：《東軒筆錄》，卷十。四庫全書本。
12  《包孝肅奏議》卷三《請選人知虔州》。
13  《王安石全集》卷八二《虔州學記》。
14  《歐陽脩全集·居士集》卷十四《寄題沙溪室錫院》。

田園風光。

## 二 對州縣實際情況的議論

上節詩文對洪、饒等州的正面誇讚，強調了經濟發達、航運便捷、地方富實、民生安定的一面，有的出於感情因素，不免有過譽成分。然而，我們必須注意分寸，明察其相對性。即如舟船的便捷，僅是與崎嶇陸路比較而言，若是想到全靠船工撐篙，或風吹漂流，其艱難與無賴，決非靜室中所能比喻的。風停時節，順水還可憑流水的衝力向前，逆水則撐篙的在船兩邊舷板上來回使勁強走，拉縴的在沙灘中或山崖峭壁上奮力跋涉。「逆水行舟，不進則退」，多少個船工的勞累汗水與精力疲憊，才換得人生這句格言。北宋江西航運的便捷，只能處於人的體力與經驗所能達到的程度。

當時的學者們還從另一個側面觀察，表述過江西州縣的又一種實情。兩種情狀合看，就可得到比較更全面的印象。李覯對吉州、虔州的議論是：

南川自豫章右上，其大州曰吉，又其大曰虔。二州之賦貢與其治訟，世以為劇，則其民旴眾夥可識已。雖然，吉多君子，執瑞玉，登降帝所者接跡，虔無有也。疑其傯南越，襲瘴蠱餘氣，去京師愈遠，風化之及者愈疏，乘其豐富以放於逸欲，宜矣。[15]

---

15 《李覯集》卷二三《虔州柏林溫氏書樓記》。中華書局 1981 年版，第

吉、虔二州的共同點是稅賦重，民尚訟，由此反映出民阜眾夥，勞動力充足。不同點是吉多文化名人，而虔少。虔州落後的原因，是山林閉塞，俗近嶺南，而與京師遠隔，儒家文化傳播慢。這幾點分析，李覯用「疑」字表示不確定，是自謙。仔細推敲虔州地情，發現這是平實之言。對吉州也需從兩方面分析，正如呂祖謙所說：「盧陵介於楚甸，土膏而人瘠，物夥而俗貧；萬里連甍，剽奪時鳴於桴鼓，千艘銜尾，轉輸日困於舳艫。」[16] 他很辯證地看到吉州「土膏而人瘠，物夥而俗貧」、「轉輸日困於舳艫」的實際，因繁盛而帶來沉重的賦稅負擔，生產雖然發達，眾多的下層民眾卻生活貧苦，鋌而走險者的「剽奪」不時出現，旺盛與困苦總是相互依存著的。

　　關於建昌軍，李覯期待家鄉振興，他不去誇飾，而是指出其不足的一面：

　　「建昌軍距行在三千里，浮汴、淮、江湖，不幾月不至，……屋數十個，蓋偽李氏時作，其壽將百年。度制卑阨，尤不稱事。……匪夷匪蠻，匪海山瘴蠱之地，獨無富侈之資以奉俊良，使永永來，為人父母，誠可歎已。」[17]

　　建昌軍與撫州的地理條件、生產水準是一致的，屬同一個歷史地理單元，正如李覯所說這裡不是夷蠻之區，不是煙瘴之地，

253頁。

16　呂祖謙：《東萊呂太史文集》，卷二《代倉部知吉州謝表》。

17　《李覯集》卷二三《建昌知軍廳記》。

為什麼官署屋既不多，且百年不修，陳舊卑陋。李覯的平民身分，以及在鄉間的生活實踐，使他有濃厚的憂患意識，更加關注去弊圖新。

對任一個州縣的發展形勢，都可以從不同角度評議，又都需要把握優勢與不足兩方面。蘇軾關於虔州八境圖的見解最值得我們品味。虔州知州孔宗翰畫了一幅山水圖，將在虔州城樓上所見八方之景描繪下來，請軾賦詩。其詩序說：「此南康之一境也，何從而八乎？[18]所自觀之者異也。……凡寒暑朝夕，雨暘晦冥之異，坐作行立，哀樂喜怒之變，接於吾目而感於吾心者，有不可勝數者矣，豈特八乎？」對社會百態，觀察者的角度不同，見解各異，自有其道理，卻不能偏執，以一概全，把一景絕對起來而不顧其他方面。「景由心生」，從取景角度而論，不無道理，但觀者之所見，不等於是所觀物件之全貌。

蘇軾的見解既深刻又符合實際。試以曾鞏為例，他寫的另外兩篇文章，便不是頌揚的格式，而是談具體問題。他說撫州：「撫非通道，故貴人蓄賈之遊不至。多良田，故水旱蟊螣之災少。其民樂於耕桑以自足，故牛馬牧於山谷不收，五穀之積於郊野者不垣，而晏然不知抱鼓之警，發召之役也。」[19]這裡雖無批評的話，卻凸現封閉冷僻之像。牛馬不收，五穀不垣，雖是社會安寧的表現，卻有民少交往、保守自足之缺陷。

---

18　《三蘇全書・蘇軾詩集》卷十六《虔州八境圖八首・序》。

19　《曾鞏集》卷十八《擬峴台記》。

曾鞏說分寧縣：「分寧人勤而嗇施，薄義而喜爭，其土俗然也。……富者兼田千畝，廩實藏錢至累歲不發，然視捐一錢可以易死，寧死無所捐。……父子、兄弟、夫婦，相去若奕棋然。……常病其未易治教使移也」。[20]寫了分寧人勤勞，善於生產，又說他們喜爭好訟，小氣吝嗇，甚至「父子、兄弟、夫婦，相去若奕棋」，描繪細緻，優劣兼備，由此再說他們虔誠敬佛，慷慨施捨寺僧（此部分文字詳後），這種複雜矛盾而有特性的民情，讓讀者加深了對分寧的瞭解。分寧為曹洞、黃龍兩大禪宗祖庭之地，雲集的高僧與不斷的香火，給民眾的影響確非一言可了。

饒州德興縣，在熊本筆下它是靜謐、富足而俗尚奢靡之區。他為德興著姓萬氏新建的樓閣定名「安靜閣」，其《安靜閣記》曰：「番之東邑，曰德興，其境眾山之所環也。民耕於山間，泉甘而土腴，歲常豐美，不知有水旱之戚。其地之所出，則又有金銀銅冶之饒，岩崖溪穀往往夜見寶氣。汰砂掊壤，則非常之珍可致也。故邑雖小而多富室。然習俗奢侈，喜以居宇相娉，高門華屋，雄樓傑閣，金碧丹雘之麗，鱗差而櫛比也。」[21]德興這個礦冶大縣的特徵，在熊本的筆下得到充分的體現，因「金銀銅冶之饒」而多富室，民俗「奢侈」，證據之一就是以屋宇相尚。由富

20 《曾鞏集》卷一七《分寧縣雲峰院記》。
21 孫以剛：《宋熊本撰文的〈安靜閣記〉碑》，載《江西文物》1991 年第 1 期。該碑 1980 年出土於德興縣花橋鄉黃柏洋村，江西光學儀器總廠基建工地。

而奢，無可厚非；富而不擾民，讓地方安靜，是百姓之願。

南安軍大庾縣，既是嶺路要衝之地，又居偏遠山區，獄訟多而難得公平審理，文教滯後而神廟猥多。至道中（約996年）知軍李夷庚（隴西人）「雪冤獄二百餘人，毀淫祠四十餘所」。後來周敦頤為南安軍司理，仍然以堅持依法量刑，公正審案，使苛刻的上官感悟，「囚得不死」。另一位知軍祝深（三衢人），在南安立下的施政規條是：「修學化俗，飭吏愛民，清訟省困，節用下士，歲豐時和」。[22]顯然，官府行政的改善，是地方進步的首要條件。

上述諸端，都只是大概之論，具體到某一人，情況就各有不同。例如，洪州上奏：分寧縣民彭泰，因入山伐薪，為虎所齧，「其女能不顧身，持刀斫虎，卒奪父命。雖古烈女，殆不能過，請加旌錄。」遂賜米二十石、絹二十匹，仍令州縣歲時存遇之[23]。此等父女之情，比較「相去若奕棋」的關係，是決然不同的兩種精神境界。南康是南安軍的屬縣，行政地位次於大庾，然而，景祐間年（1034-1038年）知縣陳升之「首建學，營文廟」，卻也不晚；仁宗朝征儂智高，大兵過梅嶺，南康民袁樂「仗義助谷二千石」。[24]僅此而論，南康富裕戶既有實力，又有見識。

---

22　同治《南安府志》卷十五《名宦》。
23　《續資治通鑑長編》卷一九四，嘉祐六年八月辛未。
24　同治《南安府志》卷十七《輸賑》。

## 第二節 ▶ 佃客的地位及官私剝削

### 一 佃客的人身地位

從經濟活動方面看，「江西人以能幹運者為『作經記』。」意思是善於經營，聚斂錢財，發家致富的人。而將受人雇傭的勞力者稱為「客作兒」，而且是罵人的稱呼。撫州崇仁縣人吳曾寫道：

「江西俚俗罵人，有曰『客作兒』。按，陳從易寄荔（枝）與盛參政詩云：『……枇杷客作兒。』盛問其說，云：『……枇杷核大肉少，客作兒也。』凡言客作兒者，傭夫也。」[25]

客作兒，是傭夫，他們身體清瘦，骨頭突出，可見生活艱苦；但被人賤視，故成了罵人的稱謂。客作兒之中，以傭耕的佃戶居多數。

客作兒、客戶、佃戶，一般說來是同義語。客戶沒有自己的農田，靠租地耕種為生。李覯說：「貧民之黠者，則逐末矣，冗食矣；其不能者，乃依人莊宅為浮客耳。」[26]這些無地貧民，老實而淳樸，無立錐之地，「乃依人莊宅為浮客」。這些種田的佃客，人數眾多，在江西總戶數中的比例，太宗時期為百分之三十九點四五，神宗時期為百分之三十點八八，數量有所減少，而比

---

25 吳曾：《能改齋漫錄》，卷二《俗罵客作》，上海古籍出版社，1979 年新一版，第 34 頁。
26 《李覯集》卷一六《富國策第二》。

重仍不輕。（各州軍的具體資料，見本書第二章第二節）

　　江西客戶的比重擺在北宋各路中衡量，處於中下位置。太宗時期諸道總計客戶占總戶數的百分之四十二，超過此平均數的有山南、隴右、淮南三道，更低的為河東、嶺南、河北、劍南、江南、關西六道；江南道的客戶占百分之四十，下屬四十八州軍，低於此者十八州軍，其中江西四個（虔、饒、筠、洪）。神宗元豐間的諸道總計為百分之三十一，江南西路超過，為百分之三十六；與周邊各路比較，高於江東（16）、兩浙（21）、福建（35），低於荊南（44）、荊北（41）廣東（39）[27]；以江西地區十三州軍論，在東路的江、饒、信、南康都低（依次為 20、18、17、21），在西路的南安、建昌、臨江軍、虔、洪州也低（依次為 5、22、24、17、30），故而合計比重為百分之三十點八八。這大批佃耕者，是社會經濟的主要承擔者，但自身貧寒，法律地位低下。

　　宋代佃農、客戶的生活實情，他們與地主之間的雇傭隸屬關係，現有資料（包括史料與現當代研究成果）中缺乏貼切而具體的內容，研究者藉以分析的素材，是從多方收集到的細節中綜合而得的。下面依據幾則帶普遍性的史料，作一些原則性的說明。

　　第一，北宋時代的佃農（客戶）租種土地，需要立下契約。太宗太平興國七年（西元 982 年）十二月詔：「諸路……分給曠

---

27　諸道資料都用梁方仲《中國歷代戶口、田地、田賦統計》甲表 35、36 中的。其中元豐數為《文獻通考》卷一一《戶口二》所引畢仲衍《中書備對》，王存《元豐九域志》之數與此有一定的差異。

土，召集餘夫，明立要契，舉借種糧，及時種蒔，俟收成依契約分。」[28]這是國有土地召民耕種，要公開立契約，收成之時分配果實要依照契約預定的辦法分。表明出租者和佃種者雙方都須遵守契約，權利比較平等。這種契約關係由朝廷發布，具有合法的政府效力。使用範圍是「諸路」，不受地域限制，江西地區必然也是如此。

國有土地也就是官田，其名目可類分為職田、屯田、學田、沒官田等，在江西地區一般都有。職田是官吏俸祿的一部分，學田為官府撥給州縣學校的田畝，二者都是出租給農民耕種。屯田，初時本為駐軍屯種，關涉邊防利害，但內地的屯田卻隨著時間推移，逐漸變為一般的官田，出租給農民耕作，乃至成為佃耕者的世業。政和元年（1111年）吉州知州徐常奏報說：

諸路惟江西乃有屯田非邊地，其所立租則比稅苗特重，所以祖宗時許民間用為永業。如有移變，雖名立價交佃，其實便如典賣已物。其有得以為業者，於中悉為居室、墳墓，既不可例以奪賣，又其交佃歲久，甲乙相傳，皆隨價得佃。[29]

信州上饒有官莊，其權屬也在轉移變換中。仁宗時，江南體量安撫使韓絳到信州巡察，發現「信州官莊四百頃，以衙前四十

---

28　《宋會要輯稿》食貨六三之一六二。
29　《文獻通考》卷七田《賦考七・官田》。

人假官牛以耕，牛死，輸課不已，人至破產，公減其課，召民願種者與之」[30]。

吉州屯田與上饒官莊，都逐漸向民田轉化，但是占佃者沒有完整的所有權，故說「便如典賣己物」；「民願種者與之」，是原本作為徭前的一種回報，但後來卻反受其害，因而逐漸像民田一樣經營。吉州屯田在佃戶轉換時，也立契約，也可以買賣，這就和民田無異，通過「立價交佃」，「隨價得佃」。所謂「祖宗時許民間用為永業」，是因其向佃戶收取的租額「比稅苗特重」。由此可見，朝廷所有的官田、屯田，實際都採用民間的經營方式，契約租佃關係已是普遍存在的事實。

第二，客戶與土地所有者（地主）的關係逐漸鬆弛，有遷移的人身自由。宋代的佃客在法律上還沒有完全的人權，比田主低一等，「佃客犯主，加凡人一等；主犯之，杖以下勿論，徒以上減凡人一等。謀殺盜詐，有所規求避免而犯者，不減。因毆至死者不刺面，配鄰州，情重者奏裁」[31]。封建法制在基本點上維護著官紳地主對佃客的奴役權利。然而，另方面又有鬆動，宋代的佃客應該看作是佃農，不是農奴。仁宗天聖五年（1027 年）十一月的詔令說：

詔江淮，兩浙，荊湖，福建，廣南州軍：舊條私下分田客非

---

30　范純仁：《范忠宣公全集》，卷一五《韓絳墓誌銘》。
31　《宋史》卷一九九《刑法志》。

時不得起移，如主人發遣，給與憑由，方許別往，多被主人折勒，不放起移。自今後客戶起移，更不取主人憑由，須每田收田畢日，商量去往，各取穩便。即不得非時衷私起移，如是主人非理攔占，許經縣論詳。[32]

　　這條詔令的頒佈，是對早已廣泛存在的既成事實的承認，但又是這種社會現象合法化的權威性標誌。它涉及江南廣大州縣，江西地區自然不能例外。北宋前期，田客沒有「起移」的權利，人身受田主束縛，因此引發佃客各種形式的反抗鬥爭。自此以後，佃戶與田主之間改變為「商量去往」，田主不能「非理攔占」。官府承擔起保護田客起移權的責任，雖然仍有待「收田畢日」的前提條件，卻不需要田主的「憑由」。這個法令，將可以制約不法田主，減少田主「折勒」刁難佃戶的事情。政策上的這種轉變，證明野蠻的封建人身束縛放鬆了，客戶（佃農）的法律地位有所提高。這是佃客長期抗爭的結果，是社會經濟日趨活躍之後出現的客觀變化，有利於農業生產的發展，有利於農村勞動力向城鎮手工業領域轉移，是社會進步歷程中的標誌性事件。

　　國家的政策促使主佃關係進一步鬆弛，提高了佃客生產積極性，符合社會發展需求。變化了的現實，必然引起人們觀念跟著轉變，在一些開明的士大夫言論中，已經流露出更加看重佃客的意向。蘇軾說：

---

32　《宋會要輯稿》食貨一之二四。

「客戶乃主戶之本，若客戶闕食流散，主戶亦須荒廢田土矣！」[33]

王岩叟元祐元年（1086 年）向哲宗奏報說：「富民召客為佃戶，每歲未收穫間，借貸賙給，無所不至，一失撫存，明年必去而之他。」[34] 他們表達的雖然都是田主為自身利益著想，即「本望租課，非行仁義」。但認識到「客戶乃主戶之本」，將客戶的智力、體力勞動置於農業生產的首位，這是佃客地位提高的反映。佃客在農業生產中的作用更受重視之後，才會有富民態度的好轉，才會有佃戶自身的覺悟。「一失撫存，明年必去而之他」，是對勞動力價值的自我認識。一個社會的財富觀念，由對物的崇尚，轉變為對人、對勞動力的珍視，它就獲得了持續發展的動力。應當承認，北宋社會生產力空前提高，生產關係中的新轉變，都與主佃關係中奴役成分的削弱，存在直接的或間接的因果聯繫。

## 二　豪強地主對農民的欺壓

佃客所受的人身束縛的放鬆，法律地位的提升，不會均衡地在各地推進，各地實際存在的主佃關係都是因地而宜，永遠存在地區差異。佃耕者主要是沒有土地的客戶，也有少地而貧瘠的主

---

33　《三蘇全書 · 蘇軾文集》卷三六《乞將損弱米貸與上戶令賑濟佃客狀》。

34　《宋會要輯稿》食貨一三之二一。

戶，他們依舊是社會的弱者，在遭受豪強地主的欺壓剝削方面，依舊是最深重的。李覯描述他們的生活狀況是「耕不免饑，土非其有；蠶不得衣，口腹奪之也。……巨產宿財之家，谷陳而帛腐。傭饑之男，婢寒之女，所得弗過升鬥尺寸。」[35]李覯沒有宦游四方，一輩子在家耕讀，是布衣士人，他最熟悉的是建昌軍的百色人等，所以他論述到的民情都包含了他的家鄉。廣而言之，眾多的貧窮農民，有的佃耕傭作，有的離開土地，或挖礦冶鑄，或燒製陶瓷，還有的成了富豪家裡的婢僕。

聚焦於南城一地，這裡還有豪強大戶奴役很多養女，招兵入贅，侵吞贅婿衣糧、奴役養女紡織的奇異剝削現象。皇祐四年（1037 年）十一月，丁憂在家的李覯寫信給江南西路安撫使孫沔，內中說：

大凡從軍，多是單獨，初來營壘，未有妻孥，居則無屋，用則無器，於是兼併者得將養女召為贅婿。今朝有室，明日上綱，在路日多，住家時少，故其一女可當數夫。既以家口為名，即是衣糧入己。嘗見一家養十二、三女，請五十餘分，而所養女日夜紡績，與其家作婢耳。」[36]

這種豪強兼併之家，是在做人口生意，以出賣養女肉體作釣

35　《李覯集》卷二十《潛書·一》。
36　《李覯集》卷二八《寄上孫安撫書》。

餌，在侵吞兵卒衣糧的同時，並獲得紡績奴婢，補充其家庭手工勞作的勞動力。在這裡，養女的人身地位受到束縛，兵卒的流動性成了他們被利用的條件。「兼併者」既侵吞兵卒的衣糧，又使養女成為終身奴婢。

江西是農業生產力巨大的地區，而佃客小民在豪強大戶欺詐之下，往往田產被霸佔而破產；或訴訟之時不熟悉門徑，更因官吏與豪富糾結，雖有理卻敗訴；若再遇水旱災荒，這些窮民更是飽受流離失所之苦，甚而賣兒女，轉死於溝壑。例如虔州，熙寧間「會江西饑歉，民多棄子於道上」，全賴知州劉彝出官米招人收養，每日二升，「細民利二升之給，皆為子養」，才倖免於難[37]。在南城，人們也看到：

東家賣兒價何卑，西家棄婦聲更悲。
得錢未足三日飽，既別豈有歸來時。
山如高城路如線，回首難言淚盈面。
螻蟻溝渠處處同，短長不復能相見。[38]

貧民賣兒、棄婦之類的悲劇，與豪強的富盛同時存在。對建昌軍地區兩極分化的發展趨勢，李覯有個概括性說法：「產業家

---

37　魏泰：《東軒筆錄》，卷九。四庫全書本。
38　呂南公：《灌園集》，卷四《別離》。

家壞，誅求歲歲新」，「朱戶仍奢侈，柴門轉寠貧」[39]。這種社會弊端不只存在於南城，其他通都大邑都有，貧與富分化懸殊的社會景象是「處處同」的。

　　鄉間一般農民的生活狀況，在士大夫的詩文中也有所反映。洪州分寧縣，農民雜殖五穀，男女勤勞，而民眾最祈盼的是米價不要太高。黃庶《草市》曰：

　　「街市柴魚集，應山雞犬號。問知人苦樂，米價不多高。」

　　農民不論是在家種田，或是應募當兵，都處於貧苦之中，若遇水旱災荒，便有家破人亡之禍。新喻劉敞《農父》曰：「入水作田，上山伐薪。人世幾何，終歲苦貧。安有靈藥，化為羽人。呼吸光景，為君外臣。」——作田，砍柴，下水，爬山，一年到頭，總是苦、窮。無窮的現實失望，驅使苦難者企求靈丹妙藥，變成神仙，只呼吸空氣過日子。這種嘲諷，是對貧富不公的控訴。

　　「鳥飛不遠，暮還其宅。我獨匪人，去從兵籍。釋棄耒耜，顧貪朝夕。轉徙異方，終世為客。」——農民戀土，不棄家園。卻被編入兵籍，丟掉鋤頭，轉徙異方。可是，在家的農民也難安生，他們有另外的苦楚。其《農哀》曰：

　　陰陽失常度，水旱互為災。歲暮不成耕，閭裡自相哀。相哀竟何奈，田野棄汙萊。欲行關租急，欲居兵賦催。同知羅憂患，

---

39　《李覯集》卷三六，《村行》。

誰復念嬰孩。往往遺渠溝，顧之淚如頹。國庾須積粟，國帑須羨財。大臣職富國，爾命自宜哉。[40]

——遇到水旱災，田地荒蕪了。想去逃荒，但「關租急」；留下來，又要「兵賦催」。逃難中顧不了嬰孩，只有丟棄溝渠！朝廷要糧、要錢，大臣的職責就是讓國庫充足！你們的命註定是這樣！

朝廷在災傷年份，常有所謂蠲減田賦的詔令，然而地方官府並不執行，仍然催徵誅求，農民照舊受到追租之苦，倘若申訴，必受鞭打。曾鞏《追租》曰：

耕耨筋力苦，收刈田野樂。……胡為此歲暮，老少顏色惡？國用有緩急，時議廢量度。內外奔氣勢，上下窮割剝。今歲九夏旱，赤日萬里灼。陂湖麼埃壒，禾黍死磽确。眾期必見省，理在非可略。謂須倒廩賑，詎止追租閣。吾人已迫切，此望亦迂邈。奈何呻吟訴，卒受鞭捶卻。寧論救憔悴，反與爭合龠。問胡應迫，久已罷匪洇。計須賣強壯，勢不存尪弱。去歲已如此，愁呼遍郊郭。饑羸乞分寸，斯須死笞縛。……[41]

---

40 轉引自《農業考古》2006 年第 1 期，孫開鈴《宋代詩詞農事錄》，劉敞《公是集》不見《農父》、《農哀》。

41 《曾鞏集》卷第四。中華書局 1984 年版，第 51 頁。

——大旱之年，本該「倒廩賑」，豈只是漸緩徵租。可是，一派「上下窮割剝」的氣勢，哪裡談得上「救憔悴」！去年已如此，今年又加深，只有賣強壯，丟老弱，死路一條。曾鞏在這裡既是對民眾的同情，又是對官府的拷問。

　　農民「上山伐薪」，是要彌補「入水作田」的不足，可是賣柴時的遭遇更令人寒心。南城呂南公《老樵》曰：

> 何山老翁鬢垂雪，擔負樵蘇清曉發。
> 城門在望來路長，樵重身羸如疲蹩。
> 皮枯亦複汗淋瀝，步強遙聞氣嗚咽。
> 同行壯俊常後追，體倦心煩未容歇。
> 街東少年殊傲岸，和袖高扉屬聲喚。
> 低眉索價退聽言，移刻才蒙酬與半。
> 納樵收值不敢緩，病婦倚門待朝爨。[42]

　　——一幅瘦弱老農賣柴的畫卷。白髮柴重，皮枯汗多，強走氣粗，細聲索價，只得半價，即便疾回，因為病妻在家，無米下鍋。就靠賣柴的一點錢換米度日，能不清晨快步，強勁硬拼，雖然皮焦骨瘦，也不敢稍微歇息。廣泛存在的這些民瘼，飽食官祿的公卿們處之泰然。

### 三 官府的賦役剝削

宋人言：「古者刻剝之法，本朝皆備」，江西的實際情況證明此話不虛。北宋對前代的繁苛剝削條目去掉了一些，但大多數仍舊沿襲了下來。朝政中的弊病，到了州縣下面其害更甚。歐陽脩景祐三年（1036年）貶為夷陵（今湖北宜昌）知縣，發現「夷陵雖小縣，然爭訟甚多，而田契不明。避遠之地縣吏樸鯁，官書無簿籍，吏曹不識文字。」於是有「枉直乖錯，不可勝數。以無為有，以枉為直，違法徇情，滅親害義，無所不有。且以夷陵荒遠偏小，尚如此，天下固可知矣」[43]。吏治敗壞的現象，江西亦不能倖免，比如廬陵縣「吏胥視民為俎豆，執鞭者眾，羊失其牧，歲歲仍饑饉，夜有枹鼓，不治聲聞京師」[44]。

為什麼州縣吏治如此敗壞？北宋前期，繼承了五代時期的弊政，那時「任官不權輕重，凡曹椽、簿尉有齷齪無能，以至昏老不仁驅策者，始注為縣令，故天下之邑率皆不治，甚者誅求刻剝，猥跡萬狀」。直到范仲淹慶曆革新之時，才有所改變[45]。但是問題並沒有完全解決，正如王安石所說：州縣之吏出於「流外」，「固已擠之於廉恥之外，而限其進取之路矣。顧屬之以州縣之事，使之臨士民之上，豈所謂以賢治不肖乎？」他們人數很

43　《歐陽脩全集・居士外集》卷十七《與尹師魯書》。吳曾《能改齋漫錄》卷十三《歐陽公多談吏事》。上海古籍出版社1960年版，第393頁。

44　《黃庭堅全集・正集》卷十七《吉州西峰院三秀亭記》。

45　魏泰：《東軒筆錄》，卷三。

多，「可屬任以事者，殆無二三；而當防閑其奸者皆是也」**46**。
這些州縣吏員沒有俸祿，全靠敲詐作奸為生，此即「擠之於廉恥
之外，而限其進取之路」。後來變法，王安石即注意解決這批胥
吏的官俸開支。州縣吏出於流外，是北宋普遍存在的政治大患。
歐、王二人論及的弊害，由來已久，各地皆是，江西地區自不能
倖免。

1. 賦稅　賦稅的名目很多，官田（有官莊、屯田、營田三
類）由農民耕種，收其租；民田征田稅。城郭徵收屋稅，地稅。
丁口要交身丁錢、米。還有雜變之賦，分牛革、蠶鹽、食鹽等
項，隨其所出，變而輸納。徵收之時，分夏秋兩次交納，統稱二
稅。夏稅錢，或納布帛；秋稅米。稅米又叫苗米，故合起來稱夏
稅秋苗。交納的地點一般是固定的，但常有以「有餘補不足」的
要求，需移此輸彼，或移近輸遠，稱「支移」，這就增加了運輸
費用。還有「折變」，因一時需求，將原定的此物變換為彼物，
或將物改為錢、把錢變為物徵收，在這種變換之中，又要承受差
價負擔。秋糧稅額一般為畝稅一斗，熙寧十年（1077 年），江南
西路現催額二二〇六二五貫匹石兩斤領，其中交納夏稅七四八
七二八貫匹石兩斤；秋糧為一四七一九三七貫石斤領。按元豐三
年（1080 年）江南西路主戶八七一七二〇計算，平均每戶負擔
夏稅〇點八六貫匹石兩斤；秋糧一點六九貫石斤領**47**。宣和七年

46　《王安石全集》卷三九《上仁宗皇帝言事書》。
47　《文獻通考》卷四《田賦考四》；卷十一《戶口考二》。宋代財政統

（1125 年）軍器少監呂源言：江南東路信州額理秋苗十萬八千餘碩[48]。按元豐初年信州主戶一〇九四一〇計算，每戶平均負擔〇點九八碩。比較江南西路與信州的二稅輕重，後者的秋稅為預定數額，少於一碩，前者是實收數量，遠遠超過一石，反映出額外徵收嚴重的事實。此外，還有義倉米，每稅斗一石納義倉米一升。義倉米收入常平倉，由各路的常平司掌管，規定為賑災之用。

夏稅秋糧有定額，徵收之中的苛剝無止境，就看當事官僚如何處置。英宗時期，江西連年饑荒，官府不但不給減緩，卻要「征民積歲賦」；民戶輸納的紬絹長度差一點的，「舊責以滿匹」，一定要更換足夠一匹長的。新來的江西轉運使張洞決意革除此弊，上奏獲准，免徵積欠賦糧；「不中度」的紬絹，「命計尺寸輸錢，民便之」[49]。

還有折變，實物輸納之時改納現錢，卻會增加。熙寧三年（1070 年）御史中丞呂公著《上神宗論江西重折苗錢》指出：「臣竊聞江南西路去年米價，每斗約四十五以來，轉運司和糴五十以來，所有人戶合納苗米，卻令納一色現錢，每斗九十以來，比市價增及一倍，比和糴價亦增四十有餘。」[50]如此苛重的折變，實屬罕見。

---

計，把錢糧絹等稅物統合在一起，故單位名稱貫石匹斤等也連寫。按，夏稅、秋糧合計只有 2,210,665，比現催額少 9,960。

48　《宋會輯稿》食貨五三之二二。
49　《宋史》卷二九九《張洞傳》。
50　《宋名臣奏議》卷一〇四。四庫全書本。

在二稅正額之外，有「和買」、折徵等名目。「和買」本是國家出錢向農民購買，但是執行之中弊害不少。仁宗初年，三司鹽鐵判官俞獻卿上言：「今天下穀帛之直，比祥符初增數倍矣，人皆謂稻苗未立而和糴，桑葉未吐而和買。自荊湖，江淮間，民愁無聊。轉運使務刻剝以增其數，歲益一歲。」[51]收成之前就被強制「和買」谷帛，農民無物可供，勢必轉向富戶購買，承受高價。更為刻剝的是數額年年增加，使民負擔逐年加重。

另一種強制是以「米鹽」當錢充折。官府為了多攤銷淮鹽，命民戶按糧購鹽，稱「米鹽」，這已經是強賣。又以「米鹽」來「和買」，是第二重強制。包拯奏報說：

臣竊聞江南西路今年和買絹價，轉運司並以米鹽充折，並轄下州軍和糴斛斗，多是抑配人戶。緣本路亦系災傷地分，民食甚艱，若重有騷擾，必致流亡。伏睹慶曆七年南郊赦文內，江西一路多以米鹽充折絹價，虧損下民，仰轉運司今後須管支見（現）錢和買。[52]

名曰「和買」，卻不給現錢，這種虧損下民的劣政，由來已久，雖然慶曆七年（1047 年）明令改正，仍無實效，竟至在災傷之年抑配騷擾。

---

51　《宋史》卷三〇〇《俞獻卿傳》。
52　包拯：《包孝肅奏議》，卷七。

　　江南西路每年「和買」絹為五十萬匹，原定三分給錢，七分給鹽。徽宗時不給錢。連續五年，「循以為常，民重傷困」。大觀初年，江西提舉常平張根上奏說：「本路和買，未嘗給錢，請盡給一歲蠶鹽，許轉運司移運或民戶至場自請。」[53]按規定，絹一匹給鹽二十斤，准錢九百。五十萬匹共應支鹽一千萬斤，而轉運司沒有足夠的鹽，變相的降低了絹價。

　　神宗以後，絹價已是匹值錢一千，京東地方達到千五百，但是官府和買給價很低，徽宗時只給二百。政和初（約 1111 年）有官員指出，「江東和買，弊如江西，比年才給二百；轉運司又以重十三兩為則，不及則，准絲價補納以錢，兩率二百有餘。」[54]江西一匹絹只給二百的惡政，竟成為參照先例！早在後周時期，絹一匹重十二兩，久已成為慣例，而現在要求重十三兩，不足的按兩折兩百錢交納。這無異於左手給你兩百，右手拿走兩百，最終是白要了一匹絹去。所謂「和買」，起初務以利民，「然猶未免煩民；後或令民折輸錢，或物重而價輕，民力寢困；其終也，官不給值，而賦取益甚矣」[55]。從不等價的強買，逐漸變成了無償的詐取。

　　苛雜賦稅名目之中還有「沿納」，即承襲五代時期的苛徵雜派，依舊向民戶徵收。例如南唐後期，因臨時軍事需要，於秋稅

53　《宋史》卷一七五《食貨上三》。
54　《宋史》卷一七五《食貨上三》。
55　《宋史》卷一七五《食貨上三》。

外加徵三分，北宋滅南唐後，繼續照徵，「名為沿納」。在吉州，居住贛江沿岸的民戶要納「勾欄地錢」、「水場錢」。勾欄地即江岸需攔擋的地段，「地已漂沒入江，或官占為船場，而所輸錢如故；民舊於江中編木為筏以居者，量丈尺輸稅，名水場錢。今禁民筏居而水場錢猶在」[56]。

直接對農民敲詐勒索的是州縣官吏。他們憑藉官府的權威，向農民催科，索取錢物。各地的鄉都官皆豪家大姓之人，賦稅「厘改在其手，步算在其手，造籍在其手，雖親戚故舊之產猶不容不隱，況糾正其自產哉」[57]。當他們進行征賦催欠時，對鄉民極為兇狠，「愛日捃收如盜至，失時鞭撲奈民瘡。田夫田婦肩擔，江北江南稼滌場。」[58]經官吏們強盜一樣的索取，禾場上的糧食被洗劫一空。對於官紳富室，則會盡可能優待，或明或暗地將其負擔轉嫁到一般民戶身上。時間長了，田賦日益和實有土地數量不相稱，攤派的賦稅、徭役越加不平均。仁宗時期，江南西路轉運使周湛整頓了州縣「簿領案牘」之後，「又以徭賦不均，百姓巧於避匿，因條其詭名挾佃之類十二事，且許民自言，凡括隱戶三十萬」[59]。徭賦不均，與詭名挾佃，二者形成惡性循環，遂至一任轉運使就能清理出隱戶三十萬之多，以元豐三年（1080年）江南西路一二八點七萬餘戶估算，達到百分之二十三點三。

56　《續資治通鑑長編》卷二二，太平興國六年十二月。
57　王柏：《魯齋王文憲公文集》，卷二〇《建昌軍王公墓誌銘》。
58　《黃庭堅全集·外集》卷第十《吉老受秋租輒成長句》。
59　《宋史》卷三〇〇《周湛傳》。

神宗「患田賦不均」，任命王安石實施改革，推行「方田均稅法」，丈量土地面積，參定肥瘠等級，然後確定稅則。實行之中，官吏作弊擾民，不得不半途而廢。徽宗時期重行方田，官吏勾結豪強，上下其手，依然是民戶吃虧。宣和元年（1119 年）臣僚奏報中指出：「有二百餘畝方為二十畝者，有二頃九十六畝方為一十七畝者，虔之瑞金縣是也[60]。有租稅十有三錢而增至二貫二百者，有租稅二十七錢則增至一貫四百五十者，虔之會昌縣是也。」如此顛倒錯亂的「方田均稅」，逼得農民流徙逃亡，田土荒廢，官府不得不停止丈量，並下令「自今諸司毋得起請方田」。新的禍害停止了，舊的弊端照常存在，田稅「悉如舊額輸納」。

徽宗統治時期，對民眾賦稅征斂更加繁重。名義上蠲免的錢糧，實際仍然要收；政策規定給本錢的，卻根本沒有。提舉江西常平張根奏言：「本道去歲蠲租四十萬，而戶部責償如初。祖宗立發運上供額，而給本錢數百萬，使廣糴以待用，比希恩者乃獻為羨餘，故歲計不足，至為無名之斂。」[61]「希恩者」即獻媚求官之人，他們與皇帝上下呼應，遂有戶部催徵已蠲之租、本錢變作了羨餘的惡劣行徑。

宣和年間，以收復十六州之後，軍需消耗巨大，而京東、兩

---

60　《宋史》卷一七四《食貨上二》。「一十七畝」，《文獻通考》卷五《田賦考五》作「七十畝」。

61　《宋史》卷三五六《張根傳》。

河之民困于調度」，於宣和六年（1124年）六月詔令「京西、淮浙、江湘、四川、閩廣並納免夫錢，期以兩月納足，違者從軍法」[62]。這項徵免夫錢的命令來得急促而嚴厲。「江西一道賦錢一百五十七萬，而漕運之費不預焉。」[63]地方官乃令「稅一千者輸一萬，約日而集」，逼得民間嗟怨，「小民往往去而為盜」。當免夫錢收刮到了之後，金兵已打到汴京，北宋統治告終。

2. 職役　農民承受的徭役負擔，主要是職役。所謂職役，指為州縣官府當差；至於各種勞務性的徭役，多由廂軍承擔，很少調民戶勞作。職役的種類有：衙前，以主官物；裡正、戶長、鄉書手，以課督賦稅；耆長、弓手、壯丁，以逐捕盜賊；承符、人力、手力、散從官，以奔走驅使。此外，還有虞侯、揀摘等人。所有這十多種職役，各以鄉戶等第差充。鄉戶等第，是按貧富劃分為九個戶等，以上四等鄉戶量役輕重攤派。後來改為主戶劃分五等，以上三等戶充役。太宗淳化五年（西元994年）令：「天下諸縣以第一等戶為裡正，第二等戶為戶長。勿得冒名以給役。」[64]這條政令，一直遵行不改。

凡是輪差到職役，官府都不付給任何報酬，故而對鄉戶是極大的負擔。到北宋中期，有人估算，一個三千戶的縣，五等分戶以後，中等以上可任差遣的只約一千戶，二、三年就要遍差一

62　《宋史》卷二二《徽宗紀四》。
63　曾敏行：《獨醒雜誌》，卷五。
64　《文獻通考》卷十二《職役一》。

次，才得歸農，即復應役，直至破盡家業，方得休閒。所以人戶稍有田產，就會虛立契約，典賣與形勢豪強戶下，以避差役。另一方面，這種職役制度更促使官豪勢要之家隱庇人口，廣占田土。仁宗初年，臣僚奏：「命官所置莊田定以三十頃為限，衙前將吏合免戶役者定以十五頃為限。所典買田只得於一州之內典買。如祖父遷葬別無塋地者，數外許更置墳地五頃。」仁宗批准了這個奏請，但這並沒有解決差役害民的宿弊。尤其是鄉戶為衙前役，他們主典府庫，或輦運官物，往往遭官吏敲詐，或因破損短少，運途耗費巨大，傾力賠補而破產。對官豪形勢影占之害，以及由此頒布的限田令，馬端臨評議說：「命官三十頃，而衙前將吏亦得占十五頃，餘者以違制論。夫均一衙前也，將吏為之則可以占田給復，鄉戶為之則至於賣產破家，然則非衙前之能為人禍也，蓋官吏侵漁之毒，可施之於愚戇之鄉氓，而不可施之於諳練之將吏故也。⋯⋯此王荊公雇募之法所以不容不行之熙豐矣。」[65]

熙寧五年（1072 年），江西提刑、提舉金君卿首先遵行詔書，募人代官押解錢帛綱趨京，不差鄉戶衙前，而費十減五六。原來由鄉戶衙前押錢帛綱入京，每一萬貫匹費錢五百貫足，募得替官使臣管押，每絹萬匹支錢一百緡足，錢萬貫支錢七十緡足。神宗特賜詔獎諭金君卿。

然而，法無盡善之法，行之既久弊害自生。更因官僚良莠不

65　《文獻通考》卷十二《職役一》。

齊，募役法執行中產生新的問題，如徵收的免役錢不是專供募人充役之用，而是「官府之需用，吏胥之廩給，皆出於此」。時間久了之後，官吏可以從中支用，而充役者卻未嘗支給，「是假免役之名以取之，而復他作名色以役之」。吉州安福知縣上官公穎奏曰：

> 臣竊怪耆、壯、戶長，法之始行也，皆出於雇，及其既久也，耆壯之役，則歸於保甲之正長；戶長之役，則歸於催稅甲頭。往日所募之錢，系承帖司及刑法司人吏許用，而其餘一切封樁。若以為耆、壯、戶長誠可以廢罷，即所用之錢自當百姓均減元額。今則錢不為之減，又使保正長為耆壯之事，催稅甲頭任戶長之責，是何異使民出錢而免役，而又使之執役也。[66]

　　耆長、壯丁、戶長三個職役名色，免役法中都是規定出錢雇募，而實際卻仍然攤派，但以此名義徵收的免役錢卻沒有減。免役錢除承帖司、刑法司兩個衙門官吏支用外，其餘的全部封存。吏胥的俸祿解決了，而耆長、壯丁、戶長等職役的沉重負擔卻仍舊。看來這是一個重大的歷史難題，由勞役而職役，由職役而雇役，胥吏由無祿而給祿，是社會發展中的進步，然而沒有走完。北宋社會條件有限，儘管王安石的思想境界高遠，政治智慧敏銳，卻終因客觀環境的制約，使熙豐變法結不了果。要最終完成

第六章・民眾生活與社會風氣

歷史的這一步，還有待未來。吉州安福縣的事例，決不會是孤立獨有的，它是一個認識熙豐變法的社會實例。

以上諸端事實證明：農民創建農業，農為立國之本，而農民生活艱辛。所以，在熟悉農村的詩人筆下，農民總體上是困苦的，即便是經濟全面振興中的江西農民也不例外。茲舉數例以見一般。黃庭堅任吉州泰和知縣期間，於元豐五年（1082年）到山區視察，覺得山農有「嫚官府」的言行，經仔細訪問，知道是「吏曹擾之至如此」。他感慨至深，賦詩曰：「窮鄉有米無食鹽，今日有田無食米。但願官清不愛錢，長養兒孫聽驅使。」[67]

元豐六年，他又賦詩曰：「南村北村雨一犁，新婦餉姑翁哺兒。田中啼鳥自四時，催人脫褲著新衣。著新替舊亦不惡，去年租重無褲著。」[68]吉州泰和，素來是農業基礎厚實，地方殷富名區，卻是仍然存在「租重無褲著」的窘狀。

新喻劉攽記錄農民的生活情狀，與泰和農村以一樣：「種田江南岸，六月才樹秧。借問一何晏，再為霖雨傷。官家不愛農，農貧彌自忙。盡力泥水間，膚甲皆瘃瘡。未知秋成期，尚足輸太倉？不如逐商賈，游閒事車航。朝廷雖多賢，正許貲為郎。」（《江南田家》）農民苦，原因是「官家不愛農」，一年辛苦所獲，「尚足輸太倉？」不知夠不夠官府的需求。

67　《黃庭堅全集・外集卷》第七《上大蒙籠》。劉琳等校點本，四川大學出版社 2001 年版，第 1024 頁。
68　《黃庭堅全集・正集》卷第五《戲和答禽語》。劉琳等校點本，四川大學出版社 2001 年版，第 107 頁。

## 第三節 ▶ 義門家族與江州陳氏

### 一 豪強大姓

居民中的三分之二是主戶，主戶之中有一批富室，廣有田產，稱雄鄉里，影響及於衙門，或子孫揚名於科場，進出於官府，躋身於學術。有的以資財出眾被泛稱作豪右，有的因善於治家而受官府褒獎為「義門」。不少名門望族的成員，宦業卓著，學術名高，事蹟見於史冊；也有的操縱地方，作惡鄉里，欺壓小民，或遭人抨擊，或受州縣制裁。從這些富有家族的活動中，可以窺見北宋江西社會的另一個側面。

對待富裕者的社會取向，因時因人而異。有一種看法是：「古之治民唯欲富庶，今之治民特惡豪右。」[69]富庶不等於良善，打擊惡霸，可以保護民眾致富，於社會興盛有利。北宋沒有割富濟貧的政策。就江西豪右的實況論，家產豐厚者中，有的為非作歹，危害社會，遭人「特惡」；有的則施財行善，表率一方，朝廷旌表，地方尊敬。均是豪右，表現不一。

魚肉小民，作惡鄉閭的豪霸，民眾痛恨，官府也要制裁，因為他們還藐視官長，不遵法令，損害了封建統治整體利益。例如：

饒州豪民白氏，「多執吏短長，嘗殺人，以赦免，愈驕橫，

為閭裡患」[70]。

浮梁縣臧有金，「素豪橫，不肯出租，畜術數十頭，裡正近其門，輒噬之。繞垣密植橘柚，人不可入。每歲裡正常代之輸租，前縣令不肯禁」[71]。

撫州民李甲、饒英，「恃財，武斷鄉曲，縣莫能制，甲從子嘗縣令，人告甲語斥乘輿，……英嘗強取人孥」[72]。

臨江軍，「多諸豪大姓之家，以財力自肆，而二千石亦有所挾為不法，吏乘其然，乾沒無所忌」[73]。

這批惡霸豪強冒犯官府，危害社會治安，碰到廉明剛正的官員，便受到嚴厲懲處。如撫州知州王彬，與臨川知縣蔣堂配合，按治李甲，「索其家得所藏兵械，又得服器有龍鳳飾，」判其大逆罪，棄市。又據饒英「強取人孥」的事實，將其發配嶺南。反之，如果長官昏庸貪墨，他們便肆無忌憚。浮梁縣令「不肯禁」，臨江軍知軍「亦有挾為不法，吏乘其然，乾沒無所忌」，即是官貪不正，故此不能也不敢伸張正義，為地方除害。

臨江軍的豪右，則是因為新來的判官王益而不敢妄動。「公至，以義折正二千石，使不能有所縱，以明憚吏，使不敢動搖。」王益自己依法而廉明，既監督著知軍（二千石），又威儡

---

70　《宋史》卷二九八《馬亮傳》。

71　《宋朝事實類苑》卷二三。

72　《宋史》卷三〇四《王彬傳》；卷二九八《蔣堂傳》。

73　《曾鞏集》卷四四《尚書都官員外郎王公墓誌銘》。王益，是王安石父親，舉大中祥符八年（1015 年）進士，終官通判江寧府，寶元元年（1038 年）卒，享年 46，葬江寧府。子 7 人，安石第 3。

著貪吏，諸豪大姓看到他「不可欺」，遂一方面有所收斂，同時「出錢求轉運使下吏出公領新淦縣」。通過活動上層，調離王益，表明豪強不僅能左右臨江衙門，而且與轉運使的下屬有糾結，買通了這些上司官吏，故而能夠使官府按其意願辦事。

豪強大族之中，不乏官僚世家，科舉門第。他們家進士多，權貴多，社會勢力大。地方官對這些家族，既怕他們，又要爭取他們的支持，故而不少政策在他們中行不通。永新縣的劉沆，在仁宗朝官至宰相，「族人偶有逋負官租數十萬」，「前後官吏望風不敢問」。劉家「偶有」拖欠便是數十萬，足見其田地阡陌，氣勢豪橫。後來程公珣來主持徵收賦稅，對這些人「追逮囚系，責令盡償而後已。」當時有族人向劉沆告狀，要求制裁程。劉沆表態說：「賦入不時，吾家之罪，縣官安可屈法。」[74]這場公案，因劉沆能自律，得到妥善解決。這件事透露出的豪門與官府之間的制約關係，具有很典型的借鑒意義。

富豪之家，往往是盜賊劫掠的物件，如饒州民甘紹，「積財鉅萬，為群盜所掠」；又可能是維護地方治安的力量。有的豪族將眾多的家人佃戶組織起來，保護莊園，抗擊盜賊。饒州樂平縣暢亮，曾經「率家人捕獲群盜」，以此得「賜爵公士，錢二萬，常稅之外，免三年徭役」[75]。由於大家族富有資財，人口眾多，保全身家性命的要求格外強烈，兼有能力編練武裝，所以受到社

74　曾敏行：《獨醒雜誌》，卷五。
75　《續資治通鑒長編》卷十八，大中祥符六年九月乙未。

會重視。李覯特別為此寫信給長官，建議充分利用豪強資財與人力，擴充地方武裝。朝廷獎勵這些人，既是表彰他們為社會出力，也是藉以彌補地方統治力量的不足。

## 二 義門家族

在維護地方治安，促使社會穩定發展之中，「義門」大家族的功勞不可忽視。這些「義門」家族，內部講究倫禮，提倡道義，成員之間以孝悌相處，甚至財產共有，兄弟不分家，形成凝聚力很強的家族共同體。對外和睦鄰里，尊敬官府，遵守國家法令，在地方豎起了一個良好的榜樣。通過「義門」家族，展示出地區社會的一個重要側面。鑒於「義門」的社會名望很好，對封建統治的穩定很有利，《宋史》將他們的事蹟寫進《孝義傳》，留給後代借鑒。列入《孝義傳》的江西「義門」大家族有許祚，李琳，俞雋，胡仲堯，陳兢，洪文撫，瞿肅，顏詡。

此外，以至教聞名的個人還有六位，他們是：

易延慶，筠州上高人。太祖乾德末年（西元 968 年），其父卒，延慶「居喪摧毀，廬於墓側，手植松柏數百本。且出守墓，夕歸侍母」。數年後，以母老稱疾不出。「母卒後，槁殯數年」。恪盡孝道，特別感人。

江白，建昌（今南城縣）人。真宗景德二年（1005 年）進士，父卒，他「負土營葬，廬於墓側，黎羹芼屬，晝夜號泣，將終制猶然」，十分真誠盡孝。

彭瑜，吉州安福人。神宗熙寧年間，其母走失，他「朝夕焚香祈天，願知母所在，」堅持十餘年。

毛洵，吉州吉水人，天聖二年（1024 年）進士，性至孝，守官四任，皆以父母疾病解任，在家「執藥調膳，嘗而後進，三月不之寢室。」父母相繼病故後，他住在墓地茅屋，「朝夕哭踴」，哀傷過度，抱病卒。其兄溥，亦以「哀毀」而卒。

　　吉水縣還有李籌、李衡兄弟，父母早喪，兄弟兩人始終以不及事親為恨，徽宗政和中（約 1115 年），他們改葬其母，「負土成墳，廬于墓左」。

　　德興張氏，是《孝義傳》之外的一個孝義家族，其社會價值不亞於以上諸家。德興張氏在唐代散居江淮間。黃巢起義之時，其家避難歙州黃墩。五代末、北宋初再遷于饒州德興，三世同居，隱而不仕，家內注重孝義，與鄰閭講寬仁。至北宋中期，當家者張偕，不滿足於「稼穡之勤」，其中子張潛（1025-1105年），已經每天讀書，追慕功名，並立下誓願：「仕宦不至將相，孰若躬為子職之為愈耶。」將高官晉爵之願寄託在子孫身上。張潛與兩個兄長共同治家，不僅經營土地，還開採銅礦，積累總結出「膽礬水可浸鐵為銅」的技術。同時，張潛放棄自己的舉業，轉而「銳意教子孫，勝衣以上，悉遣就學，買書一監，它文集稱是，凡萬餘卷，分四部，建巨閣，列齋館於左右，擇明師以授之」。嘉祐八年（1063 年）其弟張須[76]中進士，治平四年（1067年）幼弟張汲中進士。元豐五年（1082 年）其孫張根、外甥萬

76　光緒《江西通志》卷二一《選舉表二》，嘉祐八年進士名單中作「張綬，德興人，太府少卿」。

如石俱中進士。崇寧二年（1103年）孫張相中進士。大觀三年（1109年）孫張朴中進士。幾代人中「登科者十有餘人，至禮部者三十人」。熙寧中，張偕夫婦過世，張潛兄弟未分家，繼續「昆弟同居數百口」，「內外協睦無異言」。

張氏家族重視仁義之行，不當守財奴。春夏之交，開倉糶糧，「減市價十之一」；若遇小災，則無償散給，「如是者三十年，環旋數百里間，穀價不湧，細民賴之，雖甚饑無流徙者」。至於修橋補路，則全不計費。對貧窮無家可歸之人，供給飲食醫藥，死亡的給棺並予安葬。在地方公益事務中，張家出錢維修陂塘（如前所述），還懸賞十萬，捕治盜墓賊。鄉民敬服張潛為人，故遇有爭鬥，多請他裁決，「得公一言，逾於賞罰之榮辱」。至於采冶銅礦，總結膽水浸銅技術，獻出朝廷推廣，則是對社會最重大的貢獻，影響深遠。

張潛告誡子孫：「吾家高曾而來，以孝友立門戶，豈宜墮廢以忝前人」。為此他編著《家令》三篇，逐條寫明「所以訓敕子孫」的內容，「使後世賢可俯而就，不賢可企而及」。可是，三、四年之後，「監司以嫌，檄所屬勒異籍。訴不見聽，乃相與號泣，逾月而後別」[77]。——大族鼎盛以後，是否依舊聽命於朝廷，就變成官府的心病。張家也碰上了江州「義門」嘉祐年間被迫分家的同樣結局。

---

77　此段引文，均見《通直郎張潛行狀》，陳柏泉《江西出土墓誌選編》，江西教育出版社1991年版，第81-89頁。

上述家族與個人，對社會的影響有差別，從社會風氣和道義文明方面說，則是一致的。宋朝提倡以孝義治天下，堅持在強化政治統治的同時，不放鬆思想薰陶、文化教育。奉新胡仲堯、德安陳兢、建昌洪文撫三大家族成為北宋著名的「義門」，不僅是他們憑藉家族的力量，把眾多的成員約束在禮法之內，服從官府，崇敬朝廷，還在於致力興辦書院教育，並將家族大門打開，接納社會人士，擴大了積極影響。所以，朝廷與州縣扶持、褒獎他們，皇帝本人也與其親近。毫無疑問，官府看重他們的，不是胡、陳、洪三家民眾，而是他們最有效地實行孝義，成為百姓的表率，使當地的統治趨於穩定。《孝義傳》序言說：「冠冕百行莫大於孝，範防百為莫大於義」，「率天下而由孝義」，所以把各地履行孝義的典型家族和個人事蹟七十餘份編纂起來，藉以證明宋朝提倡孝義的「教化有足觀者」，獲得了社會效益。

　　庶民大家族興盛，是北宋時代的特色。[78]胡仲堯等「義門」大家族，都是居鄉里，為庶民，並非往昔四世三公式的門閥貴族，而且這些「義門」家族的分布明顯向江南偏移。唐朝時期，《舊唐書‧孝友傳》寫出「累代義居」事蹟的有七家，都是北方人氏。《新唐書‧孝友傳》補充了資料，列出「數世同居者」中姓氏裡籍清楚的增為三十六家，其中江南人六家（江西有高安宋

---

78　詳見許懷林《財產共有制家族的形成與演變》第一節《宋代庶民大家族的重建與分佈》，收入《江西歷史研究論集》，第 63-69 頁，江西人民出版社 1999 年版。

練，弋陽李植兩家），占總數六分之一。到了宋代，《宋史・孝義傳》著錄的歷世同居家族為五十七家，其中江南人十五家，而江西又占八家，可見其盛況。探究這種社會變化的原因，至少有四點值得注意：

第一，生存的實際需要。唐末五代戰亂之後，不論是遷居江南者或江南土著，都選擇家族聚居形式生活，以利增強生存競爭能力。人口重心與經濟重心同時南移，庶族群體優勢在南方壯大起來，以儒學精神為指導的生存方式，既為他們自身珍視，也受到社會所看重。

第二，北宋政權需要扶持大家族以便強化統治。繼「禮崩樂壞」之後建立的宋朝，要防止走馬燈一樣的五代局面，迫切需求人們移孝為忠，大力提倡「孝者天下之大本」，[79]旌表孝悌之家，旨在「教孝而求忠」，達到維護趙宋專制的目的。

第三，學者們收族敬宗的理論誘導。張載認為：「管攝天下人心，收宗族，厚風俗，使人不忘本，須是明譜系世族與立宗子法。」[80]蘇軾補充說，必須使宗族制度深入於百姓之中，「天下之民欲其忠厚，和柔而易治，其必自小宗始」。[81]所謂「小宗」，是相對于帝王「大宗」而言，但其「長子繼承，庶子分封」的原則不變，「小宗」也是封建宗法制度的體現。

第四，社會傳統習慣的價值趨向。士族世家消亡了，然而宗

79　歐陽脩、宋祁：《新唐書・孝友傳贊》。
80　《張載集》「經學里窟・宗法」。中華書局 1978 年版，第 258 頁。
81　蘇軾：《勸親睦》，呂祖謙《皇朝文鑒》卷一○四。

法觀念、家族情懷依舊存在。這種觀念的集中體現是蘇洵、歐陽修的修譜理論與譜圖的問世。他們的本意不僅是自家「尊祖而貴宗」，還要「天下舉不可無」[82]，通過修譜，產生「祖宗不忘，宗族不散」的作用。

上述四項，前一項是普遍性的物質基礎，第二項是迫切的政治需求，二者都是無可抗拒的客觀實際。後面的兩項作為反映現實的思想理論，起著強化與推動的作用。總之，社會需求安定，民眾企盼振興家業，而朝廷希望統治穩定，於是家族的團聚義居得到政治與倫理上的論證，故而「義門」式的家族發展起來了。

## 三　同財共居的「義門」陳氏

江州德安縣「義門」陳氏家族，實行財產家族共有，歷世不分家的生活樣式，是北宋「義門」家族中規模最大，延續時間最久，凝聚力最強的家族。

陳氏自陳伯宣隱居廬山開始，紮根江西。其孫旺，徙家江州德安縣太平鄉常樂里（今德安縣西部車橋鄉義門村），從此家族日益昌盛。旺子崇，「以治家之道必從孝道始，乃撰家法垂示將來」[83]。從唐末到五代南唐，陳氏已經出名，南唐曾「敕賜義門陳氏」，「蠲其沿征科役」。但是，其家名聲大顯，特別受到朝廷嘉獎和扶持，還是在北宋以後。宋太宗免去其「本戶沿征雜

---

82　蘇洵：《嘉祐集》，卷十四《譜例序》。
83　胡旦：《義門記》，見道光《義門陳氏大成宗譜》卷首。

稅」，又每年「貸官米二千石」補助之[84]。陳家奏上《家法》，太宗命送史館繕寫存檔。原來不起眼的私家文字，頓時成了國家檔案。真宗賜對聯褒揚陳氏：「萃居三千口人間第一，合爨四百年天下無雙。」天聖元年（1023 年）江州奏報「義門」民陳蘊年八十，且有行義，其家「聚居二百年，食口二千」，仁宗說：「良民一鄉之表，旌之，則為善者勸矣。」特授陳蘊江州助教[85]。經過三代皇帝接連的褒獎，陳氏遂由江南一縣之內的鄉民，升騰為天下人的表率，被賦予「天下無雙」的地位。有帝王的褒獎在前，宰執大臣如張齊賢、晏殊等的讚揚緊跟其後，記下的詩文很多。

「義門」陳氏有耕讀結合的生活方式。他家人丁昌盛，傳說一夜出生三十二個男孩；田產廣袤，一次買黃忠鋪地段水田，計三千八百步，撥給東佳書堂的學田，即為二十頃，其家每年交納的秋糧租米達四千餘斛。與眾不同的是，陳氏特別認真地要自家男人耕田，女人養蠶織絹；日用物品嚴格平均分配；管事成員選賢任能，憑德才充任；家人畢生的生老病死全都妥善安排。大鍋飯吃得有條不紊，待遇平均讓人安心無憂。有了穩定而充足的自給條件之後，辦起了東佳莊書院，創造性地實施初級與高級分開習學，為聰穎者提供科舉出仕的良好環境，將居家鄉間與進入官場兼顧起來，開闢了移孝親為忠君的通途。身處田野而不封閉，產生了內有「肅於公府」，「孝謹不衰」的效果，外有「鄉里率

---

84 《續資治通鑑長編》卷二一，淳化元年四月癸醜。
85 《續資治通鑑長編》卷一〇一，天聖元年十二月甲子。

化，爭訟稀少」的社會影響。所以，太宗朝宰相宋琪《贈義門陳村東佳書院》詩描述其豪盛狀曰：

群賢肆業文方盛，孝友傳家族更豪。
旌表異恩門第貴，史書新傳姓名高。[86]

「義門」陳氏強力維持家族共財，厲行勤儉度日。陳氏很富有，但是家族成員的日常生活水準低，普通成員必須長年參加耕織勞作，活動的空間只是田野、都蠶院，而飲食衣鞋之類僅夠維持溫飽（詳下節），大家生活簡單，滿足於老少團聚。家族經濟是低消費上面的高積累，同財共居是建築在孝悌觀念上的嚴密管理。

「義門」陳氏的同財共居，因其自身的盛大而走向瓦解，即便沒有分家的朝命，也已到了分家的門口。隨著人口不斷增加，常年住在祖居地的成員，只能是一部分。田莊分散他鄉外縣，供少年讀書的東佳莊書院，已在二十里之外。慶曆年間，「以食指太繁，曾分遣千餘口往莊舍就食」，共居已經只在部分成員之間。嘉祐三年（1058 年）家族聚會，「眾思時節歸侍遙遠，聚會失期，似虧義氣，告之宗長，乃創小屋五百間於東佳以處之，今之黃州莊回歸院是也」[87]。如此安排子孫「歸侍」，設置家族招

---

86　道光《義門陳氏大成宗譜》卷首。
87　民國二十三年崇陽莊《義門陳氏大成宗譜》卷五。

待五百間，生動的說明「廚無異爨」早已過去，如今正是眾廚冒煙了。分遣外出「就食」者以千數，一年中僅幾次回歸省親，其經濟收入即使稽核，也將地遠難周，遙控不了，「室無私財」這個根本特徵必將暗淡變色。有了幾百的官宦子弟和千餘就食莊舍者在外面，同財共居名不符實，「義門」變成符號，分家已成定局。

「義門」陳氏的分家不是自身拆夥，而是遵命的不得已散開。據陳氏譜冊說，慶曆四年（1044年），其家應舉登科者四十五人，任朝官者十八人，任地方官者二〇九人，合計二七二人。大批「義門」陳家精英，在眾多衙門有職有權，對社會的振動日益增強。「義門」陳家在官府蔭庇之下，豪盛煊赫。然而物極必反。朝野對它稱頌之餘不無憂慮。仁宗嘉祐七年（1062年），以「保護」的名義，命路州縣三級官員登門監臨，限期分家。一時間將這個家族拈鬮分為二九一份，另買莊田四十三份，合計三三四份，散播到江、浙、閩、廣、湖、湘等廣大地域中去了。大的家族瓦解了，其聚居生活的景象保存在後代的思憶中，祖先制訂的《家法》寫進了各「義門」陳氏譜冊，供人流覽。

## 四　「義門」陳氏《家法》

「義門」陳氏家族的財產共有制生活，能夠持續不分的關鍵，在於家族內生活管理的均平與公正，其生存基礎是小農經濟的耕織結合，而精神支柱則是強烈的忠孝倫理。全家族數以千計的成員，甘心吃大鍋飯的基本資訊，大致集中在《家法》三十三條之內。

真宗咸平五年（1002 年）中書舍人胡旦《江州義門陳氏宗譜序》說，該家族聚居在唐末，陳崇於僖宗大順元年（西元 890年）制定了《家法》，然而大顯於世是北宋以後。開寶末（西元975 年），宋滅南唐，江南轉運使張齊賢奏免其家兩稅正色（即田賦）；太平興國七年（西元 982 年）趙普奏請免其沿徵雜配（即五代以來的雜稅）；淳化初（990 年），江州知州、殿中丞塘戩又以其乏食，奏准每年春首貸米兩千石度荒；至道中（西元 996年），太宗遣內侍裴愈帶御書散給江南名山、寺觀、德義之家，江州陳氏共得三十三卷，又賜給字派十二個字，令陳氏子孫按派取名。裴愈將陳氏家法帶回朝廷，太宗看後曰：「天下有此人家，真良家也。」命裴愈把它交史館繕寫，「賜王公各一本，使知孝弟之風」。裴愈遂言陳氏每年交糧四千餘石至江州，運費達兩千餘石，「若就德安縣倉，以充軍馬驛料」，則是給「義門」更大的實惠。太宗允准。這一系列「天恩」，集中出現在太宗時期，極大的提升了義門陳氏的社會名望。其家內底究竟怎樣？自然成了朝野最關注的問題。換句話說，現在大家特別想瞭解其《家法》內容。我們現在看到的版本，最早的是道光二十七年（1847 年）《義門陳氏大成宗譜》所載的三十三條。這份陳氏家法經歷近千年的流傳翻刻，其內容與文字必定會有增改錯訛[88]。

---

88　元惠宗至正十一年（135 年），危素寫《陳氏尚德堂記》，說湖南瀏陽陳氏有家規十六條，後半部分是關於家族男女成員勞作及「公庫」抽成的規定。他最後說：「九江之宗家，不獨專美於前矣。」據此，瀏陽陳氏確是德安「義門」分家後遷徙過去的裔孫，而其家法與我

然而，要考察北宋時代人的生活與觀念情狀，它仍然是一份難得的個案資料，彌足珍貴。

「義門」陳氏家法，在《義門記》中說是唐末的陳崇制訂的，但其開場白說制訂家法的緣起，強調其家有「代傳孝弟，業繼典墳」的傳統[89]，做到了厲行倫理與重視讀書並重。說到國家形勢，則指明「我聖王誕敷孝治，恢振義風，錫以涯恩，閬宗榮耀」。仔細品味這些文辭，是在貫徹宋朝立國的孝治原則，與宋太宗對其家褒獎的事實暗合，完全不像唐末昭宗沒落敗亡景象的寫照。所以，在此處剖析「義門」家法是合適的。

制訂家法的目的是：「恐將來昆雲漸眾，愚智不同，苟無敦睦之方，慮乖負荷之理」。此即強化管束，對付違背倫理，言行出格的子孫。如此宗旨，屬於人有我亦有的東西，看不出個性特色。有意思的是它的具體條文，將「公私出納之式，男婚女嫁之儀，蠶事、衣妝、貨財、飲食，必令均等，務要和同，令子子孫孫無間言而守義範也。」沒有停留在抽象訓誡，思想誘導的表面，而是進入日常生活的底層，在實際利益上達到「均等」、「和同」的標準。下面我們大致歸納為五個方面，介紹該家法的內容。

們這裡利用的「三十三條家法」主旨雖同，而條目大異。其他記有「三十三條家法」的本子，文字也多有差異。本書所用的是看我到過的最早的版本。

89 《江州「義門」陳氏家法三十三條》，見許懷林《財產共有制家族的形成與演變》附錄。（台）《大陸》雜志 1998 年第 2、3、4 期。

首先，家族的領導成員及其職責。陳氏家族掌權者有主事、庫司、莊首和宅庫人。「家法」寫明：「立主事一人，副兩人，掌家內外諸事。」他們的人選，「不以長少，但擇廉謹才能之人任之，不限年月。儻有辭狀乞替，請眾詳之。若年老衰弱，相應擇人替之。若壯健仍不許退。若才能不稱，仍須擇人代之。」總之，要由德才兼備，能力勝任者擔當。

庫司兩人，職權是「懲勸上下，勾當莊宅，掌一戶稅糧及諸莊書契。每年送納王租，給應男女衣妝，考校諸莊租課，備辦差使應用」。「此二人亦不以長幼，但擇公幹剛毅之流。」主事和庫司是家族中執掌大權的上層核心，其人選不論長幼輩份，也不是嫡長子繼承，只論才幹公正，這就可能保證家族管理的高水準，體現出家族內的民主風尚，有利於維護家族團結與義居生活。

莊首，是田莊的負責人，「諸莊各立一人為首，一人為副，量其田地廣狹，以次安排弟侄，各令首副管轄，同共經營。仍不得父子同處，遠嫌疑也。」耕地是家族的主要財產，田莊是其基本生產單位和財富來源，經營田莊的正副莊首，均由弟侄擔任，但不能父子同處，還是注意管理上的公正性。莊首要接受庫司的監督，「其出入市廛，買賣使錢，須具帳目回，赴庫司處算明。稍不遵命，責以常刑」。「每年收到穀斛，至歲晚須具各莊帳目歸家，以憑考課，並由庫司檢點。」凡田產增添，倉廩充實者「次第加賞」，凡怠惰敗闕者「重加懲者」。

宅庫人十名，「差定弟侄」充任，分別掌管酒酢、倉碓、園圃、門戶和監收禾穀、桑柘、柴薪諸事務。宅庫人和各田莊的莊

首都是家族產業的實際經營者，職責分明，分工具體。莊首分片經營田地，宅庫人按行業理事，在家族統治者中他們處於第二個層次，全由弟侄擔當。同輩弟侄均有義務承擔這份差事，也有權利管理一項家業。「差定」和「以次安排」相同，都是家長們指派。

以上四類領導成員，其選任強調德才，管事強調公正合理，別開了家族的輩分因素，杜絕親疏程度的影響，既不是張公藝式的一切「忍」為上，也不是輩分最高者的家長專制，頗具家族內民主性原則作風。

其次，生產勞動制度。農業勞動是陳氏家族一般成員的基本活動，眾多的田莊勞動者，是本家族的成員。男耕女織，按部就班，要求嚴格，一絲不苟。「家法」規定，男性成員「凡出入歸省，須候莊首給限。自年十四以下歸家限一日外，須赴同例執作農役」。他們從十五歲就赴同類勞作，若要到自己的小家庭去，不能超過莊首規定的時限，不得隨意在外活動或在家歇息。陳家的糧田是否出租，是否雇請佃客耕作，「家法」中沒有記載，但是十個宅庫人中，有人負責「抽雇莊客鋤佃蔬菜」，有人「管押莊客逐日舂米」。由此推想，雇傭莊客耕田也是有的。

女性成員的勞動專案有炊煮和蠶桑兩種。全家族的飯菜茶水，由八名年輕媳婦炊煮，她們「不限日月，迎娶新婦則以次替之。」其它媳婦和未出嫁的女兒，則養蠶，織綢絹。陳家有一所「都蠶院」，設院首，內分若干蠶房。凡四十五歲至五十八歲的稱蠶婆，四十五歲以下的稱蠶婦。每間蠶房有蠶婆一名，蠶婦二名，配給蠶種二兩，女孩「各令於蠶母房內同看桑柘」。每年向

官府交納的夏稅絲綢絹，由「庫司紐配諸莊絲綿，歸以蠶婦女織造」。

男性在田野耕種，女性養蠶織綢絹，穿衣吃飯都是自產自給的。然而它不是一夫一婦的男耕女織，而是家族內的協作勞動。這是一個家族公社。家長統一指揮全家族男女勞動力，從事生產勞動，勞動成果全部歸家族所有，統一解決生活資料的供應，完成應負擔的賦糧稅絹。家長、主事、庫司、莊首（院首）、宅庫人等是不同層次的掌權人、管理者；廣大的男女成員是勞動者，即財富創造者，二者的地位差別掩蓋在「義門」家族的大屋頂下。

第三，關於婚姻和教育。婚姻形式和社會形態相聯繫，「義門」男女的婚姻服從於同財共居的生活原則。陳氏家族「立開勘司一人，掌蔔勘男女婚姻之事，並排定男女第行等事」。「男年十八以上，則與占勘新婦」，「女則候他家求問，亦屬勘司酌當」。婚嫁所用禮物，規定了統一的品種和數量，由主事或庫司紐配諸莊應付。陳氏子女的婚嫁，從父母包辦上升為家族包辦，費用由家族操持，配偶由家族選定，取捨的標準是家族的利益與名望，男女青年自己的志願不予考慮。家長的支配權在這裡毋容置疑，而一視同仁的待遇，使這種支配通行無阻，並有親親無間的信譽。

很值得注意的一點是，陳家規定男子「皆只一室，不得置畜僕隸」。禁止娶小妾，養婢女，是在阻塞私房膨脹的通道，減少各個家庭之間的矛盾糾紛，使家族不在無休止的閨房私事中勾心鬥角，腐蝕整個家族，導致聚居破裂。婚姻唯家長之命是從，男

子皆只一室的原則，是陳氏聚居得以持久的重要秘訣。

對子弟的培養教育，陳氏的做法是設院學以教童蒙，立書堂以供青年深造，為參加科舉考試作準備。在州縣地方官辦學校冷落凋零的背景下，陳家的院學與書堂既有田產保障經費開支，又有完備的措施堅持執行，辦得出色，聲望及於江南。

第四，關於日常生活和物品分配。「家法」中這方面的條文最多，計十三條，占百分之三十九以上。可以分為飲食、衣著兩部分。每日三餐茶飯，男女分坐，作兩批進食。男子十五至四十歲的先吃，「取其出赴勾當」，以利及時勞作；家長以及四十歲以上的人同座後吃，「以其閑緩」。這種安排，照顧到農耕需要，沒有強調尊長居前的禮節。逢年節，全體於「大廳同坐」。

飲食標準：除一般茶飯之外，尊長平日均備好酒，「任便取給」；諸房老病者，每月給食油一斤，茶鹽適量——這意味著可以另做治療食品；參加農耕的男子，每五夜一會，給「酒一瓷甌，所以勞其勤者。」

衣著：男子二月給春衣，每人絲十兩。夏天絺葛衫一領。寒衣，四十歲以上至尊長，絹一匹，綿五兩；四十歲以下，絲十兩，綿五兩。每人給頭巾一領。（許按，「家法」中只有「表丈夫衣妝」的條文，未涉及婦女衣妝，疑有脫漏。）

男年十五歲裹頭，給巾帶一副；女年十四歲合髻，給釵子一雙。

不論男女，每年給麻鞋；婦女給巾帨針管等物。

草席，每房一副，冬天發給。

草履，「丈夫每月各給三兩」[90]。

上列內容證明，陳氏家族普通成員的生活水準是低檔的。據傳，陳家的祖訓是：「奇服異品，莫思好玩，錢財貨利，莫視泥沙」。要人在溫飽的條件下不考慮改善生活，滿足於最起碼的家族供給制的生活待遇。生活消費品人各一份，相對平均，符合同財共居的要求，另一方面，這又是財產家族共有制原則下的家長專權；普通成員只有勞動義務，沒有財產支配權的反映。當朝廷問為什麼能歷世不分家？他們答：「吾家男婦一公無私。堂前架上衣無主，三歲孩兒不識母。丈夫不聽妻兒話，耕農不說田中苦。」[91]自然，每人一份的衣食供應，只是就普通成員而設的。那些掌握家族大權的上層成員絕不是這樣。正如家譜中所反映的，他們出門有馬車，新酒對客開，坐上多貴族，優遊禮樂中。有功名，任職官的成員，更不待言。祖訓要求視錢財如泥沙，僅僅是對普通成員的告誡，其目的在於維護財產的家族共有。

第五，對一般成員的行為要求和處罰規則。「家法」的封建專制性質，在這部分的條文中表現得最為明顯。它要求男子必須「逐日隨主事差使，執作農役。稍有不凜遵者，具名申上，取家長處分科斷」。「凡入門及晨昏定省事，須具巾衫裳帶，稍有乖儀，當行科斷」。「凡不遵家法，不從家長命」，決杖十五下。

---

90　「兩」，即是「緉」，《説文》絲部：「緉，履兩枚也」。宋代人稱一雙鞋為一緉。草履，即草鞋，以稻草編織而成。男子要在田野勞作，故每月另給3雙草履，是足用的。
91　道光《義門陳氏大成宗譜》卷首《宅第制》。

陳氏「義門」是以家長之命為全體成員的言行準則。這個家族的普通成員，要勤勞地逐日執作農役，要恭順地遵守禮儀。他們創造的家族財富，然而處於被統治地位，獲得的僅是微少的生活資料。為了使這些勞動者聽命，故而極力樹立家法的權威和家長的尊嚴，維護家族內的統治秩序。

「家法」約束的事項，還有酗酒、賭博、鬥毆等。最重的處罰是「妄使莊司錢谷，入於市廛淫于酒色，行止耽濫，勾當敗缺」，凡有這些行為的人要「杖二十下，剝落衣妝，歸役三年」。對此類行為的禁止和責罰，無疑是必要的，懲罰了家族成員中的敗類，有利於家族團結和聚居生活的穩定。為了處罰違規犯法者，特設「刑杖廳」一所。

此外，「家法」中還規定一人學醫，療治疾病。設祈禱巫室所，辦理喪葬祈禱事務。置先祖道院，供奉祖宗牌位。總之，舉凡生老病死，「家法」中都作了規定，人生一輩子的事務，家族都要管起來。分門別類，專人辦理。

「義門」陳家是一個完整的小社會，它是北宋社會制度的縮影。但是家族的關係超越於經濟關係之上，階級的分野被牢牢地束縛在家族圈子內。正因為此，陳氏家族規模之大，凝聚力之強，史所罕見。其「義門」之「義」，即封建等級統治與倫理道德規範，符合者為宜，違背者則受制裁。陳氏在這方面做得十分認真，要求嚴格，而且頗有成效。他們為樹立「家法」的威嚴，

在刑杖廳寫出對聯：「家嚴三尺法，官省五條刑。」[92]將家族的私法與朝廷國法連接，置家法於國法之基礎的地位。正是在這一點上，朝廷注重這個基礎，旌表他，強化他。

「義門」聚居既強調禮義倫理，嚴密而有效的管理，也很重視刑法。「義門」具體而微地表現著國家統治的內容，是封建社會的堅實基礎。


## 第四節 ▶ 民俗中的好訟與尚巫

好訴訟，信巫術，是江西民眾生活中的突出習尚。這兩種習尚的形成，有複雜的社會背景，也有深厚的文化淵源。巫術，是遠古的社會文化的遺傳。訴訟，則是新近勃興的經濟文化現象。社會早已批評巫術，排斥巫術，然而民眾信者仍多。生活激發起訴訟，社會需要訴訟參與運作，然而贊成者有之，反對者有之。高居於社會之上的法律早已問世，然而在統治者以法治民的同時，平民也要求依法行政，保護自己，這在北宋的江西，是很時尚之舉。

92 道光《義門陳氏大成宗譜》卷首《粹言家語》。

## 一 民知法而好訴訟[93]

北宋江西農業生產加速發展，文化教育日益昌盛，眾多的富室大戶與不斷湧現的士人促成了經濟繁榮，商業交易活躍。比較前代，有更多的平民子弟通過科舉考試，上進到官僚階層，由民戶上升為官戶。出仕為官者都將買田做屋，發家致富，藉以增強自家的經濟實力，光耀門楣。富而學，學而優則仕，仕而更致富，三者互相推進，互為因果。於是，擴大土地佔有量的欲望普遍強烈，於是爭奪土地的糾紛相應增多。所謂「疆理之充斥，訴訟之紛紜」之類的爭訟，反映了民眾的社會身份平等、法律意識增強，是社會在發展中新出現的競爭，不是破壞性的赤裸裸的暴力劫奪。往世豪強大族稱霸地方，小民不敢抗爭，或控訴無門的黑暗，已經沖淡，減少。因此，習學法律規條，瞭解訴訟門徑，尋求勝訴訣竅之類的活動，成了鄉間的熱門，而總結寫狀紙，辯曲直，找法律根據的知識與經驗，成了社會需求，相關的書冊應運而生。

北宋的政治大局與社會經濟相適應，專制集權加強，法制權威提高，州縣衙門有很大的統治能量，百姓對皇權惟命是從，視官府為保護者，故而願意進衙門聽官吏裁判爭端，訴訟遂有「打官司」的俗稱。江西民間興起訴訟之風，社會輿論認為江西人好

---

93　參見許懷林：《民俗好訟——江西民俗文化研究之一》，載《南昌大學學報》1995 年增刊；《宋代民風好訟的成因分析》，《宋史研究論文集》河北大學出版社 2002 年版。

訟。

真宗景德年間（1004-1007 年），袁州知州楊侃說：袁州「編戶之內學訟成風，鄉校之中校律為業。故其巧偽彌甚，錐刀必爭，引條指例而自陳，訐私發隱以相報，至有訟一起而百夫系獄，辭兩疑而連歲不決」[94]。這裡雖然是說袁州之民，實際可以看作是江西十三州軍的普遍現象。民眾「學訟成風」，實在是大進步。能夠「引條指例而自陳」，說明對法律內容已經相當熟悉；敢於「訐私發隱以相報」，則是有了依法抗爭自覺性。

北宋法制因襲唐朝律令格式，編制了《刑統》三十條，之後隨時損益，制定出大批具體條文。從太祖至仁宗慶歷年間，編訂出《總例》五百條，《一司敕》二三○七條，《一路敕》一八二七條，《一州、一縣敕》一四五一條[95]。儘管已有數千條法律敕令，仍然有「法所不載」的異樣案情，後出的相同案件，便參照以前的案例判決，因而常有「引例破法」的現象。官吏斷案或依法律，或據案例，沒有定準。因此，民眾訴訟，也需瞭解相關的法與例，才更利於辯護。這些就是袁州之民「學訟」的背景。官府的法制現狀，促使民眾將培養與提高「引條指例」的能力，看成非常現實的生存需求。

袁州民間的風氣，也存在於其他州縣。例如虔州：慶歷年間（1041-1048 年），興國知縣程珦，瞭解到「邑素號難治，而衣錦

---

94　光緒《江西通志》卷六七《增修袁州郡廳記》。
95　《宋史》卷一九九《刑法志》。

鄉尤甚。……江西民善為贗券爭人田，旁邑有訟，積十餘年不能決，部使者委八荊根連佐證，囂然盈庭」[96]。會昌縣，其民「健訟，善匿情成獄，戶婚事多久不決」[97]。

吉州至和初年（1054 年），首任永豐知縣段縫說：吉州吉水「丁糧之繁，賦輸之夥，疆理之充斥，訟訴之紛紜，為州與縣者常病之。……今天下號難治惟江西為最，江西號難治惟虔與吉為最」[98]。朝廷的文告稱：「虔吉二州，有家學教習詞訴，積久成風，脅持州縣，傷害善良。」[99]「家學」，自然是民辦書院；民間「教習詞訴」，而且「積久成風」，可見訴訟為迫切需要，早已深入社會生活之中。至於「脅持州縣，傷害善良」，這是對訴訟的評價，需要具體分析。州縣是帝王與朝廷的具體而微，素來有絕對的權威，百姓只能馴服聽命，現在敢於據法爭辯，如此的「脅持州縣」，倒是可以防範昏官貪吏徇私枉法，有益無害。

洪州分寧縣：曾鞏寫分寧縣的民情是：「長少族坐裡闠，相講語以法律。意向小戾，則相告訐，結党詐張，事關節以動視聽……其喜爭訟,豈比他州縣哉。」[100]民眾有講習法律的習慣，喜好爭訟不比別地差。

撫州、建昌軍兩地的民俗，與上述各地相似。如南豐縣，

---

96　同治《贛州府志》卷四三。
97　《黃庭堅全集・別集》卷九《叔父給事形狀》。
98　光緒《江西通志》卷六八。
99　《宋會要輯稿・刑二之一五〇》。
100　《曾鞏集》卷一七《分寧縣雲峰院記》。

「俗喜訟,令始至,豪猾輒構事入縣,察令能否」[101]。南宋初從南城分置出新城縣(今黎川),當時人陳孔林寫《新城建縣記》說:「建昌居江西上游,本撫州南城縣,……其細民則未免健訟喜爭,租賦不時,盜賊繼作,前此令兩邑(許按,指南城、南豐)者,質明視事,夜分乃罷,尚或不給,繼以病去……」[102]由於租賦、盜賊兩大社會問題,民眾健訟喜爭,致使知縣疲於奔命,迫切要求增加一個縣,以便強化官府力量。據陳孔林說,析建新縣的請求自徽宗時就多次提出,可見爭訟的風氣由來已久。撫州崇仁縣的風氣有些異樣,「有避刑名,塞逋負,而輒殘其肢體者」。開始的時候,只是「山谷無賴之民」會這樣,後來城裡人、吏人也這樣做。「凡此非因州縣阻抑,或予奪不中,有激而後為。只欲取必於官司,以濟其奸耳。」這與使用苦肉計相似,為了打勝官司,不惜自殘手足。崇甯年間,豐城人孫妙仲為崇仁縣尉,特寫《截臂行》告誡吏民,期望革除這種惡習。文中說:「愚民氣焚胸,一忿敢趨死。以死視四肢,截臂如去指」,看到別人「截臂」得逞,遂跟人學樣。此弊成風,是因「其初姑息吏,不與杜其源」。若使奸謀者受罰,則無人仿效,「一奸不濟百奸消,共致和平裨在宥」。可惜,孫妙仲的仁厚心意未能收效,截臂惡俗繼續蔓延至於南宋[103]。

101 王安石:《郭公墓誌銘》,見《王安石全集》卷九五。
102 光緒《江西通志》卷六八。
103 吳曾:《能改齋漫錄》,卷十一《孫妙仲作截臂行》。

民眾習慣是逐漸養成的，成為風氣之後會持續存在，有很頑強的慣性。持久的社會訴訟需要，催生出訴訟教學活動，相關教材也跟著產生。沈括說：

「世傳江西人好訟，有一書名《鄧思賢》，皆訟牒法也。其始則教以侮文；侮文不可得，則欺誣以取之；欺誣不可得，則求其罪以劫之。蓋思賢，人名也，人傳其術，遂以之名書。村校中往往以授生徒。」[104]

由鄧思賢到《鄧思賢》，從教詞訴的人名變為傳其術的書名，他的影響之大，民眾對此書需求之切，由此可見。《鄧思賢》講的是打贏「官司」的訣竅，在熟悉法律條文之後的訴訟方式方法。民眾已有「引條指例而自陳」的能力，不怕訴訟，進而追求提高勝訴的本領。

《宋史》地理志對江南東、西路作出了總評議：

江南東、西路，蓋《禹貢》揚州之域……川澤沃衍，有水物之饒……而茗荈、冶鑄、金帛、稻之利，歲給縣官用度，蓋半天下之入焉。其俗性悍而急，喪葬或不中禮，尤好爭訟，其氣尚使然也。

物產多，賦稅高達「半天下」的經濟條件，是爭訟紛起的前提。百姓的脾性習尚，離不開經濟生活環境。畢生農耕或勞碌於

---

104 沈括：《夢溪筆談》，卷二五《雜誌》。

山林的人，質樸、耿直、務實，卻不會周旋人際關係，不瞭解官場行情；奔走於碼頭、貿遷於都市、進出於衙門者，靈敏、多識、乖巧，善於和胥吏打交道，有縱橫捭闔以智取勝的技能。他們二者的生活處境，養成的思維習慣、價值觀念全然不同。宋以前的史書中，不見關於江西人好爭訟的談論，到北宋卻有了尚訟的社會風氣，這是農業經濟振興，商貿交通發達，文化教育相對普及，法律知識傳播民間，人們的法制觀念增強的結果。質樸而耿直的人打官司，有一股「較真」的硬勁，往往只認「死理」而吃虧。失敗的教訓，迫使他們下功夫學習法律，掌握訴訟本領。

## 二　田訟是訴訟的首要內容

民眾進衙門要求秉公判決的糾紛案件，主要是土地所有權糾紛，為爭田地而起的角逐。

唐末五代以來，江西勞動力大增，耕地趨於緊缺，佔有耕地，是掌握財富的主要象徵，發家致富的重大目標。各階層成員對土地的強烈欲望，加劇土地兼併，使土地所有權轉移加快。北宋實施「不抑兼併」的政策，一方面是以耕地換取政治統治權力，另方面是適應農業經營活躍的形勢。然而，經濟領域中的蓬勃生機，伴隨著無數的齷齪、奸詐和痛苦，引發出與日俱增的田產爭奪訟案。

虔、吉州「難治」，即因田地爭奪激烈。興國縣的衣錦鄉，顧名思義，必是官紳眾多之鄉，他們兼併田地的勢頭更猛烈，故尤難治理。而搶佔田地的手法，更多地採取偽造田契，製造合法依據等欺詐手法。所謂「善為贗券爭人田」，吉州永新縣豪民龍

聿即是一例。他騙周整的田，先謀得周家其他文契的尾印，而後「撰偽券續之」。周整母親訟於縣，訟於州，訟於路，乃至朝廷，「擊登聞鼓，皆不得直」[105]。即因辨識文契真假、判定歸屬的難度大。最後，來了知縣元絳，他看出此「券年月居印上」的破綻，才判了這件懸案，龍聿「即日歸整田」。

泰和縣的情況，據黃庭堅等人的瞭解，田契的問題最多。民眾插筆於冠，懷揣法律文書，隨時準備打官司，「土風尊健訟，吏道要繁刑」，故而訟端來勢洶洶[106]。官場評議為「里俗險悍，喜構虛訟」。知縣戚綸寫《諭民詩》公告，其中說：「文契多欺歲月深，便將疆界漸相侵。官中驗出虛兼實，枷鎖鞭笞痛不禁。」[107]胥吏對待訴訟之民，是頻繁用刑，枷鎖鞭笞，常是屈打成招。然而，要真正驗明年深日久的偽文契，不是輕易之舉，故而訟訴歷年不決，積案重重，涉案人多，所以地方官員為此煩惱。

永豐縣之所以要建立，即因丁糧繁，賦輸夥，疆理充斥即田界交錯，引發利益衝突，訴訟紛紜，「為州與縣者常病之」。當時組建永豐縣，從吉水縣分割三點五萬戶，接近全吉州在唐天寶元年的總戶數（3.7 萬），可見人口稠密，土地墾辟與人地矛盾同時增加，所以會有田界犬牙交錯，丁糧賦稅中的糾葛極多，導

---

105 《宋史》卷三四三《元絳傳》。
106 黃庭堅：《太和奉呈吉老縣丞》，見《黃庭堅選集》第 151 頁，上海古籍出版社 1991 年版。
107 僧文瑩：《玉壺清話》卷四。

致訟案堆積。增設永豐縣的用意之一，是「欲使昔之遠而難告者，今得近而赴訴；昔之紛而難理者，今得總而就緒」[108]。增加了一個縣，能就近而及時的控訴與審理，相對地有利於更快更公正地裁決訟案。

袁州民戶學訟成風，爭鬥的也是田產。知州楊侃指出袁州的問題在於：「地接湖湘，俗雜吳楚，壤沃而利厚，人繁而訟多。」與此相連的湖南民風也是：「（荊湖）南路有袁、吉接壤者，其民往往遷徙自占，深耕溉種，率致富饒，自是好訟者亦多矣。」[109]景祐二年（1035 年），劉沆知衡州，當地大姓尹氏，欺鄰居子幼翁老，「欲竊取其田，乃偽作賣券，及鄰翁死，遂奪而有之」。其子訴於州縣，二十年不得決。劉沆受理此案，驗尹氏歷年納稅單，發現稅少而田多，於是質問：你當時立田契，按朝廷規定問過鄰居嗎？他們多數人還在，可傳來訊問。尹氏知再瞞不住作偽，遂伏罪[110]。

從吉州至袁州，至湖南，凡是土地墾種擴展迅速的所在，便有土地糾紛，形成「錐刀必爭」的民風。百姓競爭，官紳搶奪，都以耕地為物件。農業經濟興旺起來，耕地的價值就會提高；由科舉進入仕途的人與日俱增，兼併土地的糾紛就跟著劇烈。這個時期兼併的特點是，偽造文契，訴諸官府裁決。這種土地訴訟之

108 光緒《江西通志》卷六八。
109 《宋史》卷八八《地理四》。
110 《宋史》卷二八五《劉沆傳》。

風，顯示著經濟契約關係的深入，以及國家權威受到尊重。民眾的法律意識增強，文明程度提高也由此體現。圍繞田產而派生出來的立繼、歸宗、婚嫁、分家，以及祠產、墓地等方面的訟案，跟著頻繁起來，堂皇的倫理往往受到赤裸的利益挑戰。官府與士紳學者們關於孝義、禮樂、道德的教化，未能遏制住財富追求與訴訟風氣的漫延。

### 三　輿論關於「好訟」的評議

江西眾多州縣均因民「好訟」而被列入「難治」之列。對此的評議，就已掌握的資料來看，否定的意見占多數。黃庭堅於元祐八年（1093 年）九月寫《江西道院賦》，其序曰：

江西之俗，士大夫秀而文，其細民險而健，以終訟為能，由是玉石俱焚，名曰珥筆之民，雖有辯者，不能自解免也。惟筠為州獨不囂於訟，故筠州太守號為『守江西道院』，然與南康、廬陵、宜春三郡並蒙惡聲。[111]

筠州和袁州山水緊接，有同樣的生產生活環境，民風一致，本在情理之中。民諺謂：「筠、袁、贛、吉，腦後插筆」，正是總述四州好訟的風尚。黃庭堅認為筠州是受牽連，「並蒙惡聲」，這大概就是自辯而不得解脫的一例。換言之，認定訟風遍四州的

---

111　《黃庭堅全集・正集》卷十二《江西道院賦》。

興論占上風。對這種風氣，黃庭堅將他看作是「細民」的行為，「秀而文」士大夫是不會有的。其實，任何事象分析到深刻細緻的程度，都有個性差異，不會人人都一樣。自家受侵害而訴訟，與那種借打官司而訛詐他人，謀取不義之財的行徑，不能等同；而借打官司牟財的人，在「細民」與士大夫之中都可能有。但我們不能因為抨擊「訟棍」而反對訴訟。

「終訟為能」，是應該肯定呢還是該否定？須具體辨析。上節周整母親反覆告狀，從永新縣到吉州，從吉州到江南西路，從江南西路到汴京，「皆不得直」。如果甘休不再訟，則將失去自己的「上腴田」，而「豪子龍聿」的欺詐得逞，並獲合法外衣。讓侵吞得到保護，而受害者冤不能伸，那是昏貪官僚與豪霸們共同製造的黑暗。周整之母堅持抗爭的倔勁，終因新任知縣元絳的精明而勝訴。如此「終訟」能不讚頌？視為惡名聲的內容，應是「善為贗券爭人田」，不該是受害者的頑強申辯。

黃庭堅讚賞「不囂訟」，期望用道德教化改變風俗，其賦文中說：「珥筆教訟者傳問孝之章，劓耳鎖吭者深春耕之耒。賣私鬥之刀劍以為牛，羞淫祠之樽俎以養親。」他的善良心願，在北宋的現實中不可能實現。

「囂訟」的事象，是何人搞出來的？從曾鞏對分寧人的描述中可以看到一些行跡，他說：

「分寧人勤生而嗇施，薄義而喜爭，……意向小戾，則相告訐，結党詐張，事關節以動視聽。甚者刻金木為印章，摹文書以紿吏，立縣庭下，變偽一日千出，雖笞撲徒死交跡，不以屬心。」

民眾相互之間有了糾紛，進衙門論曲直並非壞事，然而事關節、刻印章、摹文書欺詐官吏，明顯是惡劣「訟棍」藉以霸佔錢財、蒙蔽視聽的伎倆。熟悉而且需要玩這套騙術的，不是小民，不是農夫，無財無勢之人總是受害者，他們勝訴的根由是事實本身；而霸道者的慣用技倆則是造假以混淆黑白，行賄以換取貪吏呼應。因為衙門中存在貪贓枉法的「關節」，奸豪惡吏們才使出「變偽一日千出」的把戲。令人遺憾的是，有些人失於分析，將「訟棍」的劣跡看作百姓皆有的習尚，當成了分寧的「土俗」。

對民訟之事，持客觀而實在的評議，當以楊侃的見解為代表。楊侃，錢塘（今浙江杭州）人，太宗端拱中（西元 989 年）進士。在前引《增修袁州郡廳記》他說：

袁之於江南，中郡也，地接湖湘，俗雜吳楚。壤沃而利厚，人繁而訟多。自皇宋削吏權而責治術，天下之郡，吉稱難治，而袁實次之。何者？編戶之內學訟成風，鄉校之中校律為業，故其巧偽彌甚，錐刀必爭。引條指例而自陳，訐私發隱以相報，至有訟一起而百夫系獄，辭兩疑而連歲不決。皆謂弊在民知法也。抑法者，民之銜勒，上執之可以禦下，下持之可以犯上也。是故子產鑄之於鼎，鄭國不聞不治；商君令之於市，秦人不聞不畏。且民者，冥也。以其冥然無知，所以難治也。今袁之民，既皆知法，是易治也，非難治也。其由在上者自紊其法，故民得以紛紜於下也。嗚呼！政不廉，法不平，雖非良民，口不可塞也。既廉且平，袁民其如予何！侃臨郡邑十有八年矣，去年秋自筠移治是郡，察弊問俗，不俟下車，亦未嘗敢變十八年之所行也。既而獄

訟清，郡事簡，比前所治，不見其異。則知有不治吏，無難治民。普天之下，莫非王土，安有袁乎？吉乎？難治郡乎？

楊侃的議論最可貴的一點，是主張「民知法」是「易治」，非「難治」。他的高明之處，是發揚先秦法家學者的進步思想，大講法律乃「民之銜勒，上執之可以馭下，下持之可以犯上」。法律作為統治階級意志的集中體現，它維護統治階級的整體利益，對社會所有成員都具有約束力。儘管封建法律是以皇帝專制為目標，有許多極不公平，極不合理的內容，然而它高踞於社會之上的特質沒有消失。當所有的臣民都凜遵法律，生活在法律規範之內，王朝的統治自然穩定，沒有「難治」之民。

假如民不知法，州縣官僚、地方豪紳妄作威福，民怨沸騰，逼上反抗的道路，則統治不穩。子產鑄刑鼎，商鞅頒令於市，就是要讓所有臣民按朝廷的旨意辦事。對朝廷而言，民知法是易治；對貪暴的官吏而言，民知法是難治。

楊侃不同尋常的見解之處，是他一針見血地指出：「政不廉，法不平」，「在上者自紊其法」是難治的根源。關於這一點，李覯也有同感。他諷刺昏貪官吏審案：

庭下縲囚何忿爭？刀筆少年初醉醒。
黃金滿把未回眼，笑殺迂儒欲措刑。[112]

112 《李覯集》卷三六《有感之三》。

貪官枉法，就是「政不廉，法不平」。百姓熟悉法律內容，就可以持之犯上，「引條指例而自陳」，使那些目無王法的官吏難於胡作妄為。「上紊其法」，故民紛紜於下，民口不可塞，這是歷史經驗的總結，具有深刻的借鑒意義。

袁州百姓敢於引條指例，訐私發隱，學訟校律，這是好事，有可能抑制「政不廉」、「上紊其法」的混亂現象。這也表明袁州的文化水準比較高，人們有比較強的政治知識。「編戶之內學訟成風，鄉校之中校律為業」，正是鄉校教育相對發達，法律知識受到重視的表現。與「冥然無知」相比，這是一大進步。有此進步，豪強大族就難於橫行鄉里；有此進步，州縣官吏就難於魚肉百姓。

## 四　吏治與檔案建設

州縣長官素質的高低，直接影響吏治的好壞。就地方「難治」一點而言，仁宗曾以江西等地「州縣長吏多不得人」，專門頒下一份詔令。皇祐四年（1052 年）春，韓絳從江南東、西路巡察安撫還京，上奏「江西人蕃賦重，州縣長吏多不得人」，又「鹽估高，民無以食」等事，被認作「難治之地」。於是，三月甲寅詔：

虔州知州、提舉南安軍、（南）雄州兵甲公事，自今盜賊屏息，政治有聞，歲滿當旌擢之。其吉、撫、饒、信、宣、歙等知州，及吉州吉水、歙州婺源、饒州浮梁、樂平、洪州分寧、臨江軍新喻等知縣，自今令審官院並不以次選人，任內無遺闕，亦旌

擢之。[113]

　　這條「特著」的詔令，涉及的州縣所在，與所謂「尚訟」的地區一致，但是沒有談及民風好訟，只論州縣長吏的治績，著眼於扭轉長吏「多不得人」的現狀。事實上州縣長官若是勤政廉明，獄訟也就寬平。周敦頤在分寧、南安、南昌審理獄訟的事蹟（詳後），充分證明了這點。袁州的社會實情也是這樣，當地發生盜賊，很久不能破案，是因「州吏為耳目」，充當了盜賊的內線。江西轉運使程師孟曾為南康軍知軍、洪州知州，知道地方實情，他去袁州先整肅衙門，然後捕盜：「械吏數輩送獄，盜即成擒。」[114]趙抃在虔州的做法，也是一個例證。嘉祐六年（1061年），趙抃知虔州，他善於調查民情，因俗施治，得悉虔州歷來號稱「難治」，於是「御之嚴而不苛，召戒諸縣令，使人自為治。令皆喜，爭盡力，獄以屢空」。趙抃的「嚴而不苛」，關鍵在教戒虔州所轄的各個縣令，發揮他們「為治」的積極性，達到「獄空」的效果。對於趙抃的政績，北宋朝廷非常欣賞，神宗每次下詔虔州知州，「必以抃為言」[115]。這些賢良士大夫所為，完全印證了楊侃的觀點：民皆知法，是易治；州縣「難治」在於「在上者自紊其法」，「政不廉，法不平」；結論是「有不治吏，

113 《續資治通鑑長編》卷一七二。
114 《宋史》卷三三一《程師孟傳》。
115 《宋史》卷三一六《趙抃傳》。

無難治民」。

在對江西民眾好訟的評議中，有一條別有趣味，那就是：因江西民眾的訴訟，引發了中國文書檔案建設。這是一樁真實的歷史事件，可說是社會的格外收穫。撫州崇仁吳曾記載說：

仁宗朝，周湛為江西轉運使，以江西民喜訟，多竊去案牘，而州縣不能制，湛為立千丈架閣。法以歲月為次，嚴其還去之罪。朝廷頒諸路為法。[116]

這條史料告訴讀者：北宋頒行千丈架閣法，嚴厲實行檔案出入制度，是在仁宗時期。其次，千丈架閣法的創始人是江西轉運使周湛。這兩點都是可信的。再次，立此法的起因，吳曾說是「以江西民喜訟，多竊去案牘，而州縣不能制」，這點有討論的必要。將檔案丟失歸咎於民喜訟，不見得符合事實。《宋史周湛傳》對此事是這樣說的：

周湛，字文淵，鄧州穰人……為江南西路轉運使，州縣簿領案牘，淆混無紀次，且多亡失，民訴訟無所質，至久不能決。湛為立號，以月日比次之，詔下其法諸路。[117]

---

116 吳曾：《能改齋漫錄》，卷一《立千丈架閣》。
117 《宋史》卷三〇〇《周湛傳》。

傳文這裡把丟檔案與民訴訟的關係擺正了。按常識思考，只能是州縣衙門管理混亂，檔案沒有合理的庋藏，嚴格的管理，才會導致零散丟失，以致有的文牘流入民間。有了這種事實在前，必然就有「民訴訟無所質，至久不能決」的弊政，而奸詐豪強偽造契券霸佔田地就可能得逞。當然，訴訟的合理裁決，根本上取決於官吏的公正執法，但關係著事實根據的文書之有無，則是非常重要的前提。因此，不管怎麼說，江西民眾的訴訟活動，竟引來了中國政府檔案建設的進步，意外得到制度文化的一個大成果。

## 五　民信巫鬼與官吏治巫

尚巫，是江西社會生活中又一種普遍存在的民俗。信鬼、尚巫，由來久遠，各地都有。歷朝封建政府和地方官員，多有禁令和打擊措施，但是仍然流行民間，巫覡照常活動。洪州自古為江西首府，饒州是經濟文化素稱發達之地，然而，信鬼之風，尚巫之俗，不減偏遠州縣。作為民間的觀念形態和迷信活動，它和帝王官貴們的齋醮祈禳活動，在本質上沒有什麼兩樣，而且具有同樣的經濟基礎和政治背景。信鬼尚巫的活動，往往處於非法地位，卻偏能頑固地延續於民間，其中原因很複雜。僅就直觀現象方面來看，與生存環境很不衛生，醫藥條件極差，以及人們對自身疾病、對自然界的認識非常膚淺，有很大的關係。

洪州的男覡、女巫，人數多而活動頻繁，對社會的腐蝕很厲害。東漢順帝時期（西元 126-144 年）他們曾捏造「郡土多山川鬼怪」，恐嚇居民，騙取錢財。到了北宋，社會上巫鬼淫祀仍很

猖獗，荊湖、嶺南的一些地方甚至有殺人祭祀的陋俗。真宗時期，夏竦向皇帝的《對策》之中，即把「禁淫祀」列於「議國用」、「均賦斂」、「論將帥」同等地位，作為朝廷大政之一。由此看出，迷信鬼巫是那時很普遍的社會弊病。夏竦，江州德安縣人，對江西的民情習俗有切實瞭解。他在仁宗時期任洪州知州，時值大疫，他「命醫製藥分給居民」。醫生告訴他民眾信巫鬼，「每有疫病未嘗親藥餌」。夏竦說：「如此則民死於非命者多矣。」遂決定禁巫，並向朝廷奏報巫師害民的情況：

（洪州）編氓右鬼，舊俗尚巫。在漢欒巴，已嘗翦理，爰從近歲，傳習滋多。假託禨祥，愚弄黎庶。劋絕性命，規取貨財。皆於所居，塑畫魅魑。陳列幡幟，鳴擊鼓角，謂之神壇。嬰孺繦褓，已誘令寄育，字曰壇、壇保之類。及其稍長，則傳習妖法，驅為童隸。民之有病，則閉施符術，禁絕往來，斥遠至親，屏去便物。家人營藥，則曰神不許服；病者欲飯，則雲神未聽殣。率令疫人死於饑渴。洎至亡者服用，又言神祟所憑，人不敢詔，規以自入。若幸而獲免，家之所資，假神而言，求無不可。其間有孤子單族，首面幼妻，或絕戶以圖財，或害夫而納婦。浸淫既久，習熟為常，民被非辜，了不為怪。奉之愈謹，信之益深。從其言甚於典章，畏其威重於官吏。奇神異像，圖繪歲增。邪籙祅符，傳寫日夥。小則雞豚致祀，斂以還家。大則歌舞聚人，食其餘胙。婚葬出處，動必求師，劫盜鬥爭，行須作水。蛀耗衣食，眩惑里閭，設欲扇搖，不難連結。

夏竦描述了洪州巫覡當時的活動內容，設神壇，托禨祥，收養嬰兒，驅役童隸，拒絕醫藥，吞沒財物，騙取婦女，勾結盜賊，圖繪神像，妖言惑眾等劣跡。民間對巫師習熟為常，深信謹奉，聽命畏威。夏竦從維護統治的高度著想，認定巫覡不僅耗蝕財賦，甚至容易聚眾造反，建議嚴厲鎮壓：「宜頒峻典，以革妖風」。他沒有坐等朝廷詔令，先已實施了打擊奸巫，並將結果同時奏報：

當州師巫一千九百餘戶，臣已勒令改業歸農，及攻習針灸之脈，所有首納襖妄神像、符、神衫、神杖、魂巾、魂帽、鐘角、刀笏、沙羅等一萬一千餘事，已令焚毀及納官訖。伏乞朝廷嚴賜條約，所冀屏除巨害，保宥群生，杜漸防萌，少裨萬一。[118]

夏竦的奏疏得到朝廷的批准，仁宗天聖元年（1023 年）十一月下令，江南東西、荊湖南北、廣南東西、兩浙、福建路對巫師活動「悉禁絕之」[119]。

洪州的主客戶數在元豐三年（1080 年）為二五六二三四，而此前約六十年的師巫戶為一九〇〇〇餘，占百分之七點四二，

118 夏竦：《文莊集》，卷一五《洪州請斷襖巫奏》，四庫全書本。《續資治通鑑長編》卷一〇一載夏竦奏文，「已令寄育」作「誘令寄育」，「門施符術」作「門施符咒」，「傳寫日夥」作「傳寫日異」，「針灸之脈」作「針灸之方」，等。兩文本的文字差異還有一些，此未全部校注。
119 《宋史》卷二八三《夏竦傳》。詔令寫明依師巫活動情節區別定罪，全文見《續資治通鑑長編》卷一〇一。

可見「滋多」。這些「師巫」深入民間，紮根於社會土壤，達到「民被非辜，了不為怪」的程度。朝廷因洪州案例發布的禁令，以江南各路為物件，表明右鬼尚巫是非常普遍的社會存在，不是一地一時的偶然事件。沒有社會制度的根本變革，沒有文化科學的高度發展，沒有民眾自身的唾棄，單憑官府的一、二次打擊，不可能轉變「右鬼尚巫」的風俗，仁宗的禁令也不會有多少實際收效。

神宗熙寧初年，虔州知州劉彝又有一次打擊「淫巫」的行動。他發現「俗尚巫鬼，不事醫藥」，一方面集中醫生寫出《正俗方》，專論傷寒之疾，教導民眾，求醫問藥，同時「盡籍管下巫師得三千七百餘人，勒之各授方一本，以醫為業」[120]。巫鬼與醫藥對立，不僅是觀念形態問題，更是醫藥科學的昌明與普及問題。當時荊湖地方的州縣官，仿效劉彝的做法，也取得禁止巫術，推行醫藥的效果。夏竦、劉彝在打擊淫巫同時，促使他們攻習針炙方脈，以醫易業，推廣醫藥治病，做出了成效，值得讚揚。

贛東北的民俗中也有好巫的內容。饒州安仁縣（今餘江）「俗好巫，疫癘流行，病者寧死不服藥」。英宗時期，縣令蔣靜（常州宜興人）對好巫的陋習進行了一次打擊，他「悉論巫罪，聚其所事淫像，得三百軀，毀而投諸江」[121]。

---

120 曾敏行：《獨醒雜誌》，卷三。又《宋史》卷三三四《劉彝傳》。
121 《宋史》卷三五六《蔣靜傳》。

社會現象很複雜，人的觀念也不單純。例如李覯，是具有樸素唯物主義傾向的思想家，寫了大量關於社會政治、反映民生疾苦的文章，繼承了荀況等人批判佛教和鬼神蔔筮的思想傳統。但是卻對南城的「五通」神廟深信不疑，寫文章宣傳「五通」神，說神使其老母在景祐元年（1034 年）冬的一次大疫中病癒。他著文說：「世奉『五通』，禱祠之人日累什百。景祐元年冬，裡中大疫，而吾家與焉，乃使人請命於『五通』。……『五通』諗以無害。疾之解去，皆約以時日，雖寶龜泰筮弗是過已。」最後他說：「『五通』神有功於予，其可以廢？」**122**，李覯的現身說法，為巫覡們的活動，提供了有利的例證。

## 第五節 ▶ 漸起的修譜之風

唐末五代的社會大動亂、大劇變，基本上把士族趕下了歷史舞臺，講究門第的社會觀念淡薄了。然而，傳統習慣很頑強地遺留在士大夫身上，保族強宗的需求，在新興的庶族官僚層中，仍然普遍而強烈地存在，於是滋生出編修家譜的積極活動。與過去不同的是，修譜的主體已由豪門世家讓位於普通的官僚士大夫，修譜事務已由民間自撰代替了朝廷官修。修譜的目的不再是保護特權，而是轉移到睦族敬宗、維繫家族傳統上面來。北宋中期，正是統治大局進入一個轉折時期，政治上掀起慶曆改革浪潮，思

想上扭轉「禮崩樂壞」狀態，社會上則悄然興起修譜之風。關注家譜編修，是北宋強化忠孝倫理建設的一個組成部分。王安石為許子春寫《許氏世譜》，鋪敍宋以前許氏歷代名人，宣揚「盛德者必百世祀」的古訓，故許氏後世為「忠孝之良」[123]。許子春將此譜寄歐陽脩，脩「讀之稱善」。這樁小掌故表明，通過本家族歷史名人事蹟，傳揚忠孝觀念，是宋代士大夫編寫家譜的宗旨。最先提倡修家譜，並產生了深遠影響的是歐陽脩、蘇洵。

## 一 蘇洵的修譜理論與實踐

蘇洵（1009-1066年），字明允，眉州眉山（今四川眉山）人。自他的曾祖以來三代皆不顯，但無衣食之憂。他發奮讀書，屢試不中。嘉祐初，歐陽脩讀到他的二十餘篇文章，並向朝中官員推薦，大家互相傳閱，一時士人皆學其文，以為師法。其子蘇軾、蘇轍同時舉進士，並中制科，蘇氏父子三人，遂以文章名天下。至和年間（1054-1056年）蘇洵寫出《蘇氏族譜》、《譜例序》、《蘇氏族譜亭記》、《族譜後錄》、《大宗譜法》等文，宣導修譜。他指出，士族衰敗而譜牒廢絕，新起的權勢之家「由賤而貴者恥言其先，由貧而富者不錄其祖」[124]。從社會底層升上來的

---

123 《王安石全集》雜著卷七一《許氏世譜》。又，劉延世錄孫升述《孫公談圃》卷上：「荊公為許子春作家譜，子春寄歐陽永叔，而隱其名。永叔未之觀。後因曝書，讀之稱善。初疑荊公作，既而曰：介甫安能為，必子固也。」四庫全書本。

124 《譜例序》，見《三蘇全書・蘇洵集》卷一九。

人不願說祖宗，是因為沒有過去世家豪族那樣的世襲特權與社會
地位。蘇洵擔憂：變化了的人情世態，就會出現兄弟之子孫相互
不認識，好像過路之人；而能繼承優良傳統，成為賢德之士者僅
只數人。此種後果，皆因不立譜所造成。很顯然，修譜的動機與
行為，是士族門閥修譜的遺留與發展，農民大眾與修譜無干，他
們沒有是否修譜的煩惱，也無人為他們的家譜之事操心。

　　如何挽救這種社會危機？他認為，作譜，則可記下先輩業
績，薰陶後代，使「祖宗不忘，宗族不散」；激發孝弟之心，在
宗族之內，鄉鄰之間，都將息爭訟，興禮讓，講仁義，去奸偽驕
狂之行。他認定，家譜為君王所重視，士大夫應當知曉，如果不
立而廢，是學者的罪過。

　　關於修譜的原則方法，蘇洵重申商周時代的宗法制度，區分
大宗小宗，確定五世為一系列的作譜原則。他准此規條，把自家
的《蘇氏族譜》編寫了出來，並寫有上述系列文章，宣示自己的
修譜思想主張。

## 二　歐陽脩的修譜理論與實踐

　　大約與蘇洵同時，歐陽脩寫出了《歐陽氏譜》，有圖有序。
其序說了歐陽氏得姓緣由，本族遷入吉州落籍的概況。譜圖則是
世次名表，依傍行斜上的方法排列。圖之後則記述了祖輩的簡略
事蹟。最後，他寫了一段《譜例》，對修譜的體例講了五項要
點，他說：

　　　姓氏之出，其來也遠，故其上世多亡不見。譜圖之法，斷自

可見之世，即為高祖下至五世，玄孫而別自為世。如此世久子孫多，則官爵功行載於譜者，不勝其繁，宜以遠近親疏為別，凡遠者、疏者略之，近者、親者詳之，此人情知常也。玄孫既別自為世，則各詳其親，各系其所出，是詳者不繁，而略者不遺也。凡諸房子孫各記其當記者，使譜牒互見，親疏有倫，宜視此例而審求之。**125**

歐陽脩這裡所講的五條，符合實情，明白易曉，切實可行。首先，他把姓氏與家譜分別開來，不將遙遠而難明的姓氏淵源夾在家譜中敘述，避免雜亂不清。其次，確立家譜只寫高、曾、祖、父、自身五代的原則，這非常好。「斷自可見之世」，不去無止境地追溯遠祖，既有利於將人事寫得準確明白，又能夠合理解決親疏繁簡的矛盾，做到「詳者不繁，而略者不遺」。再次，他告誡諸房子孫「各記其當記者，使譜牒互見，親疏有倫」，這就明白地將修譜定作家族的私事，同時堅持「玄孫別自為世」原則，既分得清楚親疏，又可以參稽互見。事實證明，凡是這樣修的家譜，事蹟翔實可考；反是，譜中就多有似是而非，難於致信的成分。

歐陽脩沒有像蘇洵那樣寫文章專論修譜的大道理，但他們二人作譜的原則與方法是一致的。歐陽脩作譜的動機，與蘇洵沒有差別，其譜序說：「自唐末之亂，士族亡其家譜，今雖顯族名

125 《歐陽脩全集・居士外集》卷二一《歐陽氏譜圖序》

家，多失其世次，譜學由是廢絕」。正是有感於家譜亡、世次失的現狀，他仿照《史記》中「表」的編寫方法，「上下旁行，作為譜圖，上自高祖，下至玄孫」，編出自家的譜。

為什麼要這樣編寫？他解釋說，旁行而列，見子孫之多少；玄孫別自為世，是別其親疏，二者結合起來，便可「子孫雖多而不亂，世傳雖遠而無窮」。事實上，他之所以申明這個原則，寫出自家譜圖，客觀上還有一個示範的意思，他告訴曾鞏：「近代士大夫於氏族尤不明其遷徙，世次多其序，至於始封得姓，亦或不真」[126]，故「斷自可見之世」是很明智的。

歐陽脩曾審閱過蘇洵送來的《蘇氏族譜》，據蘇洵說，修「見而歎曰，吾嘗為之矣。……是不可使獨吾二人為之，將天下舉不可無也。」[127]歐蘇二人都有為天下先，為世人作修譜表率的用意。以後的事實證明，他們期待大家都修譜的設想得到了兌現，他們定下的原則與方法──「歐蘇譜法」，也在參照之中運用，並隨宜更變，不斷擴充家譜的內容與篇幅，完全不是歐蘇之譜所可比較了。

## 三　對歐蘇等家族譜牒的分析

歐陽脩、蘇洵率先修出的家譜內容都非常簡約。《蘇氏族譜》本文兩頁半，其中序文約一頁，五百字；表一頁半。加上

---

126 《歐陽脩全集・居士集》卷四七《與曾鞏論氏族書》。
127 《三蘇全書・蘇洵集》卷一九《譜例序》。

《族譜後錄》五頁，《譜例序》半頁，總共也只八頁，五三七六字。[128]在不足一頁的五百字中，說眉州蘇氏自唐朝神龍初年（西元705年）蘇味道開始，而他的譜只「自吾之父以及吾之高祖，仕不仕、娶某氏、享幾年、某日卒，皆書，而他不書。」他自己只有一個「洵」字，兩個兒子的名字也沒有。

《歐陽氏譜圖序》共六頁半，前有序文十二行，中間為表，占三頁多。表中列出兩批人的名字，前一批是南朝齊至唐的五世人，共二十二個人名，後一批也是五世人，自吉州開基祖——歐陽脩的高祖起，至脩自身，共六十七個人名。表之後，點出了高祖以下四代二十二個人的事蹟，多數人只有幾句話、一二行，最多的不滿三行，計一二三字；最少的兩個人，名下僅一個官稱，五個字；還有七個人的名下寫「事蹟闕」[129]。末尾是三行半《譜例》。比較而言，歐譜比蘇譜詳細一些，多寫了四代人的簡要事蹟。歐蘇之譜都寫得很簡單，他們賦予族譜的功能都很單純，作譜的動機都很單一，只為「詳吾之所自出」、使「孝悌之心可以油然而生」。除此之外，沒有誇飾祖宗功德，沒有攀援王公貴胄，沒有為財產訴訟而留下憑據，沒有張揚文學而編輯著作篇什……歐蘇之譜，純是一家之譜，僅此而已。

以歐陽脩精湛的文學造詣，寫那樣簡明的家譜，理應遊刃有

---

128 據《三蘇全書》，為36開本，每頁24行，每行28字，總計得5376字（包括標點符號）。

129 《歐陽氏譜圖序》有「石本」、「集本」兩種，文字略有差異，此據「石本」。

餘，然而事實並非如此。周密指出：「歐公著族譜，號為精密」，但其譜表的前一半，「幾三百年，僅得五世」，後一半「才百四十五年，乃為十六世，恐無是理」。基於此，周密評論說：「後世譜牒散亡，其難考如此。歐陽氏無他族，其源流甚明，尚爾，矧他姓邪！」[130]

周密的評論依據是歐陽脩在譜序中寫的事，無法辯駁批評的不是。不可否認的客觀實際是：一姓一族的繁衍、遷徙，如樹大分枝，種子飛播，極為紛繁複雜。本來就沒有世世代代延續不斷的譜牒存世，後代子孫必然說不清楚歷代祖先的世系和事蹟。倘若硬要去寫，就免不了出現漏洞。故此歐蘇主張只寫高祖以下五代，玄孫另起一世，再寫五代。即便是這樣，要寫清楚，也不容易精當。如果輕率從事，就更不足徵信。

其他家族的譜寫得怎樣？黃庭堅有一個說法，可供參考。他對宗族渙散的實情深為悲歎，向居住在荊州的族人說：「宗子之禮廢，同姓之子孫數世之後，遂為路人，竊嘗深悲之。」因此，他表示「譜之不可無作也」，同時又批評修譜之中的虛妄行為，他說：

　　然作之者，亦不可妄作。今之人家，本寒微，或至榮顯，恥其所自出，乃冒他之華腴，以為譜者；又有家本華腴，淪至汙下，忘其所自出，乃甘心僑於寒微之族者，一皆可歎哉！苟或自立其身，

130 周密：《齊東野語》，卷十一《譜牒難考》。中華書局 1983 年版。

自追其祖，不蹈夫二者之咎，惟讀書知禮義者能之乎！[131]

　　黃庭堅這段評議，讓我們知道北宋中後期已有不少的家族修了譜。作譜的本意是明世系，但是恰恰是在祖宗世系方面出問題，或「冒他之華腴」，或「忘其所自出」。黃庭堅指出的這兩種現象，第一種攀華腴是不光彩的行為，第二種「忘記」老祖宗為權貴（華腴），則需重新分析。不敢正視寒微出身，以祖宗為權貴而誇耀，同樣不可取。「王侯將相寧有種乎」，這是歷史發展的普遍規律。古往今來，家族的升降浮沉乃平常事。北宋時代尤重科舉出身，加快了新舊更替，正如黃庭堅《家誡》中所說，四十年來歷觀時態，「諦見潤屋封君，巨姓豪右，衣冠世族金珠滿堂，不數年間復過之，特見廢田不耕，空困不給。又數年復見之，有縲絏於公庭者，有荷擔而倦於行路者。」幾個數年過程，盛大豪族就變為貧賤之人；反之，無財無勢者也可能搏鬥幾個回合，便升至社會上層。所以，指責「甘心儕於寒微之族者」，這是「士族」心態的殘餘產物。祖宗是否貴顯貧賤，雖然對眼前子孫有影響，卻不可能預定幾代以後人的命運。譜牒不該為權貴所專有。譜不可無作，亦不可妄作，這完全對。自立功勳，自我奮起，才是正道。家譜世系能明則明，不知則闕，以真實為尚。由高祖而下至自身的修譜原則，既合理又嚴格，理應堅持。

---

131 黃庭堅：《安福故口劉氏族譜序》。此序文《黃庭堅全集》無有，見姚義興《瀘瀟人家》2005 年贛內版，第 121 頁。

第七章——

書院與學校

教育的勃興

　　書院在唐末五代的基礎上，繼續蓬勃發展，彌補著地方官學的空缺，承擔起教育士子讀書的重任，儒學文化因之傳播擴大，使江西地區的文化水準持續提高起來。宋興八、九十年之後，朝廷下令州縣興辦學校，進一步帶來了教育事業的興旺發達，強化了社會重視教育與科舉的風氣。眾多的書院和州縣學校，培養出了一大批出類拔萃的人材，由進士而官宦，在社會各個領域發揮著巨大的作用。與經濟上的成就相適應，北宋江西學者在文化領域的成就，大大超越了地區界限，對當時和後世都有顯著影響，在中國歷史文化寶庫中，增添了許多珍貴遺產。

　　仁宗嘉祐中（1056-1063 年），撫州吳孝宗為饒州餘干縣寫《學記》，描述了北宋江西文化事業昌盛的形勢，他說：從北宋開始，江東、江西與浙江、福建的儒學文化大盛起來，「人才之盛，遂甲於天下」。而饒州各縣表現突出，「又甲於江南」。原因是饒州土地肥沃，物產豐足，民眾富裕，殷實之家多，「蓄百金者不在富人之列」。又當社會比較安定，故能富而重教，形成良好的民間風尚：「為父兄者，以其子與弟不文為咎；為母妻者，以其子與夫不學為辱。」[1]

　　吳孝宗的論說，雖然是針對饒州，但並不排斥洪、吉等江西其他州縣。所謂「甲江南」的排名，是論者主觀之見，無關緊要；而重視教育的自發追求，形成以子弟勤學能文為榮的觀念，則是至關重要的進步。例如，江州都昌縣，在文化教育話題中很

---

1　詳見洪邁《容齋隨筆・四筆》卷五《饒州風俗》。

少提及它，但考古資料證明，這裡的富裕戶也是致力於教育的。一九七七年都昌縣發現嘉祐七年（1062 年）墓一座，出土墓誌銘寫道：「君諱顯，字曜卿……南康軍都昌邑桃源人，鄉閭咸以令望稱……以族人眾多，欲高其門第，遂基構三百間，工未畢而棄世……然弟侄協力成事。……弟昺、侄殼、慮，進士舉。……若妹，若孫，拾餘人皆肄於學。」[2]這位殷富的陳顯，在族人眾多的鼎盛時刻，既大興土木，又熱衷讀書應舉，乃至家族的女性成員也有入學者——「若妹，若孫，拾餘人皆肄於學」。這個事例，無疑是當地「不文為咎、不學為辱」民風的表現。

浙江東西路、江南東西路和福建路，從五代以後，經濟振興，文化昌明，人才鼎盛，甲於天下。經濟和文化二者的關係，是先有家富，然後才有重視教育的風氣。但是，土肥物阜不會直接產生重教的後果。社會長期安定，是必不可少的前提；當地人士追求文教的強烈欲望，以及不少地方官熱心儒學的施政也是很重要的。

吳孝宗的宏論發表在仁宗嘉祐年間，鑒於進士湧現的歷史進程（詳見下章），他這是對客觀事實的小結，不是對未來的推測，即是富而重教民風早已存在，並且見於成果，所以他敢於大膽地作出「甲於天下」的結論。這裡舉一點事例，比較南北地區差異。神宗熙寧年間，韓琦以使相之尊，出判相州（今河北成

2　周振華：《都昌縣發現北宋墓葬》，載《江西歷史文物》1980 年第 2 期。

安、河南安陽一帶），他回到家鄉之後，關注學校，並見之行動，據彭汝霖記曰：「大丞相魏王韓公出判相台，大興學校，聞二人賢，禮而致之。方事之始，州縣未甚趨向，惟相台獨盛，四方聞風至者眾。韓公喜曰：『學校之成，二人之助也。』」[3]這裡所說的「方事之始，州縣未甚趨向」、「學校之成，二人之助也」，透露出當地學校教育此前尚未振起，民眾的積極性比較低落，而這種形勢的轉變是在熙寧年間才開始。知道了這個事實之後，再來回味晏殊在應天府（今河南商丘）辦學，延請范仲淹教生徒的故事，可以看出晏殊引發的天下興學熱潮，在各地發展得很不平衡，即便是宋朝的北京大名府地區，也不如江西等路。

在書院這個題目下，可以分為私塾、書院兩種，一般地說，私塾比較初級些，書院相對好些，名氣稍大些。書院之中還可分為個人讀書型、家族型兩種書院。個人讀書型書院就其規模而言，是最小的，然而有的以其主人日後功成名就，有的因其演變成家族式書院，被載入史冊而提升了。家族書院一般的都有較大規模，人數較多，效果較大，其中尤以「義門」家族書院最著。

---

3　彭汝霖：《將仕郎張由墓誌銘》，見陳柏泉《江西出土墓誌選編》，江西教育出版社 1991 年版，第 91 頁。文中所說二人指張由、鐘傳。

# 第一節 ▶ 家族書院的興辦

## 一 私塾

　　私塾與書院，是民間開辦的教育設施，廣泛存在於州縣城鄉。它們的組織簡單，興廢不定，教學靈活，適應民眾對文化知識的需求，在推廣教育，提高文化水準上有不可替代的歷史地位。私塾與書院都由民眾自辦，二者沒有重大區別。如果說私塾是更樸素的鄉間教育形式，書院則更多地與官紳名流連接著。書院在發展過程中，有的演化為官辦，和州縣學校同時並立，成為更正規的教育機構。

　　散布於廣大鄉村的私塾，由殷實大戶或村民集體開辦。其中不少是家族性的私塾，但也有接納別家子弟的。私塾中教兒童識字、寫字，傳授農業生產和生活中的一些實用知識，稱作「發蒙」，即啟蒙教育，因此又稱「蒙學」。多般沒有校名，然而辦在鄉間，農忙時休學，農閒則開學，方便農民子弟入學，受到鄉民的歡迎。五代南唐時期，洪州南昌鄉間的一些私塾辦得很好，有碩學宿儒在那裡任教，令官僚們讚歎。北宋時期，鄉村私塾繼續發展著，楊侃所說的袁州「鄉校之中校律為業」，便是教學的內容更豐富了，也更受到鄉民的重視。

　　可能是因私塾、鄉校中教學法律常識，官府以民眾好訟為「難治」，官僚們連帶著批評私塾說：「江西州縣有號為教書夫子者，聚集兒童，授以非聖之書，如《四言雜字》，名類非一，方

言俚鄙，皆詞訴語。」[4]雜字，是生活常識用字，內容龐雜，取材簡要，四個字一句，便於念誦。它不是孔孟儒學的四書五經，卻很實用，是生活於農村的儒生們精心編撰出來的。此外，還有用地方話編寫的關於訟訴的書。愚頑的官僚們視此類為「非聖之書」，建議官府加以禁止，從反面證明私塾興盛，教書夫子不少，引起了官府的注意。社會歡迎的，官府禁不了，《四言雜字》流傳了下來，直到近代仍是坊間的教學資料[5]。

「教書夫子」，是宋代比較昌盛的教育培養出來的知識份子——士人，其中有許多人是科舉考試中的失敗者，他們生活於鄉間，是傳統文化的忠實傳播者，對社會作出了基礎性的貢獻。

私塾的啟蒙教學，不全是一般的讀書識字，也有更深的政治歷史內容，如《十七史蒙求》便是此種教材。該書編撰者王令，字逢原（1032-1059 年），廣陵（今江蘇揚州市）人，學問該博，自《史記》至《新五代史》無不通究，將歷代聖君、賢相、忠臣、義士、孝子、烈婦的事蹟以類纂輯，標題皆以八字組成，四言一句，兩句成對，對偶協韻，方便記誦。每題之下，附寫簡練的相關的故事。例如，卷三《李藩塗詔，和鼎壞麻》一條，上一句寫唐憲宗時的李藩，採取塗改詔書的緊急行動，阻止了河東節

---

4　《宋會要輯稿》刑法二之一五〇。

5　周穀城 1985 年 8 月寫《傳統蒙學叢書・序》，其中說：「研究宋代文化，……不妨研究研究《三字經》和《百家姓》……當時普通人所受的教育，以及他們通過教育而形成的自然觀、神道觀、倫理觀、道德觀、價值觀、歷史觀，在這類書中，確實要比在專屬文人學士的書中，有著更加充分而鮮明的反映」。

度使王鍔賄賂權貴，求兼宰相的企圖；下一句寫唐文宗時的李和鼎，反對欠缺德望的鄭注為宰相，聲言要破壞其任命詔書（白麻紙寫成）。該書主旨，就是著重吸取歷史的經驗教訓，從古人的言行品德中攝取精神營養。

王安石很器重王令，視為知己，曾說「力排異端誰助我，憶見夫子真奇才」[6]。稱他是「有常心以操聖人之說而力行之」的人。《十七史蒙求》一書，正是王令展示自己志向的證明。

鄉間「教書夫子」的社會需求來自兩方面，一方面是迫切期望科舉出仕者，另一方面是提高生活本領，以免豪強的欺壓。因此，這些教書夫子的教學內容自然更豐富，有針對性。南城呂南公告訴世人：

卑卑窮生無令圖，偶開濁眼窺字書。村田子弟念筆劄，邀請稟訪同師儒。遠防鬥訟習詭計，近就財利評侵漁。行身便事世所幸，先王教道徒迂疎。君不見，官家設庠校俊士，羅冠裾，亦工細麗苟榮祿，誰複高遠稽墳謨。本期教學敦風俗，今如附子充饑腹。[7]

許多處於社會下層的窮書生，別開讀書當官的「濁眼」，去農村教田家子，受到和官府的「師儒」一樣的尊重。這些農民企

---

6　《王安石全集》卷七《寄王逢原》。
7　呂南公：《灌園集》，卷四《教學歎》。四庫全書本。

望子弟學得法律訴訟知識，學會打官司的技能——「詭計」，同時有書寫計算的能力，防止被人矇騙。在芸芸眾生面前，「行身便事」是最切實的需求，堯舜孔孟的「教道」太迂疏無用。這難道不是「非聖之書」、非聖之事？呂南公反問：你那些科舉出仕的才俊，只會羅冠裾、苟榮祿，有誰在追求「墳謨」聖賢目標？要想敦風俗，必先充饑腹。

## 二 書院

書院的勃興，適應了時代的需要。「自五代以來，天下學校廢」[8]，士無進修之所。同時，庶族——平民富室日益增多，他們企盼子弟學而優則仕，進入社會上層。散處民間的鄉紳士人，遂家自為學，父兄為師，讓子弟從小不廢學業。這些民間的書院，教學不拘形式，而對經史知識的傳授，詩文寫作技巧的訓練，卻嚴格認真。成功者光耀門第，受挫者誓不甘休。家教與書院之間相互激蕩，推動書院教育勃興了起來。

北宋江西書院在唐末五代的基礎上繼續增多，教育成果顯著。東佳書堂等家族書院不僅教養自家子孫讀書，還接納慕名而來的外地遊學士子，使他們獲得良好的讀書環境，並能由此走上科舉仕途。因此，這些書院名揚四方，客觀上成為當時的文化學術中心，影響深遠。在江西地區的大批書院之中，絕大多數是民辦私家書院，他們為家族未來著想，為子孫前途考慮，撥給田

8 《宋史》卷三一一《晏殊傳》。

產，購置書籍，認真傳授經傳與歷史知識，文章寫作技巧，辦得十分細心。至於官辦的書院，只知盧山白鹿洞書院一所。現有資料表明，白鹿洞書院在宋初由官府掌理，不久便因洞主明起獻出學田，去當縣官（主簿），衰落下去。仁宗以後，州縣學校逐漸普及起來，各地民辦書院的教育作用相應低落，不再像前期那樣備受關注。

據光緒《江西通志》及相關縣誌的記載，北宋時期江西十三州軍開辦的書院五十餘所（包含分不清北宋、南宋的 16 所）。詳見下表。

表 7.1 北宋江西書院略表

| 書院名 | 所在地 | 創建時間 | 開創人 | 簡要說明 |
|---|---|---|---|---|
| 白鹿書院 | 星子白鹿洞 | 北宋初 | | 南唐為盧山國學，宋初為書院 |
| 東佳書堂 | 德安太平鄉 | 唐末建，宋存 | | 嘉祐七年分家後不存 |
| 李氏山房 | 盧山白石庵 | 慶曆間 | 李常 | 蘇軾《李氏山房藏書記》 |
| 濂山書院 | 分寧治東 | 慶曆初 | 周敦頤 | 據新修縣誌 |
| 芝山書院 | 分寧崇鄉 | 北宋初 | 黃中理 | 同上 |

| 書院名 | 所在地 | 創建時間 | 開創人 | 簡要說明 |
|---|---|---|---|---|
| 櫻桃書院 | 分寧崇鄉 | 北宋初 | 黃中理 | 同上 |
| 金湖書院 | 分寧 | 北宋 | 徐氏 | 蘇軾、佛印有題詩 |
| 秀溪書院 | 新建北鄉 | 太平興國間 | 鄧晏 | 新修縣誌說「宋有書院 14 所」，但未分北南宋 |
| 香溪書院 | 新建北鄉 | 太平興國間 | 鄧武 | |
| 東山書院 | 新建忠孝鄉 | 宋 | 羅伯高 | |
| 萬坊書院 | 新建南鄉 | 宋 | 萬驥 | |
| 柳塘書院 | 新建 21 都 | 宋 | 鄒一唯 | |
| 三洲書院 | 新建 24 都 | 宋 | 夏文政 | |
| 蓮溪書院 | 豐城小塘鄉 | 淳化元年 | 周諤 | 據新修縣誌 |
| 敷山書院 | 豐城同造鄉 | 宋 | 孫余慶 | 同上 |

| 書院名 | 所在地 | 創建時間 | 開創人 | 簡要說明 |
|---|---|---|---|---|
| 宗濂書院 | 萍鄉瀘溪鎮 | 皇祐年間 | | 《萍鄉市志》：「為紀念周敦頤在此講學而建」 |
| 義方書院 | 宜豐治東 | 元祐四年 | 蔡諲 | 據新修縣誌 |
| 盧氏書院 | 宜豐五峰山 | 大觀年間 | | 同上 |
| 梅花書院 | 宜豐33都 | 宋 | | 孝廉熊良輔讀書處 |
| 華林書院 | 奉新華林山 | 南唐建，宋存 | 胡仲堯 | |
| 雷塘書院 | 安義城南 | 南唐建，宋存 | 洪文撫 | 北宋屬建昌縣，1518年析置安義縣後改屬 |
| 社平書院 | 安義卜鄰鄉 | 嘉祐年間 | 陳思悅 | 同上 |
| 招賢書院 | 安義南昌鄉 | 元祐年間 | 洪民師 | 同上 |
| 秀峰書院 | 安義控鶴鄉 | 元祐年間 | 黃元杞 | 同上 |
| 白石書院 | 橫峰葛源 | 宋 | 劉養浩 | 北宋屬弋陽縣，1560年析置橫峰縣後改屬 |

| 書院名 | 所在地 | 創建時間 | 開創人 | 簡要說明 |
|---|---|---|---|---|
| 寅賓書院 | 德興一都 | 北宋晚期 | 張燾 | 據新修縣誌 |
| 興魯書院 | 臨川城內 | 仁宗時期 | 曾鞏 | 曾鞏嘉祐二年中進士，故推定創於仁宗時期 |
| 櫟林書院 | 金溪十八都 | 北宋前期 | 黃振基 | 王安石兄弟曾讀書於此 |
| 進修書院 | 資溪四都 | 元豐年間 | 石鬆 | 北宋屬南城縣，1578年析建資溪縣後改屬 |
| 龍馬山房 | 資溪六都 | 北宋前期 | 李覯講學處 | 同上 |
| 南豐學舍 | 南豐城南 | 仁宗時期 | 曾鞏 | 曾鞏寫有《學舍記》 |
| 華林書堂 | 南豐王漿源 | 大中祥符9年 | | |
| 鹿岡書院 | 宜黃崇四都 | 北宋前期 | 杜子野 | 王安石來此讀書，問學於杜子野 |
| 五峰精舍 | 宜黃崇14都 | 北宋前期 | 即樂史別墅 | 據新修縣誌 |
| 靜逸書院 | 宜黃崇賢鄉 | 仁宗時期 | 戴琳讀書處 | 同上 |

| 書院名 | 所在地 | 創建時間 | 開創人 | 簡要說明 |
|---|---|---|---|---|
| 遺安書院 | 宜黃待賢鄉 | 宋 | 鄒次陳講學 | 同上 |
| 定庵書院 | 宜黃崇19都 | 靖康間 | 王革讀書處 | 同上 |
| 塗濟書屋 | 宜黃崇二都 | 宋 | 塗世甫 | 同上 |
| 慈竹書院 | 樂安縣西 | 北宋前期 | 樂史 | 北宋屬崇仁縣，1149年析建樂安縣後改屬 |
| 吉陽書院 | 樂安招攜鄉 | 宋 | 鄧氏 | 同上 |
| 沂水書院 | 樂安嚴溪 | 宋 | 曾思文 | 同上 |
| 劉氏「墨莊」 | 新喻 | 至道三年 | 劉式夫婦 | 《宋史》卷二八七 |
| 光祿書院 | 廬陵淳化鄉 | 開寶二年 | 劉玉 | 據新修《吉安縣誌》 |
| 山松書院 | 吉水 | 宋 | 王子俊 | 據新修縣誌 |
| 龔坊書院 | 吉水 | 宋 | 龔義甫 | 同上 |

| 書院名 | 所在地 | 創建時間 | 開創人 | 簡要說明 |
|---|---|---|---|---|
| 白雲書院 | 吉水 | 宋 | 陳子章 | 同上 |
| 湖頭書院 | 永豐治西 | 宋 | 金汝勵 | 同上 |
| 匡山書院 | 泰和縣東 | 重和年間 | 羅宏 | 初建後唐長興年間，此為重建 |
| 昂溪書院 | 萬安昂溪裡 | 宋 | 段奎齋 | 據新修縣誌 |
| 新興書院 | 遂川衙前鄉 | 咸平年間 | | 永新劉沆曾在此讀書 |
| 盤窩書院 | 遂川高車 | 宣和年間 | | 又稱作「孫氏書院」 |
| 王鴻書屋 | 雩都南嵋山 | 皇祐年間 | 王鴻 | 據新修縣誌 |
| 柏林學堂 | 石城柏林 | 寶元年間 | 溫革 | 李覯寫《虔州柏林溫氏書樓記》 |

說明：表中各縣次序依《江西通志》的排列，「簡要說明」中除標明出處者外，選錄了一些能確定書院年代的資料

　　上表列出的五十三所書院，是見於史志記載的。有的是一般書院史著作中不列的，如劉氏「墨莊」。但認真研究一下，就不能沒有它。據《宋史》記載，劉式為新喻縣人，曾在盧山讀書五、六年，南唐李煜時期以《三傳》中明經進士。宋太宗朝任三

司官十多年，至道三年（西元 997 年）卒。劉式平生積餘財蓄書，遺產「獨有圖書數千卷」。其妻陳氏要求諸子潛心讀書，指其書曰：「此乃父所謂墨莊也。」[9]諸子謹遵父母教誨，勤奮耕耘于「墨莊」之中，皆有所成。長子立本受蔭得官，其他四子皆中進士（次子立之登大中祥符元年榜，五子立言登天禧三年榜），其孫劉敞、劉攽亦由進士出仕，並有學術成就。劉式長子遷居蘇州，又在那裡仿照「墨莊」建寶書閣；南宋紹興間，劉式裔孫將毀于兵禍的新喻「墨莊」重建。如此「墨莊」，其性質、功能、成效以及存世之久，都不亞於其他許多書院，當然應列入書院之林。

還有一些書院由於史志失載，上面的表中也未列入。但它們見於私家文集，例如：

建昌縣（今永修）王永裕，祖、父幾代人種田，他自己善於理財經商，「操奇贏，長雄其鄉，遂以富饒。」此後，他轉向文教，「築館聚書，居遊士，化子弟，皆為儒生」[10]。王氏這個書館，既教化子弟，又居留遊士，是一個開放性的書院。

高安縣蔡仲舒，見客居此地的青年士子新喻胡宗元，刻苦治經術，厲操行，「為辟書館，留與甥、婿共學，旁近士家多就之者。已而講授常數十百人，致溫飽以奉之。」胡宗元在蔡氏書館執教十多年，有了積蓄，自己建「草堂」，用「十萬錢買官書，

9　《宋史》卷二八七《陳恕傳附劉式》。
10　《黃庭堅全集·外集》卷第二二《王長者墓誌銘》。

無所不讀，務為汪洋無涯，終日與其徒辨析義理」[11]。蔡氏書館和胡氏草堂，顯然都是名實相符的書院，它們的教學效果與社會影響很好，超出上表所列的不少書院。

據上表所列書院考察，它們的地區分布明顯不平衡，大多數集中於北半部，而南部很少。洪州、江州（包括南康軍）一片計有二十所，占百分之三十八點四；撫州、建昌軍一片有十五所，占百分之二十八點八；吉州、臨江軍有十所，占百分之十七點三；而虔州、南安軍一片僅二所，占百分之三點八。再縮小範圍來看，新建、宜黃二縣各有六所，特多；安義、分寧二縣各有四所，也很多；新建、安義比鄰，合計十所，顯示出中心地位的優勢。在多寡不均的大背景裡，吉州地方表現得更均衡一些，九所書院分布於六縣，而吉水領先，得三所。應該承認，民間書院的多少，必然是該地經濟水準和文化教育程度的反映。當然，這裡的資料，與原始資料的留存狀況、統計物件的識別與鑒定，和我整理工作中的疏漏有一定關係，但大趨勢不會改變。

僅就書院數量而論，江西地區在北宋高居於全國各地的前列。有的研究者得出的資料是：北宋全國書院總計為七十三所，其中江西省二十三所，占百分之三十一點五，遠遠多於第二名湖南（9）、第三名河南（6）；安徽、江蘇、浙江、山東合計十六所，福建、湖北、廣東、四川合計十四所，直隸、陝西、山西合

---

11　《黃庭堅全集・正集》卷第三一《胡宗元墓誌銘》。

計五所[12]。相關的書院統計數字，因資料來源不一，統計口徑不同，出入較大，但是，江西書院數量之多的優勢，則是不變的。

　　書院的開辦時間長短，大體上與家族的興衰一致，但都難於具體說明。規模多數較小，其中不少屬於個人讀書之地，沒有教學活動。然而，畢竟是有一定名望和影響，故被史家選擇看重。[13]規模大些的書院，創辦者多是家族，也有個人。其宗旨都是為本家子弟讀書（也有接收鄉人子弟入學的），以便有參加科舉，走上仕途的機會。虔州石城縣人溫革，求祿不成，把學而優則仕的希望寄託在子孫身上，他計畫著：「少時求祿而莫之得，

---

12　參見白新良《中國書院發展史》，天津大學出版社，1995年版。又，李國鈞主編《中國書院史》附錄三《歷代書院名錄》，宋代列出全國書院計719所，其中江西224所，占31.15％。湖南教育出版社1994年版。

13　關於北宋江西的書院，有一個江州濂溪書堂問題，本表沒有列出，然而論者多說其有（包括我過去的《江西史稿》），但事實是無，特說明於此。南宋人度正《周敦頤年譜》載：嘉祐六年（1061）周被命「通判虔州，道出江州，愛廬山之勝，有卜居之志，因築書堂於其麓」。當年至虔州上任，接著官永州、邵州、廣東轉運判官、提點刑獄，至熙寧四年（1071）因病及母墓需遷葬，乞知南康軍。八月到，十二月改葬完母墓，交出官印，辭去知軍職。熙寧五年，退居書堂，「自嘉祐六年築書堂於廬山之麓，至是始定居焉」！熙寧六年，「以疾卒矣，時六月七日也」。可見，廬山之麓有書堂之屋，無周敦頤在此讀書講學之事。他自己說，晚年「強疾而來者，為葬母耳」。周在重病之中住此一年半，不治而逝。曾經對潘興嗣說過「異時與子相從於其上，歌詠先王之道」的諾言（見潘興嗣《周敦頤墓誌銘》），成了永遠的遺憾。淳熙四年（1177）二月，朱熹寫《江州濂溪書堂記》，僅說南康知軍潘慈明淳熙三年複作書堂於原址，「以奉先生之祀」，隻字未及周在此讀書、講學、授徒等事。所以，對史志上寫的書院（堂），凡能究其實者，不應只看其名。

慨然自謂：『不得諸外，盍求諸內；不在吾身，宜在吾子孫。』」於是建柏林講學堂，「孳孳以教子弟」。溫家殷富，「不與俗人爭訟買直」，全副精力用在培養後代上面。他耗鉅資辦講學堂，建房數十間，「凡書在國子監者，皆市取，且為樓以藏之」[14]。溫革定下的發家目標，他所想、所為，對鄰里鄉黨是極好的示範。

宜豐義方書院的創辦人蔡諲及其弟蔡曾，都精通經史，卻終生未能得官。諲在家創建義方書院，教授生徒，「有志於學者，資給之」。書院有房舍上百間，四方來學者甚眾。甘願以其殷實的家貲，用於培養人才，不計私家得失。蔡曾則移居永新，在劉沆家當塾師，教劉氏子弟讀書。一日，聽說劉沆要給他謀一官職，他即日收拾行裝歸裡[15]。蔡氏兄弟是立志傳播儒學文化，安處鄉間，為教育文化的發展獻出自己。這些讀書人，就是當時所說的「教書先生」，他們或自辦家族書院，或受聘教館，不要朝廷俸祿，也少受官府制約，既推動了城鄉文教事業，也是當日讀書人自謀的一條生活出路。

蔡氏是新昌望族，與分寧黃氏聯姻，蔡曾是黃庭堅的姑夫，蔡曾在縣城南郊建築南園，號東郭居士，特請黃庭堅作文記其事。記文稱：蔡曾四處求學，朋友半數是公卿，而他未能進入仕途，帶著既悶又慍的心情，「退而伏於田裡」，「不以有涯之生，

---

14　李覯：《虔州柏林溫氏書樓記》，見《李覯集》卷二三。
15　《宜豐縣誌》卷四十二，中國大百科全書出版社，1989年版。

而逐無堤之欲」在南園中過著「市隱」式的生活[16]。

## 1. 著名書院簡介

江西的眾多書院，就其功能與效果衡量，也很不錯，走在其他地區的前面。有的書院因學生而出名，鹿岡書院是一個例證。鹿岡書院又稱拿雲書院，在撫州宜黃縣南部丘陵山區的崇四都，距縣城約三十公里。創辦人杜子野，是「鄉賢隱儒」，「通經術，能屬文」，在家致力辦書院。據《鹿岡王氏九修族譜》編入的順治元年（1644 年）譜序稱：

「（先祖安石）原從崇之鹿岡鄉賢隱儒杜氏子野先生為業，立有拿雲書院」。

這是關於王安石讀書於宜黃鹿岡的最早記述。另外鹿岡出土的《香林普同塔碑記》也說：

「寺曰香林，宋時杜公子野先生讀書於此，荊公受業其門，一時師若弟覽山水之奇觀，樂佳木之繁蔭，相與吟詠其間。」[17]

該碑鐫刻於康熙五十年（1711 年），與王氏譜序可謂前後呼應。從此以後，王安石少年時曾師事杜子野的故事盛傳不衰。例如，王安石常有燈下苦讀達旦之舉，一日清晨，杜子野見他還坐在燈下看書，即催他去做早飯。王安石趕忙起身，跑到村中鄉民家中「點火」——引來火種。杜看到他這樣做事，好氣又好笑，

---

16　《黃庭堅全集・正集》卷十六《東郭居士南園記》。

17　《鹿岡王氏九修族譜》及《香林普同塔碑記》均收藏於宜黃縣鄉民手中，複製件由黃建安同學提供給我。

指燈斥責說：那不是火嗎！王安石紅著臉說：「早知燈是火，飯熟幾多時」。

鹿岡書院因有這位宰相學生而名聲大起。清代地方誌書一再記述，而王安石及其友人的文字中卻不見蹤影。

書院中的一種典型形式，是年輕士子潛心讀書的書房，如樂史的慈雲書院，曾鞏的學舍，李常的山房。這些書房沒有宏壯的建築，僅是家庭住宅旁近的小屋；沒有眾多的生徒，只是主人一個，或其兄弟。曾鞏稱之為「草舍」，「或疾其卑，或議其隘」，但卻利於勞心勵志，修學進道。這些書房皆因其主人後來有了名望，而見於史志。但是，李常山房，是李常刻苦攻讀之地，坐落於名山，且有藏書，而《江西通志》書院名單中卻不見其名，不知何故。

李常（1027-1090 年），字公擇，建昌（今永修）人，出仕之前在廬山五老峰下白石庵讀書。皇祐元年（1049 年）中進士，歷仕仁宗、神宗、哲宗三朝，官至戶部尚書，御史中丞，兼侍讀，加龍圖閣直學士。他離開白石庵之時，將藏書九千餘卷仍存庵內，供人閱讀。故人稱此地為「李氏山房」，或「公擇山房」，它的私家性質，讀書功能，社會效益以及影響，在北宋書院中都是最有代表意義的。蘇軾因其藏書，並留下藏書，特為之寫《李氏山房藏書記》，表彰其「不藏於家，而藏於其故所居之僧舍」，供後來者閱讀的意義（詳後）[18]。李常讀書與藏書的「李氏山房」

---

18 記文詳見《蘇軾文集》卷一二〇。

雖在寺庵，絲毫沒有影響他學習儒學。他從山房走向官場，爵位不可謂不高，名望不可謂不顯，所以其攻讀經史之地，完全有資格列入著名書院之列。

白鹿洞書院，是南唐廬山國學的繼續。開寶八年（西元 975 年）南唐亡，二年後，即太平興國二年（西元 977 年），江州知州周述奏稱「白鹿洞學徒常數千百人，乞賜《九經》，使之肄習。」太宗詔「國子監給本，仍傳送之」。[19]改朝換代了，這所學校隨即受到新朝的重視。所謂「常數千百人」，應是「曾經有過」的意思，非「數千百人」同一時期在這裡習學，更不是此刻有這麼多生徒。

當時的江州地方，恰值宋軍滅南唐勢力之時，「曹翰屠江州，民無噍類，其田宅悉為江北賈人所佔有」[20]，城鄉殘破不堪，白鹿洞的師弟子們失去了寧靜的生存環境，生活已是艱苦。故在三年之後，即太平興國五年（西元 980 年）六月，白鹿洞主明起離開，到蔡州褒信縣任主簿。明起為了得到此等小官，建議將南唐後主李煜賜給書院的「善田數十頃」入官，「故爵命之」。書院沒有了經濟來源，「白鹿洞由是漸廢」[21]。前後才幾年時間，竟有這麼大的變化。不過，「漸廢」中有起伏，延續的時間比較長。

---

19　《續資治通鑑長編》卷一八，太平興國二年三月庚寅。
20　《續資治通鑑長編》卷一八，太平興國二年五月戊寅。
21　《續資治通鑑長編》卷二一，太平興國五年六月己亥。

真宗咸平五年（1002 年），南康軍奉命修繕白鹿洞。大中祥符初年（約 1008 年），直史館孫冕獲得批准，來白鹿洞授徒養老，但未至洞即病卒。皇祐中（約 1051 年）冕之子琛來白鹿洞，繼承父志，「自起館洞旁，教子弟，四方有來學者，因遂穀之，亦聞於時」[22]。看來這個孫琛書館已取代了白鹿洞書院。「後兵起，館焚」。孫琛書館被兵火燒掉之後，終北宋之世，再不見記載。距孫琛建館約二十年之後，陳舜俞在廬山實地考查，見到的情況是：「咸平五年敕重修，仍塑宣聖十哲之像，今鞠為茂草。」[23] 這就是說毀棄已久了。陳氏未提孫氏父子，可能是因那不是白鹿書院本身之事。由此而言，白鹿洞書院在北宋時期的作用與影響很不顯。

馬端臨《文獻通考》中說：白鹿、石鼓、應天府、嶽麓書院是「宋興之初，天下四書院」。對此論斷，有的研究者持有異議，認為其中有的不夠格，不夠大（馬氏本就沒有說「大」）；有的則看重排列先後，以此為據，誇說白鹿洞書院為「天下四大書院之首」。我理解，這兩者都不符馬氏原意。細讀原文，他是在敘述了北宋初期皇帝給此四書院賜額，及其建置簡況的事實——這即是「文獻通考」之「文、獻」——以後，再說他自己的研究看法，即是「考」：「右宋興之初，天下四書院建置之始

---

22　李夢陰：《白鹿洞書院新志》，卷一《沿革》。
23　陳舜俞：《廬山志》，卷三。

末如此」**24**。按時間次序，白鹿、石鼓獲賜在太平興國二年（西元 977 年），應天在大中祥符二年（1009 年），岳麓在大中祥符八年（1015 年）。顯然，這個排序先後，沒有地位輕重之意，僅是介紹它們的「建置之本末」。他接著又說了嵩陽書院、茅山書院也獲賜，但「後來無聞，獨四書院之名著」。白鹿洞書院延至北宋中期完全敗落，至南宋孝宗時期朱熹重建，名聲再起，這對宋末元初的馬端臨來說，當然就是「後來名著」了。由此看來，馬端臨的考論可以認同。

為什麼馬端臨對東佳書堂、華林書院、雷塘書院等「義門」書院沒有考慮進去？對這一點我不得其解。也許因事隔二、三百年，這些純屬私家書院的事蹟傳播不廣，致使馬氏對它們不甚瞭解，故作出了那種判斷。

### 2.「義門」書院

北宋的著名書院之中，有幾個「義門」家族書院，是家族型書院之中的突出代表，是江西書院品質很高的最好例證。「義門」書院的共同特點是創辦時間早，規模大，條件好，入院生員比較多，除本家族子弟外，還接納別地學子遊學，尤其值得稱讚。它們是陳氏東佳書堂，胡氏華林書堂，洪氏雷塘書院。

東佳書堂，從唐末五代至北宋嘉祐七年（1062 年）陳氏分家為止都存在，僅北宋時期即約百年。依上節「家法」的條文規定可知，這是一所經費充足，制度完備，管理有序的大家族書

---

24　馬端臨：《文獻通考》，卷四六《學校考七》。

院。它分「院學」、「書堂」兩部分，院學教授童蒙，入學者為七至十五歲的學童；書堂建於東佳莊，「弟侄子息有賦性聰敏者令修學，稍有功業應舉者。」供聰敏者、應舉者兩類人修學，讓他們在此修學，為參加科舉考試作準備。東佳書堂置備有充足的書籍，並規定「見置書籍外，須令添置」。逐漸積累的結果，成了北宋「藏書之富」的十大家之一[25]。為了保證書院有充足而穩定的經費來源，家族撥給稻田二十頃歸其支配[26]。還制定了適當的管理制度，使其能正常運轉。如「院學」的老師，是「逐年於書堂內擇一人有養者為先生，一人為副。」需要的學習用品，如「紙筆墨硯，並出宅庫主事收買應付。」書堂的書籍管理，則是「於書生中立一人掌書籍出入，須令知添照管，不得遺失」。長期存在的東佳書堂，使「義門」陳氏子孫能長期正常讀書，不斷有人應科舉，中進士。同時，陳氏大開書堂之門，接納四方學子來讀，有良好的社會聲譽。北宋中期，僧文瑩寫道：

李昇旌門閭七家，尤著者江州陳氏……別墅建家塾，聚書延四方學者，伏臘皆資焉，江南名士皆肆業於其家。[27]

仁宗朝宰相晏殊《贈義門陳村東佳書院》詩有句雲：「鄉黨

---

25　周密：《齊東野語》，卷十二《書籍之厄》。
26　徐鍇：《陳氏書堂記》，見同治《德安縣誌》卷二。
27　僧文瑩：《湘山野錄》，卷上。

名流依絳帳」,「趨庭子弟皆攀桂」、「翰簡傳經亞鄒魯」,「墳籍豈惟精四部」[28]。

　　華林書堂,為胡仲堯家族創建。書堂在奉新縣城西南五十里的華林山,創建的時間,同治《奉新縣誌》及光緒《江西通志》均作北宋「雍熙中」。但據奉新《甘竹胡氏十修族譜》、道光《奉新縣誌‧壟墓誌》的資料,胡仲堯的祖父瑭在世時,已經「以書堂聞天下」。瑭卒於後晉開運三年（西元 946 年）,葬在華林山。到了胡仲堯主持家政時,《宋史‧胡仲堯傳》寫其家「構學舍於華林山別墅,聚書萬卷,大設廚廩,以延四方遊學之士。」所以,華林書堂不是北宋才有。「應是往前推,至少可上推至南唐」[29]。但是,華林書堂和東佳書堂一樣,延續至北宋,乃至南宋,而且對它題詩的北宋名家多至幾十人,證明這所家族書院在北宋的社會影響最大。據奉新縣誌載,胡仲堯除創辦華林書院以外,還在赤岸、會埠一帶興建了鬱竹書院、吟溪書院、南垣書院、車坪書院等。

　　胡氏是一個踐行忠孝倫理,家族盛大,在鄉里有好影響的「義門」家族,既富實又重視教育。有關這個家族及其創辦書院的簡況,徐鉉的《洪州華林胡氏書堂記》中介紹說:

---

28　道光二十一年《義門陳氏大成宗譜》卷首。

29　李才棟：《江西古代書院研究》,第 33 頁。江西教育出版社 1993 年版。

　　胡氏先人好《左氏春秋》，為儒者所宗，仲堯「克揚其業，言斯出矣，身則踐之。揖讓周旋之儀，孝友姻睦之行，修乎閨門之內，形於群眾之間。少長有禮，絲麻同爨。鄉黨率義，人無間然……乃即別墅華林山陽玄秀峰下書堂焉。築室百區，聚書五千卷，子弟及遠方之士，肄業者常數十人，歲時討論，講席無絕。」[30]

　　王禹偁《諸朝賢寄題洪州義門胡氏華林書齋序》中也說：「南昌舊都，胡氏大族。一門守義，四世不析。乃降詔命，旌其裡閭。」[31]徐鉉、王禹偁兩人的記述，參照其他一些文字來看，是可信的。略舉數首詩文以見一斑：

　　宋琪《題義門胡氏華林書院》：「賢良肄業文方盛，孝友承家族更豪」；

　　樂史《華林書院》：「能為孝義復為文，唯有君家事漸新。……更置書堂書萬卷，不辭延待四方人」；

　　錢若水《詠華林書院》：「居近華林對白雲，義風深可羨人倫。兒孫盡得詩書力，門巷偏多車馬塵。樓上落霞沾筆硯，池邊怪石間松筠。鄉間豈獨民遷善，階砌無關鳥亦馴……」

　　這些詩歌片斷雖是頌揚，但並不虛妄。太宗淳化五年（西元994年），胡氏入朝祝壽，進貢土特產品，受到褒獎，被命為秘

---

30　徐鉉：《徐文公集》，卷二八。四部備要本。

31　王禹偁：《小畜集》，卷一九《諸朝賢寄題洪州義門胡氏華林書齋序》。

書省校書郎。胡氏更「盛言其別業有華林山齋，聚書萬卷，大設廚廩以延生徒」。朝中大臣自舊相、司空而下三十餘人紛紛賦詩，頌贊這位皇帝眼中的紅人。胡氏把這批詩歌編輯成冊，請王禹偁為之作《諸朝賢寄題洪州義門胡氏華林書齋序》，實為空前而罕見的美事。當時轟動朝野，世人十分欽羨。地方富室如此依傍朝廷，交結權貴，炫耀寵倖，是社會潮流，乃時代風尚。胡氏義門特別看重朝廷對他的獎賞，皆因華林書堂確有實際成效，否則，它就必然是潮流中的泡沫，瞬即破滅，留不下遺音的。

雷塘書院，在建昌縣南昌鄉（今安義縣黃洲鄉），是洪氏的家族書院。創建的時間，也有可能在北宋以前。關於洪氏「義門」的基本資料，僅見《續資治通鑑長編》與《宋史·洪文撫傳》，而後者主要是前者的翻版。《續資治通鑑長編》至道三年（西元 997 年）六月辛醜記事全文是：

先是，南康軍言建昌縣民洪文撫，六世義居，室無異爨。就所居雷湖北創書院，舍來學者。太宗遣內侍裴愈齎禦書賜其家。文撫遣其弟文舉詣闕貢土物為謝，太宗飛白一幅曰『義居人』以賜之，授文舉江州助教。於是，詔旌表其門閭。自是每歲入貢，必厚賜答之。[32]

---

32 《續資治通鑑長編》卷四一，至道三年六月辛丑。「舍來學者」，《宋史》改作「招來學者」，更明白，但是把「舍」字作動名詞理解，此句仍然說得通，不必改。又，「雷塘」作「雷湖」，是用詞小異，民間對塘與湖無嚴格界限，水域不是太大的，稱湖或塘均可。

這段敘述涵蓋的時間很長，前面一節說洪氏義居是至道三年以前很久的事，末句則是作者的展述。中間說的的入貢與賜答才是至道年間的事。南康軍奏報洪氏義居情況，以「先是」二字追記，《宋史》改作「至道中」即西元九九六年，也不能由此即定為書院開創之年。只宜說從此宋太宗知道了此事，而且開始揚名於朝野了。我們以前疏於細緻分析，將雷塘書院定作「至道間」建，不妥。但因缺乏其他資料參證，不能說得更切近些，故將書院創建時間寫作「南唐建，宋存」。

洪氏的雷湖書院，首先是讓自家的「子弟之秀者咸肄業於茲」，然後才是接納外地來的學者。通過在書院的長年講讀經史，不少子弟走上仕途。咸平三年（1000 年），文撫之兒子洪待用登進士第，官至都官員外郎。後來，文舉的兒子洪民師，接著考中進士，為石州（今山西省離石市）司戶參軍。民師四個兒子，洪朋、洪芻、洪炎、洪羽，從小得到祖母李夫人的教育，向她學習儒經；年長以後，又得到舅父黃庭堅的精心指導，皆能自立。洪朋，字龜父，兩貢禮部不中，薦舉知臨川，三十八歲病卒；洪芻，字駒父，紹聖元年（1094 年）進士，靖康初官諫議大夫。洪炎，字玉父，元祐三年（1088 年）進士，累官秘書少監、中書舍人；洪羽，字鴻父，紹聖四年（1097 年）進士，任台州知州。朋、芻、炎三人，都是江西詩派的主要成員。

洪民師的母親，是黃庭堅母親之妹，她們是李常的女兒。洪民師之妻，即黃庭堅妹，生了洪朋四兄弟，年二十五即卒。黃庭堅對四個外甥盡力呵護，若久不相見，未嘗不思念。他寫信叮囑「更須治經，深其淵源」，「千萬強學自愛」。庭堅得悉洪芻「在

官不廢講學」，慰喜無量，同時「猶望官下勤勞俗事勿懈」<sup>33</sup>。

「元祐黨爭」時期，黃庭堅被列為「奸黨」，貶死宜州，洪芻、洪炎、洪羽三人均受株連，遭貶竄削官。

鑒於雷湖書院培養人才的成效，宋人劉宇評曰：「化行鄉黨民無訟，教得兒孫盡有才。」

三所「義門」書院辦的很成功，都注意開門接納外來學者，既擴大了自身影響，又加進了學術交流內容，在滿足外來學者遊學之需的同時，無形中解決乃至增加了教師力量。這種雙向效益，在官學廢弛的時候，顯得特別難能可貴。由此看出它們既是私家所辦，又具有顯著的社會功能，故而受到朝野重視。它們開創的時間很早，都在唐末五代時期，而其培育人才的業績，主要表現在北宋，所以名望也是這時才更高揚開來。

這些書院能夠有此成就，得益於安定的社會環境，使文教事業有了更好的發展條件，世人普遍關注的目標，由買田做屋轉向科舉出仕，於是建設書院成了大家族投資的重心。楊億《雷塘書院記》中說：

（洪氏）學館之南有雷塘焉，因以為名，且志其地。先是，潯陽陳氏有東佳學堂，豫章胡氏有華林書院，皆聚墳索以延俊髦，咸有名流為之記述，講道論義。況力敵以勢均，好事樂賢，

---

<sup>33</sup> 《黃庭堅全集・正集》卷十八《答洪駒父書》；卷十九《與洪甥駒父》。

複爭馳而並鶩，宜乎與二家鼎峙于江東矣。**34**

鼎詩江東的三所「義門」書院，是民辦書院的代表者，也是北宋江西社會勃興的集中體現。書院承載的社會資訊，以及它們作出的歷史貢獻，至少有以下諸方面：

首先，社會開發加速，湧現出來大批平民富室，他們為保全家業，增強生存競爭能力，一般都選擇了財產共有，或聚族而居的生活樣式，藉家族的合力進行社會競爭。「義門」以忠孝倫理為精神支柱，而此觀念的灌輸必須進行孔孟思想教育。家族需要書院來強化，而書院憑藉家族的支撐而生存，二者相互依存地發展起來。

其次，有了殷實的經濟基礎之後，自辦的書院遂能持久保存下來，不斷培養子弟，掌握儒學文化知識，緊抓科舉入仕的機緣，由鄉戶而擠身官紳。他們沒有世襲特權帶來的思想包袱，卻有「千萬強學自愛」的濃厚意識，奮發向上，盡力提升社會地位。得自朝廷之上的特權，是被動的享有，缺乏生命力；發自內心的強學自愛意志，則是主動的奮鬥，具有強大的生命力。

第三，堅持民辦教育，培養子弟，成效顯著。在「不文為咎，不學為辱」的民風薰陶下，許多平民子弟成功地走科舉之路，升入社會上層，成為一代精英。他們的成才，得益於書院這個園地，有親朋師友的切磋交流，也離不開「義門」家庭的潛移

---

34　楊億：《武夷新集》，卷六。四庫全書本。

默化。事實充分證明：書院與科舉相互推動，揚名科場是興辦書院的大目標，而眾多舉子的湧現則有賴於書院的成功興辦。是書院承擔著文化教育重擔，後來州縣官學逐漸開辦，書院的作用仍然不可忽視。因為官學數量有限，生員限額招收（只幾十名），而且長期處於缺教員、少書籍狀態，致使士子「輕去鄉里」、「遊學四方」，但官學只能接受本土生員，故遊學者依然是進入私家書院。

第四，傳統文化得以廣泛傳播，一方面培養出大批人才，提高了江西的文化名次；另一方面教化民眾，使儒學深入鄉間，成了更多平民的生活信念。眾多的「義門」家族及其書院，以努力傳授聖賢文化為己任，教學經史而使鄉民熟悉綱常倫理，愛宗族而恪守孝悌仁義，產生了「鄰里化其德」的社會影響，因而忠孝節義、耕讀傳家等信念順利地征服著人心。

第五，朝廷旌賞「義門」，旨在宏揚忠孝，借「義門」的表率作用穩定地方，讓儒學的道德觀、人生觀、價值觀滲入社會細胞。「義門」傾心朝廷，因皇權而提升自家威信，借書院進行倫理思想灌輸，增加聚居約束力。財產共有制的「義門」式家族雖然不可能推廣，而儒學的統治地位則牢固地確立，傳統文化因之延續並發展下來。在宋朝時代，捨此別無選擇。

## 第二節 ▶ 州縣學的興辦與推廣

北宋朝廷把興辦學校，看作培養合格官僚，強化政治統治的重大國策來實施，是從仁宗時期開始的，上距宋朝建立已經七十

餘年。仁宗天聖五年（1027 年）正月，晏殊因事被御史彈奏，由樞密副使出知應天府（今河南省商丘南）。他在應天致力興辦學校，延請正在當地居母喪的范仲淹，來府學教授生徒，史稱「自五代以來，天下學廢，興自殊始」[35]。

## 一 州縣學的興辦

由於科舉出仕的吸引，各地先後奏請設學，有關州縣辦學的政策也陸續頒行。發展的趨勢則比較和緩，且有曲折。景祐元年（1034 年），先後對杭州、陳州、揚州、舒州學各賜田五頃；賜楚州學《九經》。又批准蔡州、蘇州、孟州立學，並各給田五頃。從景祐二年十月，至四年八月約二年內獲准立學的府、州共有二十二個，只約占全部府、州的百分之七點三[36]。

景祐四年（1037 年）十二月壬申，「詔自今須藩鎮乃許立學，它州勿聽」[37]。此條禁令，違背了社會需求，各地執行中受阻，於是逐漸修正。第二年即寶元元年（1038 年）三月己酉，又准許潁州立學。然而，「潁非鎮也，於近詔不當立學，知州蔡

---

35 《續資治通鑑長編》卷一〇五，天聖五年正月庚申。
36 據《宋史・地理志》，北宋完成統一，共有 326 州，以後經過調整並省，至宣和中，府、州合計 288 個。我在此處取其中數，以 300 個計算。
37 《續資治通鑑長編》卷一二〇。《中國大百科全書・遼宋西夏金史》的宋朝教育中，作「宋仁宗寶元元年（1038），令藩府設立學校」（中國大百科全書出版社 1998 年版，第 99 頁），不確。可能是因寶元年三月的一條記事推導出來的。

齊有請，特從之」[38]。在社會潮流的推動下，仁宗接受范仲淹等人建議，於慶曆四年（1044 年）三月乙亥，詔「州若縣皆立學」[39]。完全放開之後，地方官學勃興起來，形成了高潮，歐陽脩甚至說：「詔下之日，臣民喜幸，而奔走就事者，以後為羞。」他預言，「天下皆立學，置學官之員」的詔書頒下，「然後海隅徼塞四方萬里之外，莫不皆有學」[40]。考察各地實際，當然不是這樣一呼百應、一帆風順地發展起來。建學高潮興起了一段時間，逐漸低落下去。神宗熙寧變法，重申興學詔令，並實行「三舍法」，即太學生分外舍、內舍、上舍三等，通過考試逐級上升，品行、學業具優的上舍生「取旨授官」，就是不再經過科舉考試即可得官。徽宗即位，又一次掀起興辦官學熱潮，命「天下諸縣皆置學」，進一步將「三舍法」推行於州縣學之中。江西曾要求將人少的州學生合併進行「上舍生」考試，崇寧四年（1105）正月，「江西提學事司言：『考上舍有地遠而學生少者，難以差官，乞並撫、筠、建昌於洪、虔、袁、南安、臨江、吉，試畢，具合格人報逐州學，參定升貢。』從之」[41]。這個臨時性的變通辦法，將會刺激州縣學發展。

大致上說，從北宋中期開始，州縣學校逐漸興辦，民辦書院

38　《續資治通鑒長編》卷一二一。
39　《續資治通鑒長編》卷一四七。
40　歐陽脩《吉州學記》，見《歐陽脩全集，居士集》卷三九。《居士外集》卷一三續添的《吉州學記》文辭有異，無「海隅徼塞……」一句。
41　章俊卿：《山堂考索·後集》，卷二七。

相應地低落。各州縣學開辦的時間因人而異，地方官普遍重視的是賦租徵收，獄訟審理，盜賊捕獲幾項，對興辦官學不是都感興趣，「蓋學校之益人也緩，威刑之取名也速」，見效快則升遷快，「故為政者有所趨焉」**42**。

客觀條件方面，缺書籍、少學官也是實際困難。「群居講學常病無書」**43**；「州郡有學舍而無學官」，故「士輕去鄉里者，以求師也」**44**。讀書應舉的人增多起來，教師與書本的供應便出現緊缺。所以，熙寧年間在下令州縣立學同時，又命國子監鏤刻印書，以補充州學，**45**並要求地方上報具有「通經」水準的品官，以及新進士可為諸路學官的人。徽宗崇寧三年（1104 年）下詔，增加縣學的生員人數，達到大縣五十人，中縣四十人，小縣三十人。從慶曆興學，到熙寧著手解決書籍學官，再至崇寧增加生員名額，已經過去六十年，可見官學的推進確實不易，培養人才少，其作用也就有限。

江西地方的州學，自景祐三年（1036 年）陸續設立。正月已酉，准許洪州立學，仍賜田五頃；十一月乙亥，准江州立學。

---

42　余靖：《洪州廟學記》，見同治《南昌府志》卷一六。

43　黃庭堅：《（分寧）藏書閣銘並序》，見同治《南昌府志》卷一六。

44　《宋史》卷二九一《宋敏求傳》。

45　北宋國子監的書可以刻印出賣，清末葉德輝《書林清話》卷 6《宋監本書許人自印並定價出售》條寫道：「今北宋本《說文解字》後，有『雍熙三年中書門下牒徐鉉等新校定說文解字』，牒文有「其書宣付史館，仍令國子監雕為印板，依九經書例，許人納紙墨價錢收贖」等語。」

此後其他州縣的學校陸續興建，詳如下表。

表7.2 北宋江西州軍學創建表

| 州軍學名 | 始建時間 | 州軍學名 | 始建時間 |
|---|---|---|---|
| 洪州州學 | 景祐二年（1035） | 信州州學 | 景德三年（1006）建、嘉祐七年（1062）新建 |
| 饒州州學 | 慶曆五年（1045） | 筠州州學 | 治平三年（1066） |
| 虔州州學 | 慶曆四年（1044） | 建昌軍學 | 太平興國四年（979） |
| 吉州州學 | 慶曆四年（1044） | 南康軍學 | 慶曆間（1041－1048） |
| 江州州學 | 景祐三年（1036） | 臨江軍學 | 景祐三年（1036）立廟、紹興三年（1133）建學 |
| 袁州州學 | 至和元年（1054） | 南安軍學 | 紹聖二年（1095） |
| 撫州州學 | 慶曆四年（1044） | | |

表7.3 北宋江西縣學創建表

| 縣學名 | 始建時間 | 縣學名 | 始建時間 |
|---|---|---|---|
| 南昌 | 重建 | 萬安縣學 | 熙寧四年（1071） |
| 奉新 | 咸平元年（998） | 臨川 | 咸平三年（1000） |
| 分寧（今修水） | 元祐八年（1093） | 崇仁 | 慶曆三年（1043） |
| 上高 | 元豐五年（1082） | 宜黃 | 皇祐元年（1049） |
| 新昌（今宜豐） | 崇寧元年（1102） | 金溪 | 皇祐元年（1049） |
| 進賢 | 崇寧二年（1103） | 南豐 | 慶曆四年（1044） |
| 宜春 | 皇祐中（1049-1054） | 弋陽 | 慶曆間（1041-1048） |
| 分宜 | 宋初建，宣和遷 | 貴溪 | 慶曆間 |
| 萬載 | 崇寧間（1102-1106） | 永豐（今廣豐） | 熙寧間（1068-1077） |
| 新喻 | 崇寧二年（1103） | 餘干 | 嘉祐二年（1057）遷 |
| 盧陵（今吉安） | 慶曆四年（1044） | 樂平 | 熙寧間 |
| 吉水 | 天聖四年（1026） | 浮梁 | 元豐間（1078-1085） |
| 安福 | 元豐四年（1081） | 德興 | 治平三年（1066） |
| 泰和 | 咸平四年（1001） | 安仁（今余江） | 慶曆四年（1044） |
| 龍泉（今遂川） | 明道二年（1033） | 建昌（今永修） | 崇寧二年（1103） |
| 永新 | 慶曆四年（1044） | 德化（今九江） | 慶曆間 |
| 永豐 | 至和二年（1055） | 德安 | 治平間（1064-1067） |
| 湖口 | 慶曆間 | 瑞昌 | 慶曆間 |
| 彭澤 | 慶曆間 | 信豐 | 景德中（1006） |
| 大庾 | 慶曆間 | 於都 | 天聖八年（1030） |
| 南康 | 景祐初（1034） | 會昌 | 太平興國中（980） |
| 上猶 | 慶曆二年（1042） | 安遠 | 慶曆四年（1044） |
| 贛縣 | 皇祐二年（1050） | 龍南 | 元祐三年（1088） |
| 虔化（今寧都） | 崇寧五年（1106） | 豐城 | 重建 |
| 興國 | 太平興國七年（982） | 新淦 | 重建 |

資料來源：主要據光緒《江西通志・學校》，少數據同治版縣誌。

上列州縣學的始建時間，都是記錄明白的，絕大多數是慶曆四年及其以後。南昌、豐城、新淦三個縣學，志文記載比較含糊，說始建於北宋以前，而後「屢毀屢建」，故表中作「重建」。還有沒有列出縣學的地方，大致有二種情況，一是始建於南宋或元朝，如武寧、新建；二是因有州學而未建縣學，如南城、清江等。

## 二　州縣學的緩慢發展

　　州、縣學的興辦是奉命執行，發展態勢與地方官的個人傾向有重大關係，江西各州縣學校存在問題不少，正如李覯所議論的那樣：

　　「（慶曆）詔州縣立學。唯時守令有哲有愚。有屈力單（殫）慮，祗順德意；有假宮借師，苟具文書。或連數城，亡誦弦聲。倡而不和，教尼不行。」**46**

　　州縣長官對辦學校，有的耗費心思，盡力辦好；有的只是走過場，借用某處（如佛道宮觀）房舍，讓某人兼教職，隨便應付，以備報告而已。黃庭堅也認為，州縣學的發展，既受客觀條件限制，更有地方官不重視的問題。元祐八年（1093年）分寧縣建縣學之時，又建了藏書閣，竣工之後，請黃庭堅為寫《藏書閣銘並序》，其序文說：「分寧縣有學，所從來遠矣。然邑子諸生，賴學以成就者少，挾書以游四方者多」。原因是縣官只憂慮

---

46　李覯：《袁州學記》，見《李覯集》卷二三。

獄訟、賦租、簿書、盜賊四件事，不懂得培養人才要從縣鄉開始。現在的知縣胡器之能夠「謹名務實，教之用經，治之用律」，然後盡心辦學。耆老感慨之餘「合謀曰：群居講學，常病無書……惟是公家力不能者，吾儕其勸成之。」於是，在縣學有職務的人和「諸生之父兄，皆自勸市書，以給諸生之求」。最後，他對已有州學，不要縣學的疑問作出解答：

> 是不然。今夫浮屠之舍，非傳先王之道也，而所居如林。其墮壞不守，凡有官之君子，必左右經營，復之而後已。關市之征，先王以禁利末，其開塞有權，今則徒會其入，百人之聚，有網漏一金之利，必請而張官之置吏焉。夫士不可一日而無學，民不可一日而無教。至於興學聚書，則雖萬室之邑，以為非職之憂者，何哉？此可謂有為民父母之心，知發政之先後之序者乎？**47**

分寧早有縣學，但造就的人少，諸生多出遊四方。這是有其名而無其實。一縣之長，修繕寺廟那樣盡心盡責，見一分錢的利都要設官吏征到手，唯獨對「興學聚書」不憂慮，這能說是有為民父母之心？這難道是懂得為政的輕重緩急？

李覯、黃庭堅一前一後的「旁觀」私議，在王安石的奏對中得到呼應，嘉祐四年（1059 年），他《上仁宗皇帝言事書》說：

---

47 《黃庭堅全集・正集》卷第二一《洪州分寧縣藏書閣銘並序》。

方今州縣雖有學，取牆壁具而已，非有教導之官，長育人才之事也。唯太學有教導之官，而亦未嘗嚴其選。朝廷禮樂刑政之事，未嘗在於學。[48]

　　由名責實，王安石揭示出州縣學徒具虛名，沒有在造就人才這個根本上著力的弊端。十年以後，王安石受到神宗的信用和支持，遂將他改革學校與科舉之法的遠見卓識轉變為政策，頒布施行，推進了州縣學校的發展。

　　這個進步是相對的，不利於州縣學發展的政策限制還不少，例如，在學生來源方面，各有學州縣只准本地士人入學，慶曆五年（1045 年）詔：「今後有學州縣毋得輒容非本土人居止聽習」；在學官設置方面，名額很少，熙寧四年（1071 年）明令設置的學官只有京東西、河東北、陝西五路，其他路仍由本路官兼任。至元豐元年（1078 年）下詔設學官，但是人數少，「諸路州府學官共五十三員」。其中江西地區得三名，即洪州、吉州、饒州各一員。雖說這是不肯「輕授濫設」，卻遠不夠實際需要。江西十三州軍之中，大多數仍處於沒有正式學官的狀態，至於縣學，更談不上。三十年後，於大觀年間，江西吉州、福建建州的州學，「皆以養士數多，置教授三員」。

　　從歷史發展長過程上看，學校的興辦由來已久。北宋只說本朝之事，才有興學自慶曆始的結論。洪州、饒州的官學，東晉時

已經效果大顯，名聞遐邇。唐末、五代戰亂時期，各地學校受到不同程度破壞，恢復有早有晚，情況不一。洪州的州學，在南唐歸宋十年後，即雍熙年間（西元 984-987 年）已由江南西路轉運使楊緘重修；景祐二年（1035 年），知州趙概大力擴建，「廣廊廡，築齋舍，繪禮器，給閒田，制度甲諸郡」[49]，與江西首府的地位相稱了。

饒州學的重建，相傳以為景祐三年（1036 年）范仲淹知饒州時所創，但當事人說不是。余靖《饒州新建州學記》說，州學實起於慶曆五年（1045 年），主持者為知州張譚，「先是，郡先聖祠宮宇寮剝，前守亦嘗相土，而未遑締治，於是即其基於東湖之北偏而經營之」。浮梁人金君卿《郡學莊田記》也說：「慶曆四年春，詔郡國立學，時守都官副郎張侯譚始營之，明年學成。」吳曾對這件事情分析說，范仲淹在饒州時，曾請金君卿設置館舍，若范有意建學，其《郡學莊田記》中豈能無一言涉及，「蓋是時公既為執政，去郡十年矣。所謂前守相土者不知為何人」[50]。

袁州學，景德三年（1006 年）楊侃任袁州知州，即曾「增修講堂」。慶曆六年（1046 年）知州李忱籌措「置州學房錢，以

---

49　光緒《江西通志》卷七〇《學校一》。

50　洪邁：《容齋隨筆》，卷三《鄱陽學》。光緒《江西通志》卷七一，則認為饒州學經始於景祐三年（1036）范仲淹任知州時，他選定城外督軍湖北岸建學，然未及建即改官知潤州，延至慶曆時才由新來的知州主持見稱。

瞻學徒」。及至皇祐五年（1053年），知州祖無擇再擴大改建一新。對祖無擇擴建袁州官學之功，《宋史》評論說：

（無擇）出知袁州，自慶曆詔天下立學，十年間其敝徒文具，無命教之實。無擇首建學官，置生徒，郡國弦誦之風，由此始盛。[51]

一些縣的官學在北宋前期也已開辦，例如洪州奉新縣，咸平元年（西元998年）知縣徐用和始建。以後陸續增建房屋，擴大規模。景德四年（1038年）「義門」胡仲容「捐建殿宇」。寶元元年（1038年）知縣王鞏增建講堂、齋舍。元豐、崇寧期間，還有遷徙改建。

簡括地說，州縣學的興辦是動態過程。由於社會趨於穩定和經濟狀況上升，官辦的學校跟著發展起來。但是州縣官學興辦的早晚與實際教學效益，和地方官員的重視程度、對學校教育特性的把握，有很大關係。對州縣學的發展狀況，不能只抓一、二個典型，不顧其他，尤其需要把普遍性的朝廷命令，與各地的社會實際區別開來。不僅要看重慶曆詔令本身的意義，更要看重不同州縣的實有事項，及其展開的因依過程。馬端臨將學校與書院比較之後，發現二者的差別是：

51 《宋史》卷三三一《祖無擇傳》。

是時未有州縣之學，先有鄉黨之學。蓋州縣之學有司奉詔旨所建也，故或作，或輟，不免具文。鄉黨之學，賢士大夫留意斯文者所建也，故前規後隨，皆務興起。後來所至書院尤多，而其田土之錫，教養之規，往往過於州縣學，蓋皆欲仿四書院云。[52]

馬端臨在這裡從北宋初年說起，故有開頭的一句。接下來的兩句，便是對學校和書院興辦成效之不同的分析。州縣學或作或輟，既因朝廷旨意的更變不常，又受州縣長官好惡的制約，所以會出現「不免具文」的事例。「後來」一句應是就南宋的情況而發的。

## 第三節 ▶ 州縣學記介紹

北宋學者對江西的州軍縣學寫了一批《學記》，對我們瞭解北宋興學的實況、江西辦學的具體成效、以及學者們關於儒學與教育的見解，都是十分珍貴的原始史料。目前知道的有以下十三篇（其中有的只知其名，未見其文）：

余靖《洪州廟學記》（景祐二年，1035）；

歐陽脩《吉州學記》（慶曆四年，1044）；

曾易占《（南豐）興學記》；

吳孝宗《餘干縣學記》；

52　馬端臨：《文獻通考》，卷四六《學校考七》。

李覯《袁州學記》（至和元年，1054）；

王安石《虔州學記》（治平二年，1065）；

伍浩《（安福）新建學宮記》；

曾鞏《筠州學記》（治平三年，1066）；

《宜黃縣縣學記》（皇祐元年，1049）；

蘇轍《上高縣學記》（元豐五年，1082）；

孔武仲《信州學記》（元豐六年，1083）；

黃庭堅《洪州分寧縣藏書閣銘並序》（元祐八年，1093）；

蘇軾《南安軍學記》（建中靖國元年，1101）等。

這些學記的作者都以熟悉情況的身分，撮取一些生動的事例，從不同的側面評述當時興學的總體形勢，本地士紳回應辦學的態度與需求，同時他們也借此機會抒發見解，表達期望。歸納起來主要是以下幾方面：

一、社會需求官府辦學，民眾入學的積極性高。信州，「士之待舉者七百餘人」[53]；筠州，「既而來學者常數十百人」[54]；吉州，「來學者常三百餘人」[55]；上高縣，「邑人執經而至者數十百人」[56]；南安軍，軍學「為屋百二十間，……給食數百人」[57]。虔州州學，在慶曆中創建，然只是應詔而已，建得「卑陋褊

53　孔武仲：《信州學記》，見《清江三孔集》卷一四。
54　曾鞏：《筠州學記》，見《曾鞏集》卷一八。
55　歐陽脩：《吉州學記》，見《歐陽脩全集》，居士集卷三九。
56　蘇轍：《上高縣學記》，見《三蘇全集‧蘇轍集》卷八三。
57　蘇軾：《南安軍學記》，見《三蘇全集‧蘇軾集》卷一二〇。

迫」，矮小而簡陋，很不美觀，「州人欲合私財遷而大之久矣」。拖延二十一年之後，才改建「以從州人之願」[58]；分寧縣，「弟子常溢百員」[59]。

一般說來，中部、北部地方的洪、饒等州文化發展比東、西、南三邊的州縣更快，然而，從這些《學記》看來，三邊州縣的士子人數不少，求學心情急迫，不亞於中部、北部。上高縣與筠州壤地相接，兩地的官學生員各有「數十、百人」，合起來比較，其數量也就不低。而且進入官學的都是「待舉者」，已經對經史相當熟悉，他們在本地官學開辦之前，或負籍遠走，或錯失時機。例如撫州宜黃，慶曆興學詔令下達之時，「宜黃猶不能有學。士之學者皆相率而寓於州，以群聚講習。其明年，天下之學復廢，士亦皆散去。」幾年以後，至皇祐元年（1049 年），知縣李詳決定辦學，縣裡的士人皆發憤回應，「如恐不及」，建學之「材不賦而羨，匠不發而多」，經史諸書「無外求者」[60]。由此可見，江西州縣學校的普遍興辦，是在人情「樂於學」的熱潮中推動起來的。

二、慶曆新政帶來了州縣學校的興辦，而熙寧、元豐變法將州縣學的建設推向了新階段。按照科舉制度規定，士人要參加考試，必須經由州縣選拔上去。經過各路舉行的鄉試，到禮部主持

---

58　王安石：《虔州學記》，見《王安石全集》卷八二。

59　黃庭堅：《洪州分寧縣藏書閣銘並序》，見《黃庭堅全集》正集卷第二一。

60　曾鞏：《宜黃縣學記》，《曾鞏集》卷十七。

的會試，再經殿試合格，成為進士，才能得到官位。因此，對士子日常品行的考核，是非常重要的第一關。為此，必須使士人「土著」，不必流動到別的州縣去求學。范仲淹等人曾多次奏議，興學校的宗旨是：

「今教不本於學校，士不察於鄉里，則不能核名實，……莫若使士皆土著而教之於學校，然後州縣察其履行，則學者修飭矣。故為設立學校，保明舉送之法。」[61]

把察士於鄉里與教之於學校聯繫在一起，而學校又和州縣結合，解決了「核名實」問題，則可選拔到優秀人才。正是基於這個指導思想，「州縣皆立學」的詔令中規定：「士須在學習業三百日，乃聽預秋賦；舊嘗充賦者，百日而止。」應舉資格的政策，促使士人走進學校。為了有效地考察到士人的實際行為，當時還下達了一道詔令：「州縣學許本土人聽習外，遊學人勒歸本貫。」[62]這些新政，將州縣官學催生了出來。但是，慶曆新政實施並不順利，「士須在學習業」的法令執行不到八個月，仁宗當年十一月初一下詔「罷天下學生員聽讀日限」[63]。應舉與學校無關，辦學便沒有必要，故曾鞏《宜黃縣學記》說：「其明年，天下之學復廢，士亦皆散去。」沒有廢罷的，也如王安石所說「取牆壁具而已。」

王安石變法再次推進州縣辦學。新法的一項重要內容是改革

---

61　《續資治通鑑長編》卷一四七，慶曆四年三月甲戌。
62　《宋大詔令集》卷一五七，慶曆五年三月辛未。
63　《續資治通鑑長編》卷一五三，慶曆四年十一月戊午朔。

學校與科舉之法，確定「取士皆本於學校」的目標，實行太學選士與科舉取士並行的政策，使州縣辦學重新強調起來。

徽宗繼承神宗學政，將太學的外舍、內舍、上舍三舍遞選升級制度遍行州郡，三舍生由州學升貢，崇寧三年（1104 年）十一月下詔：「罷州郡發解及省試法，其取士並由學校升貢。」[64]科舉與學校溶為一體，學校空前受到重視。

明瞭以上科舉選官制度的演變背景，讀孔武仲《信州學記》便更覺明白，他說：「熙寧以來，學校最盛，內自京師，旁達邊郡，聚士有舍，講業有師，課程誦說，與夫賞罰陟黜之法，日增月長，以至大備。」有朝廷大政的推動，尤其是取士任官政策的改變，州縣官學遂有其實，只是「應詔」而已的虛名弊端，便可能減少，乃至去除。

三、培育人才，闡揚人倫，強化道德灌輸，為辦學主旨。慶曆以來的歷次興學詔令，諸多名士寫的《學記》，都貫穿學校以道德育人的指導思想。儒學的基本點是通天地人之理，明古今治亂之源，把政治倫理置於首要地位。學校培養的生員都是備朝廷選用，必須是熟諳經史，踐行忠孝仁義的人。

曾鞏《宜黃縣縣學記》詳細闡明了他對學校育人的見解。他說，古之人自幼至長未嘗離開學校，學習《詩》、《書》、六藝，「務使人人學其性，不獨防其邪僻放肆也。」

每個人從處理日常衣食之小事，到修身為國家天下之大體，

---

64 章如愚：《山堂考索・後集》，卷二八引《長編》。四庫全書本。

皆自學出。學而成俗，深入人心，「則雖更衰世而不亂」。反之，以不學之人為吏，則無仁政，而盜賊積多。

雖然今世去古代遠矣，「然聖人之典籍皆在，其言可考，其法可求」，學而明之，正心修身，為國家天下做大事，全憑個人進學努力。

最後他說：「使一人之行修移之於一家，一家之行修移之於鄉鄰族黨，則一縣之風俗成，人材出矣」。這就是將修身、齊家、治國、平天下的遠大目標，落實在學校教育之中。

王安石的《虔州學記》，借先王而說自己的主張，強調必需育成仁義之材。他說，「先王所謂道德者，性命之理而已」；為求道德統一，必設學聚士，由官師教之。「其教法，德則異之以智、仁、信、義、忠、和，行則同之以孝友、睦姻、任恤，藝則盡之以禮、樂、射、御、書、數」。學成者，以為卿大夫，以為牧民之士。

後世雖然道衰，但道德出於性命，「而性命之理出於人心」。天下人心，不可能服從於「聾昏」。所以，仍然是能夠有所為，患在「上失其政，人自為義，不務出至善以勝之。」關鍵不是有無學校，而是要以「先王之法度」，教人成為仁義之材。

最後，他針對虔州的社會實情說：虔州雖然曠遠，「得所以教，則雖悍昏囂凶、抵禁觸法而不悔者，亦將有以聰明其耳目而善其心，又況乎學問之民？」

曾鞏、王安石都認定學校的任務是轉變人的思想，而曾鞏側重學者自勉，王安石強調朝廷的法度。

四、州縣辦學即是論政施治，教育民眾不犯上作亂。學校育

人與論政，二者緊密相聯，又有一定區別。從時效上考慮，企求民不犯上為近期目標，養育人才則是長遠追求。就教與學的關係而言，防民犯上是政治意向，控制民眾，使其安於被統治地位；育人成才則是期待自身發展，壯大統治集團，造就更多的「官師」，因而為政施治與教化育人是統一的。

蘇軾《南安軍學記》把學校教養人材視為「論政」。他說：「夫學，王者事也」，「有學而不取士、不論政，猶無學也。」

蘇轍《上高縣學記》則說，通過受教育的學生，告誡民眾不犯上：「古者以學為政，擇其鄉閭之俊而納之膠庠，示之以詩書禮樂，揉而熟之，既成使歸，更相告語，以及其父子兄弟。……而民之化之也速。……民觀而化之，以不逆其上。」他說上高知縣李懷道辦學，是「思所以導民，乃謀建學宮」，是「喜學之成而樂民之不犯」。

李覯對學校是政治統治的工具這一點說得十分坦率。他在《袁州學記》中說，祖無擇來袁州後，知道了學官闕失狀況，「大懼人材放失，儒效闊疏，亡以稱上旨」。遂與通判陳侁商量，興建學校，使袁州士民「由庠序踐古人之跡」，即是：

天下治，則譚禮樂以陶吾民。一有不幸，猶當伏大節，為臣死忠，為子死孝，使人有所法，且有所賴，是唯朝家教學之意。若其弄筆以徼利達而已，豈徒二三子之羞，抑為國者之憂。

蘇氏兄弟關於學校「論政」、李覯認為應該培養忠臣孝子的見解，最好地揭示了我國古代學校的本質特徵。

五、就教學而論，孔武仲、歐陽脩主張進行長期而耐心的思想教育。孔武仲在《信州學記》中說，「學而優則仕」，尤其要著重「明人倫」。他解析說：

　　孟子曰：學則三代共之，皆所以明人倫也。夫所謂人倫者，豈小夫哉。其分見於君臣父子之間，其守寓於仁義忠信之際，……士之志於道者不憚歲月，以游心於其間，至於四十年焉，則可以仕矣。此聖人所謂不惑之時也。

　　歐陽脩基於化民成俗的目標，在《吉州學記》中指出教學之法應是：

　　本於人性，磨揉遷革，使趨於善。其勉於人者勤，其入於人者漸。善教者以不倦之意，須遲久之功，至於禮讓興行而風俗純美，然後為學之成。

　　歐陽脩要求吉州的地方官堅持把學校辦好，「將見吉之士皆道德明秀而可為公卿」，鄉民長幼相孝慈，風俗皆合禮節。

　　上列諸篇學記都著重闡述古昔先王所以為教、士人所以為學之法，寄託了歐、王、曾等名家對同鄉士民的殷切期望，也是宋代學者關於學校指導思想的集中展示，具有經典意義，影響深遠。晚至清代，官紳們談及州縣學的宗旨，仍然說「以宋儒為宗。其廟學之記，則以曾文定公宜黃縣，王荊公虔州學，朱子尤

溪靜江、鉛山、瓊州學諸記為最」[65]。眾多的州縣官學與私家書院，傳播儒學文化，培育科舉人材，使忠孝倫理觀念滲入城鄉，形成民眾習俗，在一代又一代人的身上留下烙印。

## 第四節 ▶ 藏書諸名家

　　書院與學校日見增多，讀書的風氣大盛，置備書籍成了士紳們發家揚名的一種長遠投資。北宋時期書冊仍然不易得到，尤其是初期，蘇軾說他「見老儒先生自言其少時，欲求《史記》、《漢書》而不可得，幸而得之，皆自手書，日夜誦讀，唯恐不及。」到了北宋中期以後，情況已經大變，當時不僅國子監雕印的書可以買到，坊間也有刻印的書賣，蘇軾曾描述說：「近歲市人轉相摹刻諸子百家之書，日傳萬紙。學者之於書，多且易致如此。」[66]刻印書籍的生產確有很大發展，為殷富家族辦書院，購置經史書冊以供子弟研讀，提供了極重要的物質條件。不過，這也是相比較而言，家境不太富有的士子，借書、抄書的功夫還是不能少的。例如劉恕，特別嗜學，在家讀書的時候，「家人呼之食，至羹炙冷而不顧」。他在晉州（今山西臨汾市）和川縣令任上，聽

---

65　吳湘皋：《（會昌）廟學遷建記略》，見同治《贛州府志》卷二四。

66　蘇軾：《李氏山房藏書記》，《三書全書》蘇軾文集卷一二〇。孔武仲《李公擇山房》詩説「當時兄弟俱年少」，注雲「李公讀書于廬山時年十六」。（見《清江三孔集》卷八）兄弟二人讀書於此，然傳説於後世的僅李常一人。

說亳州（今安徽西北端的亳州市）知州宋次道家中書多，不顧路途遙遠艱苦，專程走去借閱，次道備酒飯招待，他謝絕說：「此非吾所為來也，殊廢吾事，願悉撤去。」[67]為了防止干擾，他乾脆關上房門，日夜不停地邊讀邊抄，用了十天，把宋次道的藏書盡數讀完才離開，「目為之臀」，讀壞了眼睛也不顧及。劉恕是勤奮苦讀的突出典型，但也反映了當時書籍珍貴，不易看到要讀的書。由此可見，滋生在經濟水準仍然落後中的藏書家，其社會價值就更重了。

江西一些藏書家是全國聞名的。建昌（今永修）李公擇，是北宋的大藏書家，不僅數多，而且主動讓其藏書供學者閱讀，可說是創辦了中國古老的公共圖書館。他留在廬山白石庵的書冊達九千餘卷，學者稱為「李氏藏書山房」。蘇軾晚年，曾用數年時間，「盡發公擇之藏，拾其餘棄以自補。」他對公擇所為極為讚賞，特著文記其事。他說：書比金銀珠寶、絲麻五穀都更好，珠寶可欣賞而不適於用，絲麻五穀有用卻用之則弊，而且會用盡，唯有書「悅於人之耳目而適於用，用之而不弊，取之而不竭。賢不肖之所得，各因其才；仁智之所見，各隨其分；才分不同，而求無不獲者，唯書乎！」可是，蘇軾接著說：古人書難得，但學得好，今人反是，「後生科舉之士，皆束書不觀，游談無根，此又何也？」感慨于後生之中的弊病之餘，他詳細介紹李公擇藏書讀書的事蹟：

67 司馬光：《十國紀年敘》，《三劉家集》，四庫全書本。

第七章・書院與學校教育的勃興

505

公擇少時讀書於廬山五老峰下白石庵之僧舍，……藏書凡九千餘卷。公擇既已涉其流，探其源，采剝其華實，而咀嚼其膏味，以為已有，發於文詞，見於行事，以聞名於當世矣。而書固自如也，未嘗少損。將以遺來者，供其無窮之求，而各足其才分之所當得。是以不藏於家，而藏於其故所居之僧舍，此仁者之心也。

最後，蘇軾說，我所以寫此文，是「使來者知昔之君子見書之難，而今之學者有書而不讀為可惜也」[68]。

南昌袁抗，好讀書，大中祥符元年（1008 年）舉進士，得同學究出身，官至江淮發運使，召為三司鹽鐵副使。平生「喜藏書，至萬卷。江西士大夫家鮮及也」[69]。

不少殷實大戶，建書樓置書其中，為子孫能讀書出仕作準備。前述的德安「義門」陳氏、奉新「義門」胡氏、建昌「義門」洪氏都是突出的，再如石城溫氏也是如此。石城溫革在建講學堂的時候，同時建有書樓，「凡書在國子監者，皆市取，且為樓以藏之」。李覯特別為他寫文章宣揚：「自古聖人之德業，舉在於書。……今溫君聚書勤勤，是有意於聖人。有意於聖人則豈一家而已，鄰里鄉黨庶乎偃伏之矣。」還說，「今有人為藏書之樓，

---

68　《三蘇全書・蘇軾文集》卷一二〇《李氏山房藏書記》。
69　《宋史》卷三百〇一《袁抗傳》。

非特山水之勝，記之以啟好書者，不亦可乎！」**70**

分寧黃氏，族大人眾，開設芝山、櫻桃兩所書院以教子孫。歐陽脩寫黃庭堅叔祖黃注《墓誌銘》說：「自其祖父以來，樂以家資賑鄉里，多聚書以招延四方之士」**71**，經過幾代人的努力，達到了「聚書萬卷」的規模。

南豐曾氏，素有家學傳統之譽，自曾繼堯開始，將書房闢為「曾氏書舍」，藏書教書，父兄為師，培養子弟出仕。其子易占、孫鞏繼承其志，藏書益富，尤其是曾鞏，「性嗜書，家藏至二萬卷；集古今篆刻為金石錄，又五百卷，出處必與之俱」**72**。

浸銅專家張潛之家，為德興縣望族，他的父祖幾代人皆富而不仕，張潛「自以所學中廢，銳意教子孫。勝衣以上，悉遣就學，買書一監，它文集稱是，凡萬餘卷，分四部，建巨閣，列齋館於左右，擇名師以授之」**73**。張潛既買國子監鏤板印製的儒經，還搜集私家文集，故而也能分經、史、子、集四部庋藏。他家建築的家族書院與藏書閣，不僅有規模，且佈局講究，幾乎可與後世學校媲美。

盧陵歐陽脩，嗜書藏書，不亞於同輩。他幼年隨母生活於隨州叔父家，自家「貧無貲」，不可能購買書籍。然他出仕以後，

---

70　《李覯集》卷廿三《虔州柏林溫氏書樓記》。

71　《歐陽脩全集・居士集》卷二八，《黃夢升墓誌銘》。

72　《中書舍人曾鞏墓誌銘》，陳柏泉編《江西出土墓誌選編》，江西教育出版社 1991 年版，第 41 頁。

73　《通直郎張潛形狀》，陳柏泉《江西出土墓誌選編》，江西教育出版社 1991 年版，第 83 頁。

祿隨官漲，又讀書著文不輟，「獨好收蓄古文圖書」。晚年自號六一居士，意為「吾集古錄一千卷，藏書一萬卷，有琴一張，有棋一局，而常置酒一壺，吾老於其間，是為六一。」其《集古錄》「凡周、秦以降金石遺文，斷編殘簡，一切掇拾，研稽異同，立說於左，的的可表證。」不僅收集了先秦以來的金石遺文，還逐編做了考證，寫在左邊。他的這部豐富的金石資料，是其他藏書家難於做到的。

臨江軍新喻縣劉氏家族，是藏書、讀書而成名家的一個顯例。新喻劉氏從盧陵遷來，開基祖劉式，字叔度，「辭家居盧山，借書以讀」，五六年不歸。南唐後主時舉《三傳》中進士。歸宋，久居財政官衙，在健全財經制度方面作出了貢獻，卻因此被下吏所訟，免官。劉式治家的要訣是讀書、藏書。他死後，家無餘財，「獨有圖書數千卷」。其妻陳氏指書對諸子曰：此乃父所謂「墨莊」也。諸子謹守父母教誨，勤奮於「墨莊」之中，後來次子立之為國子博士，三子立德、四子立禮，並進士及第。海陵胡瑗聞而賢之，為記其事。其孫輩如劉敞、劉攽（並立之之子），曾孫劉奉世等，皆以文章德業為時聞人。長子劉立本繼承父親傳統，晚年居住蘇州，築室曰寶書閣，「聚書數千卷」，對子孫曰：「此先子所以教後嗣者也。吾嘗以此事親，以此事君矣。行年八十，無悔於心者，今以遺汝。」[74]此事在當地傳開，並記錄以資借鑒。

---

74 劉敞：《公是集》，卷三六《伯父寶書閣記》。

在新喻的「墨莊」，中更北宋末年變亂，書冊散亡。但其後人仍念念不忘，時局轉安以後，他們「節食縮衣，悉力營聚」，至紹興二十二年（1152年），重新積聚到數千卷，珍藏於家。社會名流讚揚此事，尚書郎徐兢、吳說，皆為大書「墨莊」二字，題其藏書之室。朱熹特為寫作《劉氏墨莊記》，闡揚劉氏四五代人前後接力藏書的本意，在於「耕道而得道，仁在夫熟之而已」，「非祖考之賢，孰能以詩書禮樂之積，厚其子孫；非子孫之賢，孰能以仁義道德之實，光其祖考」；他們不是追求高官厚祿，不是為著「出於青紫車馬之間」[75]。

筠州高安劉渙、劉恕、劉羲仲祖孫幾代人，刻苦讀書、抄書，同時盡力藏書，終於也成為室惟書多的名家。劉渙隱居廬山四十餘年，子孫遂都在此。洪邁記曰：「劉壯輿（即羲仲）家於廬山之陽，自其祖凝之以來，遺子孫者唯圖書也，其書與七澤俱富矣。於是為作記。今劉氏之在廬山者不聞其人，則所謂藏書殆亦羽化。」[76]其人不聞，其書羽化，究竟發生於何時，洪邁說不清楚。推想起來，其書該是毀於南宋初年的戰火。然而，陸游《老學庵筆記》有另一說：「劉道原（即劉恕）、壯輿再世藏書甚

---

75　朱熹：《晦庵集》，卷七七《劉氏墨莊記》。徐兢，字明叔，甌甯人，宣和六年（1124）隨路允迪出使高麗，因撰《宣和奉使高麗圖經》40卷，後官至尚書刑部員外郎。吳說的鄉貫仕履不清楚。

76　洪邁：《容齋隨筆・續筆》卷十五《書籍之厄》。「於是為作記」一句主語含糊，四庫《三劉家集》附錄轉引此條，改作「晁以道為作記」。「七澤」，古謂楚有七澤，最小的是雲夢澤（見司馬相如《子虛賦》），後用以形容某種物品既大又多，此處指藏書極為豐富。

富，壯與死後，書錄於南康軍官庫。後數年，胡少汲過南康訪之，已散落無餘矣。」劉氏藏書的數量，「七澤」、「甚富」之說皆是形容，難於判斷。元豐三年（1080 年）九月劉渙卒，黃庭堅赴其家憑弔，寫《過西澗隱廬》詩，末句云：「百楹書萬卷，少子似翁賢」，這才對其家藏書說得具體些。少子，指劉渙幼子劉格。

官紳士大夫之中，興起蓄書為榮之風，由讀書而中舉出仕，變民戶為官戶，光宗耀祖，號稱「書香門第」，對社會影響至深至廣，民間於是有「耕讀傳家久」的堅定信念。耕是致富之基，讀是發家之要，而書是到達彼岸之舟橋。北宋時代的書籍印刷仍不發達，一般人不易買到，能買到國子監刻印的書，更令百姓驚訝而欽羨。故此，大家族而能致力於藏書，可謂地方文化昌盛的表現。

江西文庫 A0701A12

# 江西通史：北宋卷　中冊

| | | |
|---|---|---|
| 主　　編 | 鍾啟煌 |
| 作　　者 | 許懷林 |
| 責任編輯 | 楊家瑜 |

| | |
|---|---|
| 發 行 人 | 陳滿銘 |
| 總 經 理 | 梁錦興 |
| 總 編 輯 | 陳滿銘 |
| 副總編輯 | 張晏瑞 |
| 編 輯 所 | 萬卷樓圖書股份有限公司 |
| 排　　版 | 菩薩蠻數位文化有限公司 |
| 印　　刷 | 百通科技股份有限公司 |
| 封面設計 | 菩薩蠻數位文化有限公司 |

出　　版　昌明文化有限公司
桃園市龜山區中原街 32 號
電話 (02)23216565
發　　行　萬卷樓圖書股份有限公司
臺北市羅斯福路二段 41 號 6 樓之 3
電話 (02)23216565
傳真 (02)23218698
電郵 SERVICE@WANJUAN.COM.TW
大陸經銷　廈門外圖臺灣書店有限公司
　　　　　電郵 JKB188@188.COM

ISBN 978-986-496-330-0
2018 年 1 月初版
定價：新臺幣 360 元

如何購買本書：
1. 轉帳購書，請透過以下帳戶
　 合作金庫銀行 古亭分行
　 戶名：萬卷樓圖書股份有限公司
　 帳號：0877717092596
2. 網路購書，請透過萬卷樓網站
　 網址 WWW.WANJUAN.COM.TW
大量購書，請直接聯繫我們，將有專人為您
服務。客服：(02)23216565 分機 610
如有缺頁、破損或裝訂錯誤，請寄回更換
版權所有·翻印必究
Copyright©2016 by WanJuanLou Books CO., Ltd.
All Right Reserved　　　　Printed in Taiwan

國家圖書館出版品預行編目資料

江西通史 北宋卷 / 鍾啟煌主編.-- 初版.--
桃園市：昌明文化出版；臺北市：萬卷樓
發行, 2018.01
　 冊；　公分
ISBN 978-986-496-330-0 (中冊：平裝).--
1.歷史 2.江西省
672.41　　　　　　　　　　　107001897

本著作物經廈門墨客知識產權代理有限公司代理，由江西人民出版社授權萬卷樓圖書
股份有限公司出版、發行中文繁體字版版權。
本書為金門大學華語文學系產學合作成果。　　　校對：陸仲琦／華語文學系二年級